应用型本科"十三五"规划教材
立信精品教材

经济法概论

王学英　编著

立信会计出版社
LIXIN ACCOUNTING PUBLISHING HOUSE

图书在版编目(CIP)数据

经济法概论 / 王学英编著. —上海:立信会计出版社,2016.12

应用型本科"十三五"规划教材 立信精品教材

ISBN 978-7-5429-5327-8

Ⅰ.①经… Ⅱ.①王… Ⅲ.①经济法—中国—高等学校—教材 Ⅳ.①D922.29

中国版本图书馆 CIP 数据核字(2016)第 315001 号

策划编辑   陈 旻
责任编辑   陈 旻
封面设计   南房间

经济法概论

Jingjifa Gailun

出版发行	立信会计出版社
地　址	上海市中山西路 2230 号　邮政编码　200235
电　话	(021)64411389　传　真　(021)64411325
网　址	www.lixinaph.com　电子邮箱　lxaph@sh163.net
网上书店	www.shlx.net　电　话　(021)64411071
经　销	各地新华书店
印　刷	常熟市梅李印刷有限公司
开　本	787 毫米×1 092 毫米　1/16
印　张	17.25
字　数	420 千字
版　次	2016 年 12 月第 1 版
印　次	2018 年 5 月第 2 次
印　数	3 101—5 200
书　号	ISBN 978-7-5429-5327-8/D
定　价	32.00 元

如有印订差错,请与本社联系调换

前　言

　　为经济、管理专业的学生讲授"经济法"课程 20 多年，形成了自己的一些想法。10 年前出版的《经济法》虽经再版，但相对于这 10 年中社会和经济发展的巨变，相对于这 10 年经济法主体法律的颁布和频繁的修订，当然还有与之相应的认知的提升，这已不是原书再版所能解决的了。这是我决定重新编著的主要动因。原寄希望在撰写过程中，还有些法律的修订被通过，可以及时写进本书，然而这毕竟可遇而不可求。在 30 多年前颁布的大量现行法律进入修订期的背景下，撰写经济法教材，是很难避免这种遗憾的。《经济法概论》尽可能反映它的"新"，并为非法律专业学习经济法提供合适的教材。

　　经济学和法学是伴随着中国改革开放的进程而迅速发展的两个学科。经济学研究为我国改革方向最终确定为社会主义市场经济这一目标作出了重大贡献。市场经济就是法制经济，市场化程度越高，对于法律的依存程度就越高。因此，最近的十多年以来，公平与效率问题、发展与规范等问题成为经济学界与法学界共同关注的问题。学习经济学和法学，是具有必然性的。

　　在各高校的经济类、管理学专业均设置一至三门法律课程。甚至在硕士课程中也设相应的法律课程。非法律专业背景学习法律，与法律专业不同，这是教学中需要特别注意的。这需要立足于学生不仅要从经济学、管理学角度思考问题，还需要从法律视角思考经济学和管理学的问题。因此，经济法的学习，需要重视从思想方法上进行必要的专业训练。

　　基于上述思考，编写本书的整体思路是五大主体部分：基础理论、市场主体法律制度、市场行为法律制度、市场管理法律制度、金融与房地产两个行业法。

　　第一部分是经济法基础理论，包括第一至第四章，从非法律专业学生或人士的特点出发，首先，加强对我国整个庞大的法律体系的基本了解，对经济法在整个法律体系中的地位的了解。其次，是对基本理论经济法律关系的核心问题，权利与义务的阐述，以及在经济活动中运用广泛的时效和代理制度的阐述。这有助于读者在学习经济法时，站在一个较高的起点上。只见树木不见森林，只看局部不知全局，过于强调实用性和操作性的学习方式往往会限制人们的眼界，局限性较大。

　　第二部分是关于市场主体的法律制度，包括第四至第八章，1993 年颁布的《公司法》、1997 年颁布的《合伙企业法》、1999 年颁布的《个人独资企业法》,确立了我国企业立法的基本框架。独资企业、合伙企业、公司三种企业形态已成为我国社会主义市场经济的主流企业形态,也标志着我国在企业形态上已与国际接轨。为此,这一部分主要是对三种企业形态以及涉及企业破产法律制度的阐述。

第三部分包括第九至第十一章,为涉及作为平等主体的市场行为的法律制度,合同、担保、知识产权等法律制度都是各市场主体在经济活动中广泛遵循的规则。

第四部分包括第十二至第十四章,为市场管理法律制度,竞争法(包括反不正当竞争法、反垄断法)、产品质量法和消费者权益保护法,是维护市场秩序,保护消费者权益的基本法律,也是各市场主体必须遵循的游戏规则。

第五部分包括第十五章至第二十章,是对国民经济非常重要的,也是关系极为密切的两个行业法。金融法涉及银行、证券、保险、信托等法律;房地产法包括土地与房产的相关法律制度。

经济法范畴的部门法律是我国 30 多年来颁布得最多、修订也最频繁的部门法。尤以公司法为最,这是世界各国的一种普遍现象。基础课程教学只能涉及主要的几部法律的学习,不可能穷尽所有单行法,通常是连覆盖教材中的所有内容都不容易做到。因此,对于非法律专业人士而言,重要的在于通过几部主要法律的学习,了解和掌握学习、研究法律、运用法律的基本方法,培养从法律的角度思考经济问题的意识。这是学习经济法的要义所在。

编　　者

于 2016 年 12 月 25 日

目 录

第一编 经 济 法 总 论

第二编 市场主体法律制度

第三编　市场行为法律制度

第六编　房地产法律制度

第 一 编

经 济 法 总 论

第一篇

登陆火星之谜

第一章 导论——法律概述

第一节 法 律

法律是经国家制定和认可的,并以国家强制力保证实施的行为规范的总和。法律有如下三方面特征。

一、法律是一种行为规范

人们在社会生活中的行为会受到各种约束,有道德规范的约束,有宗教规范的约束,也有法律规范的约束。而这些约束最初由人们约定俗成的习惯或惯例而来。氏族社会的习惯演进为维护秩序、规范行为的社会规范。因而,社会规范被称为"人类社会的空调器"。

古代传说中的独角神兽獬豸(音 Xiè Zhì)是一种生性善良、正直聪明的动物。它能明辨是非,所谓"性知有罪",会用那唯一的角去顶,或用嘴去咬有错的或有罪的一方,"有罪则触之无罪则不触"。传说中远古时代中国的第一位最高法官就用这种独角兽判案,因为"可令其触之"。这反映人们向往秩序,向往公正的初衷。在生产力水平低下、科学不发达的情况下,对许多自然现象和社会现象无法解释,求助于神兽是很自然的。独角神兽现在已成为中国法律文化的一种象征,而法律则已成为一个法治须臾不可或缺的社会行为规范。

二、法律是国家制定或认可的行为规范

与道德规范、宗教规范一样,法律也是一种行为规范,法律有与其他行为规范相同的特征,即规范性。然而与其他行为规范不同的是,法律具有国家意志的属性,法律规范是普遍的、明确的、评价和规范人们行为的国家标准。这是法律区别于任何一种社会规范的主要特征之一。

国家制定或认可即立法,是国家立法机关按照立法程序制定或修改法律的活动。全国人民代表大会是我国最高权力机关、立法机关,是有权制定、修改和废止法律的国家机关。

国家制定或认可法律还必须按照立法程序进行。法律的制定一般为四个阶段:法律的起草和提交,草案的讨论,草案的表决和通过,法律的公布。

在我国,法律的制定和认可一般是通过一定的书面形式,即法律条文表现出来的。

三、法律是以国家强制力保证实施的行为规范

法律作为一种特殊的行为规范,其特点还在于其实施是由国家强制力作为后盾的。在此,所谓强制力是指法律在国家主权范围内必须不折不扣地兑现,并由军队、警察、法庭和监狱等国家机器的物质力量来保障它的实施。因此,所谓"以身试法"其实质是与国家强制力的较量,其后果自然是不言自明的。

以国家强制力保障其实施的法律,在对人们行为的普遍规范的同时,也是对人们合法权益的保护。保护当事人的合法权益正是法律的职能之一。由于历史的原因,人们曾经一提法,立即就想到犯罪。社会发展到今天,人们开始学会如何以法律来积极、主动地维护自己的合法权益。不仅如此,进入 20 世纪后,法律不再被看作是一种单纯解决纠纷的手段,而逐渐被视为可以用于组织创新的新的社会工具。

法律作为由国家制定和认可的,并以国家强制力保证实施的行为规范,其具体内容和结构是有规律可循的。例如,法律文件一般由设定、处理、制裁三方面内容构成。设定,是设定特定条件,如出现了法律所设定的情况,可适用相应的法律。处理,是法律规定的权利和义务,应该做或不应该做什么样的行为。制裁,是违反法律规定应当承担的法律后果。

法律规范通常有禁止性规范、义务性规范或授权性规范之分,也有任意性规范和强制性规范之分。这些规范,从立法性质上看,属于实体法的范畴。也有些法律以程序法的内容为主,即属于程序法范畴的内容居多。

第二节　法　系

法系是指由在法律制度上具有共同特点、共同历史传统的若干个国家的法律构成的系统,是以法律文化的亲缘关系作为标志,对世界上各种具有不同来源的法律制度所作的一种分类。

历史上曾经存在过现在已经消亡的法系,如印度法系、古代中世纪的法系、伊斯兰法系和中华法系。这些法系随历史的推进以及资本主义的产生和发展已经消亡。

目前,在世界各国实行的主要是两大法系,即大陆法系与英美法系。

一、大陆法系

大陆法系也称日耳曼法系,指法国等欧洲大陆国家,以《拿破仑法典》(后修订为《法国民法典》)为样板而形成和发展起来的一种法律系统。作为一个体系,大陆法系出现于 13 世纪,是欧洲政治、经济和文化发展史的一个组成部分,其形成经历了一个漫长的、复杂的过程。大陆法系源于古代罗马法。古罗马由于商业、手工业相当发达,加上统治区域的成倍扩展,使法律也获得充分的发展。德国著名法学家耶村说:罗马曾三次征服世界,第一次以武力,第二次以宗教,第三次以法律。对此说法虽有争议,但其对现今大陆法系的影响可见一斑。法国资产阶级在取得政权后,在罗马法基础上进行的立法产生了极大的影响,这种影响大大超越了国界。此后各国纷纷仿效,形成了一个涉及整个欧洲大陆乃至世界的大陆法系。

拿破仑对自己评价说:我的几个战役会随着时间的推移而被淡忘,但有一样东西将会永远留下,那就是我的法典。这部完备的民法典从法国大革命到现在已有 200 多年。此间,法国经历了两次王政复辟、两次帝制、五次共和,政体变化,社会动荡,并更换了 15 部宪法。19 世纪后,法国工业革命完成,成为一个现代化工业国家和发达商品经济社会,现在又步入信息革命时代,而《法国民法典》竟能适应如此巨大的社会变革而屹立不变,其第一页上赫然注明 1803 年制定。这就不难解释为什么它对世界各国产生巨大影响,为什么会以它为代表和支柱形成在世界范围最具代表性的大陆法系。

1900 年《德国民法典》公布实施,是大陆法系的进一步发展,它与《法国民法典》相隔近 1

个世纪,由于所处的时代不同,内容虽有所区别,但具有很多共同特点。例如,它对法人制度作了详细规定,而《法国民法典》里是没有的。此外,它还引用了很多技术性很强的术语,条文规定抽象、概括、弹性大,可作多种解释,这与《拿破仑法典》言简意赅的风格不同。它们同属大陆法系,但各有特点。目前大陆法系除法、德两国为代表的欧洲大陆国家外,西班牙、葡萄牙、荷兰、意大利等欧洲国家和日本、泰国、土耳其、阿根廷、巴西、智利等其他国家的法律也在很大程度上参照了日、德等国的法律,同属大陆法系。

二、英美法系

英美法系也称普通法系,是以英国中世纪至资本主义产生时期的法律作为基础而产生发展起来的,包括绝大多数讲英语国家的法律在内的一种法律系统。普通法系最早形成于英国。英国资产阶级革命后,颁布了大量新的法律,最初只适用于英格兰和威尔士。随着英国殖民主义的扩张、对外移民的增多,其适用范围逐步扩大,几乎包括了所有使用英语的国家,如美国、加拿大、印度、巴基斯坦、缅甸、澳大利亚、新西兰等国。甚至一些非英语国家也受影响,从而形成了一个与大陆法系不同的世界性的法律体系。

美国是18世纪后期才成为一个独立国家的,这以前一直是英、法、荷等国的殖民地。由于美与英的渊源较深,且都以英语为共同语言,美国法在概念和推理方面都与英国有相同之处,因而与英国一道成为英美法系中最重要的两个国家。美国法占有重要地位,并且具有自己的特点。例如,结构上分为联邦法和州法,州的立法是原则,联邦法是例外,只要宪法未授予或禁止州行使的权利均属州。联邦立法主要在国防、外交、银行、货币、移民、国际贸易、海商、专利等方面。州的立法主要在家庭、继承、侵权行为、洲际法律冲突、公司、票据、保险、刑事及司法组织和程序法等方面。

两大法系在目前世界上占主导地位的原因首先是历史悠久,形式完备,发源地都是欧洲。而欧洲是资本主义的发源地,两大法系是资本主义生产方式和商品经济相结合的最完美的法律制度。所以当各国进入商品经济、资本主义社会时,便纷纷仿效。其次是两大法系的发源地国家在历史上都是强国,并且都曾经占领过大量殖民地。在此过程中,他们把自己的法律制度移植到了这些国家。

三、两大法系的特点

1. 从法律渊源看

大陆法系强调成文法的作用,成文法是大陆法系的主要渊源。

英美法系强调判例的作用,判例是英美法系的主要渊源。判例法是由高等法院的法官的判例形式发展起来的法律原则,主要特点是高等法院在判决中包括的判决理由必须得到遵循,这就是所谓先例约束力原则,而判例在大陆法系原则上不承认它与法律条文有同等的法律效力或者说不是渊源。

2. 从法律结构看

大陆法系强调系统化、条理化、法典化和逻辑性,主要方法是运用几个大的法律范畴,把各种法律规则分门别类归纳在一起。这种结构上的特点在法学理论和立法中都十分明显。《法国民法典》是其典范。大陆法系各国把全部法律分为公法和私法。宪法、行政法、刑法、诉讼法、国际公法,均属于公法的范畴。而民法、商法等则属于私法的范畴。在分为公法、私法两个范畴的基础上根据现代法律发展的状况再作细分,并主张编撰法典。

英美法系不主张编撰法典,也不分公法与私法。

3. 从法院组织看

大陆法系国家往往设有独立的行政法院,三级法院组织:一审法院、上诉法院、最高法院,并有检察院制度。英美法系的则没有。从法律发展的重点看,英美法系重视程序法,而大陆法系更重视实体法。

总而言之,两大法系虽然存在不小的差别,但在进入 20 世纪后,两大法系在相互靠拢、趋同。即表现为英美法系国家成文法日益增多、判例法有所减少,有些判例所反映的法律原则,通过立法变成了成文法。大陆法系虽无"遵守先则"的原则,但在旧的法律条文已不适用的情况下,特别是在法典没有明文规定的情况下,判例往往也成为法官判案的参考依据。具体表现为:一是通过最高法院的判决来确立新的法律原则,二是法官在判案中对法典的某些条款作了扩展解释而创立新的法律原则。两大法系的差别有逐渐缩小的趋势,在发展中逐渐走向融合。当然,由于传统文化的不同,两大法系间的某些差别还将长期存在。

两大法系的特点和发展趋势,给我们以深刻的启示。处于经济转型过程中的中国,法律制度的建设、发展和完善需要尽可能汲取两大法系的精髓。既着力于系统、规范的成文法建设,也注重判例在实践中创造、灵活的运用。在我国法律尚不够完善的情况下如何处理实践中的诸多问题,尤其是如何通过判例创造新的法律原则可给以我们很多借鉴。

第三节　我国的法律体系

法律体系是指一国全部法律规范依照一定的原则组成的,既分门别类又互相联系的系统。它以法律形式反映国家政治、经济、文化和社会的各项制度。法系与法律体系不同,因为法系是法学家在对世界各国法律制度进行分类所使用的概念,从这个角度上说是属于学理范畴的问题。

一、我国法律体系的层次

从整个法律制度的构架、层次、效力来看,我国法律体系可分为四个层次。

1. 宪法

宪法是国家的根本大法,也是最高层次法,具有最高的法律效力。

2. 部门法

部门法是调整国家各主要方面社会关系的基本法律制度,有民法、行政法、经济法、刑法。很难想象一个法治国家没有这些基本的部门法律,因此,这些法律又可称为基本法。这是第二层次法,其法律效力仅次于宪法,是宪法原则的具体化,所有规定均不得违反宪法的原则。

3. 单行法

单行法是各部门法范畴内的法律,为第三层次法。例如,继承法属于民法的范畴,行政复议法属于行政法的范畴,公司法属于经济法的范畴。

4. 行政法规

行政法规是各基本法或部门法的细化,操作性是其主要特点。行政法规由国务院各部委或地方政府颁布,通常用"条例""细则""通知""办法"表述。比如国家工商总局颁布的《企业公示信息抽查暂行办法》《外汇管理条例》。行政法规的效力低于法律,并不得与相应法律的基本原则相违背。

二、我国法律体系的建设阶段

我国法律体系的建设大致经历了三个阶段:

第一阶段,从20世纪70年代末到20世纪90年代初。这一阶段主要是填补基本法的空白,建立初步完整的法律构架,解决无法可依的问题,满足了社会发展的最基本的法律需求。

第二阶段,从1992年起至20世纪末,在由计划经济体制向社会主义市场经济转轨过程中,制定和颁布了一系列围绕建立市场规范运行的法律制度。这一时期是颁布法律数量最多的时期。然而上述两个阶段由于种种原因,立法的科学性、系统性不够。实践中反映出不少问题。

第三阶段,进入21世纪以来,中国的立法开始了由增加法律数量转向提高法律质量的转折阶段。

我国的立法在不到30年的时间内所取得的成就,是具有十分重要的里程碑意义的。

三、经济法与各法律部门的关系

经济法与民法、行政法、刑法一样,是我国整个法律体系中一个重要的部门法。各部门法一方面专门调整相应的社会关系,另一方面各部门法又都是相互联系,构成了我国现行的基本完善的法律体系。

(一)经济法与民法

经济法与民法是关系最为密切的两个部门法。由于经济法是从民法中分化而来,因此其许多概念和基本原理受民法影响很大,如法人、自然人这些概念,以及如民事法律关系原理等。有关经济法与民法的主要联系如下所述。

1. 从法律调整的对象看

民法存在的前提是平等和自由。黑格尔说:有自由,就要有法。民法调整的对象主要是平等主体,即公民之间的财产关系。经济法调整的主要对象是市场经济中各经济主体之间的经济关系,如公民、经济组织之间、经济管理机关在经济活动中形成的关系,这部分关系有平等主体之间的横向的关系,也有按照命令与执行原则建立起来的纵向的经济关系。财产关系是平等主体间的横向的一部分经济关系。

由此可见,经济法与民法各调整经济关系中的一部分经济关系,其调整的对象存在相互交叉的现象。

2. 从法律关系的内容看

民法调整公民间的财产关系,如继承关系、人身关系等是以个体为主的财产关系。经济法调整更大范围的经济关系,即国民经济管理关系、各市场主体在经济活动中产生的经济关系,以及经济组织内部的关系,如企业的组织机构。这部分经济关系对社会影响通常要大于以个体为主的财产关系。

3. 从国家的干预程度看

国家对两种经济领域干预的程度是不同的。经济法调整的这部分经济关系,涉及社会经济基础和国民经济的重大问题。因此,它对于国家经济所产生的影响,对生产力发展所产生的影响,比民法调整的财产关系表现得更加直接和明显。因此,国家对于这部分经济关系的干预程度比民法调整的那部分经济关系的干预程度更加强烈,也更加深入。

(二)经济法与行政法

1. 从调整的范围看

行政法也调整一些经济关系,但是行政法调整范围比较广泛。其调整范围涉及政治、经济、文化、教育、国防和外交等各个方面的法律关系。经济法则是调整专门的和单一的经济关系。

2. 从调整的方法看

行政法调整的方法较为单一,即行政方法。按行政隶属关系建立的命令与执行是行政法调整法律关系的主要方法。当然也有经济手段,如行政罚款等。

行政方法不是经济法调整经济关系的主要方法,但有时也需要借助于行政手段。在调整经济关系时,经济法使用经济方法、行政方法等,具有综合的特点。违反经济法的规定,可分别追究行政的、民事的,甚至是刑事的责任。

(三)经济法与刑法

刑法是关于犯罪与惩罚的法律规范。刑法调整的对象是犯罪主体,刑法调整方法是剥夺自由甚至生命。刑法与经济法的主要联系较多地表现在法律条文的内容上,通常是互相渗透的。例如罪的设定,一些经济领域的犯罪行为,其罪的设定既有出现在刑法里的,如证券犯罪行为,也有出现在经济法中的,如套汇、逃汇等。

我国的法律是一个庞大的体系,经济法是我国法律体系中一个重要的、独立的法律部门,一个组成部分。经济法有独特的调整对象,这种对象既不是个别的经济行为,也不是一种具体的经济过程,它调整一定范围的经济关系,是经济领域的社会关系。经济法有独特的调整方法,不是单纯的经济方法。它经常使用行政方法,以及在极端情况下的刑事责任,表明它是各种法律方式的综合运用。

第二章 经济法与市场经济

第一节 经济法的产生与发展

一、经济法的产生

"经济法"一词最早是由法国空想共产主义者摩莱利在 1755 年所写的《自然法典》一书中提出来的。关于他的记载不多,他一生写过两本书,除《自然法典》外,另一本是长诗。《自然法典》一书的主要特点,是把空想共产主义从对理想社会制度的描述变为理性的阐述。1843 年,法国另一位空想共产主义者泰·德萨米在其著作《公有法典》中,也使用了这个词,指出整个社会应当通过国家权力机构来进行分配。两位空想社会主义者对于"经济法"这一词的使用具有国家干预社会经济的含意,他们还远未能把"经济法"这个词语与一个国家的立法实践联系起来,只是对未来社会的一种设计。而它的合理内核则是"国家对社会经济的干预"。所以,当时的"经济法"不是现代意义上的经济法。当然,这不是说在这之前就没有出现过经济方面的法律。

二、经济法的发展

现代意义上的经济法是建立在现代化大生产基础之上的。1916 年,德国学者赫德曼第一次从现代意义上使用了"经济法"。其背景是第一次世界大战和战后这一阶段,特别强调国家对于经济领域的直接干预。在这个阶段德国颁布了许多经济法律和法规。其中著名的是 1919 年的《煤炭经济法》,它是第一部以经济法命名的法规。学者们把颁布的这些法规归纳为经济法。从此经济法这个概念就与国家的立法活动紧密结合起来。

在经过了一段时期后,欧洲一些国家和日本等国都先后接受了法国的经济法这个概念。进入 20 世纪 60 年代后,科技发展和社会经济关系的变化,客观上要求国家干预社会经济,许多国家纷纷进行了经济立法。由此,经济立法和对经济法的研究很快发展起来。也正因为此,德国有"经济法之母"之称。

十月革命后,特别是第二次世界大战后,原苏联、东欧先后建立社会主义国家。20 世纪 50 年代前,这些国家对法律采取了虚无主义的态度。而这又与对列宁一些话的断章取义和误解有关。20 世纪 50 年代后,这些国家对经济立法和司法的看法有很大改变,开始颁布大量经济法规。在法学基础理论上的争论也推动了法学研究的发展。

据记载,中国的法律从秦代开始,《秦律》《唐律》中有大量经济方面的规定。但其特点是"诸法合一"。1840 年鸦片战争后,中国沦为半殖民地。经济基础的变化,使作为上层建筑的法律也开始发生变化。从 1903 年起制定过一些法律,如《公司律》《破产律》《票据法》。现代史阶段也颁布了一些法律,后来经过我国台湾国民党当局的修订,编入了我国台湾现行的六法全书(宪法、民法、刑法、行政法、行诉法、刑诉法)。

综上所述,现代经济法是战时经济和经济危机的产物,其核心是国家对经济的干预。中国法律的演进是由诸法合一走向诸法分立。近现代中国经济法律的制定与近代半殖民地有一定的关联。1979年之前的中国,法律出现了一段真空时期。之后的20多年,伴随着经济体制的改革和经济的高速发展,成为中国历史上经济立法最为繁荣,发展最为迅速的时期。

第二节　经济法与市场经济

一、市场经济与法制

市场经济就是法制经济,而计划经济在本质上是一种行政经济,是以行政手段直接组织和指挥经济活动,并不受任何限制和约束。市场经济之所以是法制经济,就在于市场经济对于法律的高度依赖关系。即使是最简单的、历史上发展最早的市场关系,如商品买卖关系也是以成文或不成文的规则作为基础的。市场经济要求把经济关系上升为法律上的权利与义务关系;要求实行权利、义务、责任的一致。在现代市场经济中还有许多高度复杂的市场关系,如票据关系、证券关系、期货交易、融资租赁等,事实上它们本身就是法律的创造物。没有法律,这些市场关系就失去了存在的基础。

二、法律对经济秩序的作用

法律对建立市场经济秩序的作用,就好比足球比赛的规则。现代足球源于英国,几百年前没有比赛规则,因此每次球赛变成了打群架,甚至闹出人命官司,严重妨碍社会治安。为此,政府制定法律严令禁止这种游戏,甚至宣布凡踢足球者,一概判处死刑。可是,足球并未被禁止住。只是逐渐地在足球比赛的对抗与竞争中产生了一些规则,这些规则又逐步完善,足球比赛就能正常进行了。这个过程就是游戏产生规则的过程。某种程度上说,法律规范也这样,当然市场经济比足球复杂多了。就全球范围而言,如果说自由资本主义时期是游戏的话,20世纪便进入规则产生时期。中国在逐步确认走社会主义市场经济道路后,应当尽可能发挥其后发优势,因为我们已经有条件让"规则先于游戏"。当中国的经济学家探明了发展社会主义市场经济道路之后,法学家的规则制定与实施问题开始突现了。诺贝尔经济学奖获得者科思和米勒说:"中国现在需要的不是更多的经济学,而是更多的法学。"经济法制确实已成为中国改革的后一半历程的基本任务。

经济学和法学意义上的市场,是指在一定法律构架中进行的交换关系的总和。市场被描述成一种制度过程,市场过程只能在一定的法律构架中才能进行。没有科学的法律制度,就不可能有成熟的市场秩序,甚至不可能有真正的市场,构建起完备的法律制度就是造就市场经济的法制基础。

第三节　经济法与经济政策

经济政策可分为基本经济和具体经济政策,长期与暂时性经济政策,全国性与区域性政策等等。经济政策与经济法律都属于调整经济关系的社会规范的范畴,有共同的经济基础、指导思想和根本任务。这是我国经济政策与法律的共性。经济政策与经济法律均在中国 20 多年经济体制改革中发挥着十分重要的作用。然而两者是两个完全不同的范畴。其区别主要表现在以下几方面。

一、制定的机关和程序不同

如前所述,立法是必须经过立法机关人民代表大会,以及法定程序的。而经济政策则是由政府行政机关颁布的。

二、实施的方式不同

法律由国家强制力保证其实施,违法将承担法律责任。而经济政策一般通过宣传、教育、示范等方式贯彻,实施不力或违反政策一般不承担法律责任,而是按政策规定的方式处理。

三、表现形式不同

法律以法律规范性文件表现,经济政策则以决议、纲领、讲话、纪要等非规范性文件为表现形式。

四、调整的稳定性程度不同

经济政策可以调整不十分确定的经济关系,甚至是改革过程中属于探索中的经济关系,如改革初期的一些新模式。而法律则调整比较成熟的社会关系,法律的内容一般是经过实践检验被证明较成熟和定型的社会关系。法律不能朝令夕改,而经济政策则相对具有较大的灵活性。

经济政策与经济法的关系是一个非常国情化的问题。经济政策与经济法固然不可能相互替代,执行中不能"越位",但实践中经济政策的积极作用,以及与法律法规的相互补充则是可以经过努力而成为现实的。在经济转轨过程中,经济法与经济政策的这种互补尤为重要。

第三章　经济法律关系

第一节　经济法律关系的形成

经济法律关系是由经济法确认和调整的各经济主体之间的权利和义务关系。

一、法律关系

法律关系是一种社会关系。人们在社会生活各领域里结成了各种广泛的社会关系,如社会生活中的婚姻关系、财产关系、继承关系、契约关系,经济生活中的买卖关系、借贷关系、租赁关系等都是客观存在的社会关系。但并非所有社会关系都是法律关系。当其中某种社会关系一旦由法律规范来调整,并在当事人之间形成一定的权利和义务关系时,就构成法律关系,就表现为当事人在法律上的权利和义务关系。无论是民事法律关系还是经济法律关系的产生都是以法律规范的存在作为前提的,没有法律就无所谓法律关系,没有相应法律调整,上述社会关系只是一种客观存在。只有法律的颁布和实施,才使这些社会关系变成了法律关系,才对当事人产生法律效力。所以,法律关系是指由法律规范确认和调整的人们之间以权利和义务为内容的社会关系。法律关系是以法律的形式所固定下来的社会关系。

二、经济法律关系

不同的法律部门调整不同的社会关系,因而形成了不同的法律关系。如公民之间的财产关系和人身关系,是由民法调整的民事法律关系。行政机关之间和公民与行政机关之间的关系是由行政法调整的行政法律关系。犯罪行为与刑罚是刑法调整的法律关系。经济活动中经济组织之间、经济组织与经济管理机关之间的关系是经济法调整的法律关系。可见,经济法律关系是各种法律关系中的一种,是经济关系为法律所调整时,在当事人之间产生的权利和义务关系。

三、法律事实

经济法律关系的形成需要借助于一个具体的法律事实。法律事实是指符合法律规定的能够引起法律关系产生、变更和终止的客观情况。一般而言,法律规范本身并不自发引起具体的法律关系的产生。有调整某一社会关系的法律,而未发生特定法律事实,就不产生具体的法律关系。任何一个具体的法律关系都是由一定的法律事实引起的。只有当法律规范所设定的情况,即法律事实出现时才会引起具体的法律关系的产生。

法律事实具体表现为法律事件或法律行为。

1. 法律事件

法律事件是指依法能够导致法律后果,而又不以人的意志为转移的客观情况。如自然现象,因雷击而发生火灾,能够引起以保险合同为依据的赔偿损失的法律事实,或导致企业间合同关系的变更。如自然现象,人的出生、死亡都能导致一定权利和义务关系的产生。一个人的死亡会导致婚姻关系的消灭、一个人的出生可以引起财产继承关系的产生。一些不以人的意志为转移的客观事实的发生,必须与现行的法律规定联系起来,才能成为法律事实,才具有法律意义,并导致相应的法律后果。

2. 法律行为

法律行为是指依法能够引起法律后果的、人们有意识的活动。与法律事件不同,法律行为是受人的主观意志支配的、有目的的活动。比如各种经营活动,当事人的目的在于实现利润最大化,因而一定是带有明确主观意志和预定目的有计划的活动。正因为如此,具有民事行为能力的人,才能实施民事法律行为。

人们的行为有合法与违法之分。符合法律规定、符合社会公共利益的行为是合法行为,产生预期的法律后果。而为法律所禁止的、侵犯他人合法权益的行为则是违法行为。法律行为是合法的行为,法律规范是产生相应法律关系的基础。

综上所述,人们在社会生活中形成的社会关系一旦由现行法律调整,就成为法律关系。法律关系是以法律的存在作为前提的。一个具体的法律关系的形成,总是由一定的法律事实引起的。法律事实则表现为法律事件和法律行为。一定的法律事件或法律行为的发生,可以导致法律关系的产生、变更和终止。

第二节 经济法律关系的要素

经济法律关系是由主体、客体和内容三个要素构成的。如果缺少其中任何一个要素,就不能构成经济法律关系。

一、经济法律关系的主体

经济法律关系的主体也称经济法主体,是指参加经济法律关系,依法享有经济权利、承担经济义务的当事人。经济法律关系的当事人有以下三类。

1. 自然人

自然人是一种生命体,作为民事主体是以生命的存在为前提的,并基于自然出生而具有法律人格。具有法律上的人格才能参与民事法律关系。我国与东欧一些国家使用公民一词,而公民往往与一定的国籍相联系,可分为本国人、外国人、无国籍人。

自然人直接参与民事活动,必须具备能力。在民法上其能力包括民事权利能力和民事行为能力。自然人的民事权利能力,是指国家法律赋予自然人享受民事权利和承担民事义务的资格,具有与人身不可分割的性质。人一旦出生就成为国家的公民,就依法享有生存的权利、继承的权利等。这些权利是与生俱来的。自然人的民事权利能力始于出生,终于死亡。

自然人的行为能力,是指以自己的行为依法行使民事权利和承担民事义务的资格。在大陆法系国家,自然人的行为能力主要取决于年龄和理智两个因素。关于年龄,各国规定不同。我国法律规定,年满18周岁,或年满16周岁,其生活来源主要靠自己劳动所得的自然人,为完全民事权利能力人。关于理智,大陆法系国家民法都有"禁治产"的规定。如《法

国民法典》规定,有下列情形的,宣告为禁治产人:

(1) 因精神病或精神孱弱不能处理自己事务者。

(2) 因挥霍浪费致使自己或家属有陷于贫困之虞或危及他人安全者。

对于上述自然人,法院可宣告其因无行为能力,而禁止其治理财产。被宣告者称为禁治产人。我国不使用禁治产的概念,但对宣告精神病人为无行为能力,或限制行为能力人作出了规定。其法定监护人是配偶、父母、成年子女、其他亲属。

自然人以个人身份独立参与民事活动,具有民事权利能力和民事行为能力,是经济法律关系的主体。在经济法律关系中还有一些特殊的自然人。如个体工商户、独资企业、合伙企业虽然是不同类型的企业组织,然而由于均不具有法人资格,因而在法律地位上均属自然人。他们在从事经济活动、承担法律责任时,均是以自然人身份出现的。

2. 法人

法人是具有权利能力和行为能力,依法独立享有民事权利和承担民事义务的组织。法人是相对自然人而言的,与自然人不同,法人不是生命体。作为一种社会组织,企业、事业单位、机关、社会团体等组织,只要符合法定条件都可成为法人。企业法人是最重要的市场主体。

(1) 法人设立的条件。法人的设立必须具备四个条件:

第一,依法成立。法人的设立必须具有法律依据,符合法定程序,依法办理有关手续,据此才能获得法人资格。

第二,有独立的财产与经费。法人作为一个组织,必须有其独立的财产和经费,这是保证法人能够进行经济活动,承担民事法律责任的物质基础。

第三,有自己的名称、机构和场所。法人的名称是其具有独立身份的外在表现。法人的机构是法人进行各种经济活动的组织保障。法人是一种社会组织,它的民事行为必须由其机关、法定代表人或所委托的代理人来实施。法人必须有活动场所,法人的场所是其议事、决策和从事业务活动的主要场所,它在法律上具有十分重要的意义。如对于企业法人而言,首先,企业的登记在所在地工商行政管理机关进行,确立了企业的住所也就等于确立了它的登记机关。其次,企业的场所是确定企业债务的履行地点,有利于确定受送达地点。企业的场所还是确定其诉讼的管辖地点。按我国《民事诉讼法》规定,对法人和其他组织提起诉讼,由被告住所地人民法院管辖。

第四,能够独立承担民事法律责任。法人应当能对自己的行为所产生的法律后果,以自己的名义独立承担民事法律责任。如作为企业法人,应当以自己的全部财产并以自己的名义对其债务承担责任。

具备上述四个条件的社会组织,依照法定程序可设立为法人。

(2) 法人的分类。对于法人按不同依据可作以下分类:

第一,公法人和私法人。国家机关是主要履行公法职能的法人,而企业、公司则为典型的私法人。

第二,社团法人或财团法人。社团法人是指以人的集合为主而组成的法人,如企业法人。财团法人是指以财产集合为主组成的法人,如各种基金会,它设立的资金来源往往是捐献资金。慈善、教育、卫生、科学、文化等基金会均属于财团法人。

第三,营利法人和公益法人。营利法人以营利为目的而设立,直接从事生产经营活动,如企业法人。公益法人则以公益为目的而设立,主要从事社会公益事业,因此不以营利为目的,如慈善基金会、宋庆龄基金会等机构均为公益法人。

（3）法人的能力。法人是法律设定的人,它以一个组织的身份作为独立的民事主体。作为民事主体,法人与自然人一样具有相应的民事权利能力和民事行为能力。

法人的民事权利能力,是指法人作为民事主体,参与民事活动,享有民事权利,承担民事义务的资格。法人与自然人一样具有民事权利能力,但是由于法人与自然人在性质上的差异,决定了法人的权利能力有别于自然人。首先,法人的权利能力因性质受到限制。法人不能享有专属于自然人的某些权利,如生命权、肖像权、自由权、隐私权等。当然法人也有一些具有人身性质的权利,如名称权、商标权、著作权等。其次,法人的权利能力受到设立目的的限制,能力的范围限制,受到法律、法规的限制。其权利能力只在其所登记的业务范围之内。我国《民法通则》规定:"企业法人应当在核准登记经营范围内从事经营。"企业法人超越所登记的经营范围从事经营活动,一般认定为无效行为。法人权利能力还取决于法人成立的宗旨和它的业务性质。社团法人权利不同于财团法人的权利,公益法人不同于营利法人。不同法人其权利能力因其登记的业务范围不同而有所区别。第三,法人权利能力取决于法人成立的宗旨和它的业务性质。法人的权利从法人成立之日起产生,至法人终止时消灭。即所谓始于登记,终于解散。

法人的行为能力,是指法人以自己的意志进行经济活动,享有民事权利并承担民事义务的资格。与自然人不同,法人不是生命体,因此它的民事权利能力与民事行为能力是同时产生的。法人的民事行为能力不能超出其权利能力所允许的范围。如企业法人必须在法律、行政法规、章程,或者核准登记的业务范围内开展经营活动,并承担相应的社会责任。

法人的行为能力由其法定代表人或代理人行使。法定代表人是依照法律或章程规定、代表法人行使职权的负责人。

法人是经济法律关系的最重要的主体,也是经济生活中最重要的市场主体。

（4）法人的变更与终止。法人的变更,是指法人的性质、名称、注册资本、经营范围及其合并分立等重大事项的变动。为保障交易安全,法人变更必须依照法定程序办理变更登记。

法人的终止,是指法人民事主体资格的消灭。一般,企业法人的终止有四种原因:一是依法被撤销;二是解散,如企业法人因严重违反法律,经人民法院宣告解散;三是依法宣告破产;四是因合并分立等其他原因被注销。法人终止对于企业法人而言,意味着其民事主体资格的消灭。既然设立时应履行市场准入手续,那么,其终止时也须办理注销登记、公告等准出手续。

3. 国家

国家或国家机关是经济法律关系的特殊主体。在经济法律关系中,国家经济管理机关在实现国家经济职能过程中处于重要的法律地位。作为国民经济的管理者,国家经济管理机关通常以权利主体的身份出现,如通过立法调整国家与经济组织的关系,通过制定政策与法规规范市场主体活动,通过使用经济杠杆调节、引导市场主体的活动。在大多数情况下,国家经济管理机关与其他主体间是权利主体与权利义务主体之间的关系,是权利的执行者。

国家经济管理机关在一定情况下也以平等主体身份参与经济法律关系,如国家采购、国家举债。在这种情况下,国家是以平等主体身份出现在经济法律关系中的。

二、经济法律关系的客体

经济法律关系的客体,是指当事人权利义务指向的对象。法学上又称为标的。经济法律关系的客体是确立权利义务关系的物质承担者。没有客体,权利义务就会落空,经济法律关系就无从成立。经济法律关系客体主要包括财物、行为和智力成果。

1. 财物

财,即货币资金和有价证券。有价证券包括:股票、债券、支票、汇票、存单等。

物,即可为人们所控制而又有经济价值的一切物质财富。物是经济法律关系中运用得最广泛的客体。法律意义上的物有限定。如可以分类为动产与不动产:能够移动而不改变性质和降低其价值的物为动产;反之,为不动产。

2. 行为

行为是指经济法律关系主体为达到一定经济目的所进行的活动,包括完成一定的工作,提供一定的劳务。完成一定的工作,是指以自己的资金、设备为主体另一方完成工作,并根据成果数量,收取一定报酬。提供一定的劳务是指为满足主体另一方的要求而提供一定的服务,如家政服务收取一定酬金的行为。

3. 智力成果

智力成果是指人的脑力劳动所创造的成果。智力成果没有形体、不占空间,在法律上称为无体财产,主要包括著作权(即版权)、专利权、商标权、专有技术等。这些知识产权属于经济法律关系的客体。

三、经济法律关系的内容

经济法律关系的内容是指经济法律关系主体享有的权利和承担的义务。主体之间的权利和义务是经济法律关系的核心问题。

1. 权利

对于任何一个主体而言,所谓权利具体是指:

(1) 经济法律关系主体依法享有根据自己意志进行各种活动的权利。

(2) 经济法律关系主体有权要求其他主体作出一定行为的权利。

(3) 经济法律关系主体当其权利受到侵害时,有权要求国家机关依法使用强制手段予以保护。

2. 义务

经济法律关系的义务是指:

(1) 经济法律关系主体在法律规定的范围,必须实施一定的行为,或抑制一定的行为,以此保证其他主体权利的实现。

(2) 经济法律关系主体履行义务,实施一定行为,应限于法律规定之内,可拒绝规定以外要求。

(3) 经济法律关系主体的义务,在一定情况下受国家强制力的监督和约束。

在经济法律关系中权利义务是互为前提、彼此依存的辩证关系。各方主体既享有权利又承担义务,一方的权利以另一方的义务为保障,一方的义务又是另一方权利的体现。在市场经济条件下,经济法律关系中,平等主体之间的权利和义务是对等的,没有无义务的权利也没有无权利的义务。

综上所述,主体、客体、内容三要素共存于经济法律关系之中。其中,主体是经济法律关系的当事人,客体是经济权利和经济义务指向的对象和载体,内容是连接主体与客体的纽带。经济法律关系的三要素互为前提,相互依存。其中任何一个要素的变更都会改变原来的法律关系。如果是主体变更,意味着在经济活动中已不再是原来的当事人;而客体的变更,则使交易的标的发生变化,经济法律关系的内容一旦变更,表明原来的权利义务关系将重新界定。三要素中任何一个要素的缺失,都将使原来的经济法律关系不复存在。

在市场经济条件下,各平等的市场主体之间结成的法律关系是通过协商达成合意,是比较稳固的,不能任意改变。在纵向关系中,即体现国民经济管理关系中,权利主体及其权利的执行直接受法律和行政法规的保护。

第四章 相关法律制度

第一节 时 效

一、时效制度概述

时效是指法律规定一定事实状态在法定期间内的持续存在,从而产生与该事实状态相适应的法律效力。时效是个内容广泛的概念。如法律文件的生效,这是法律的时间效力问题。如有人善意占有别人的财产,所有人没有在法定期间行使权利,那么占有人就取得了所有权,这是占有时效。又如债务人不按约定履行义务,债权人在法定期间内未行使权利,债权就不再受法律的保护,法律不能强制债务人履行债务,这就是诉讼时效。

法律的时效是指法律生效与失效的时间界限,以及法律对其颁布前的案件是否有溯及力的问题。

法律的生效是指法律在制定后何时开始生效施行。通常,这是根据特定法律的性质和实际需要来决定的。从我国立法实践看,有的法律自公布之日起生效,如合同法。有很多法律公布后并不立即生效,经过一定时期才生效,如公司法等。还有的法律公布后在一定范围内试行,然后经立法机关加以补充、修改,再通过公布正式施行。试行期间,在法定适用范围内具有法律效力,如破产法。

法律的失效,即法律效力的终止。法律的失效也有不同的情况,有的是因新的法律公布实施后,原有同类法律自然失去效力。有的是新的法律公布实施后,原有法律同时在新法律中明文宣布原有法律废止,如《中华人民共和国合同法》颁布时明确注明,自实施之日起其他同类法律废止。

时效属于强制规范。当事人无权协商不受时效的约束,也无权自行决定缩短或延长时效期间。时效是中性的,因为时效既不是对权利人不及时行使民事权利的惩罚,也不是对义务人不及时履行民事义务的保护。不能简单理解为对一方的保护或对另一方的惩罚。

时效制度的意义主要表现在以下方面:

(1)保护当事人权益,促使权利人及时行使权利,督促义务人及时履行义务。如果没有时效制度,权利人有可能怠于行使自己的权利。而权利人长期不行使权利,将使财产闲置、损毁和荒废。时效制度可以避免浪费,有利于及时利用社会财富。

(2)时效制度有利于及时合理地解决民事纠纷。在一定时间内处理民事争议,易于取证,及时、正确审结。而时间过久,人证、物证不全,在确定当事人之间权利义务关系及内容时困难很大。如两家企业,20年前签订的合同一直未履行,若强行追索,是不能被允许的。实践中,几十年上百年的债务诉至法院,在事实不清、举证不能的情况下法院如何审理? 可见,时效制度的实施,有利于法院及时准确地审结案件。

时效制度直观地告诉人们,对于权利是应当有时间概念的。

二、诉讼时效

诉讼时效又称消灭时效,是指当事人为了保护自己的合法权益,向法院提起诉讼的法定有效期间。诉讼时效是时间在法律上的效力,当事人应当在法定期间内行使自己的权利。期间一旦届满,必然引起一定法律后果的发生。

(一)诉讼时效的法律特征

诉讼时效属于消灭时效。诉讼时效的期间和法律后果具有客观性和强制性。当事人既不能通过协议缩短也不能延长诉讼时效的期间。以法定诉讼时效行使权利,能产生胜诉的法律后果;反之,则产生胜诉权消灭的法律后果。

诉讼时效的法律效力表现在如下三个方面:

(1)诉讼时效届满后,权利人丧失胜诉权,即丧失了请求法院依诉讼程序强制义务人履行义务的权利。所谓消灭时效,所消灭的是诉讼保护的权利。诉讼时效届满意味着义务人可以因此拒绝履行义务,并且不受法律强制力的追索。

(2)权利人的起诉权并不消灭。一旦超过诉讼时效期间,并不意味着权利人丧失了起诉权。权利人仍可向法院起诉,并且法院不得拒绝受理。当然,对无正当理由超过诉讼时效的起诉,法院可以告知起诉人撤销或裁定驳回。

(3)权利人的实体权利不消灭。诉讼时效期限届满后,如义务人自愿履行义务的,是不受时效限制的,诉讼时效期限届满后,即权利人有权接受。而履行了义务的当事人事后不能以不知时效期届满为由要求返还。毕竟诉讼时效并不消灭请求保护权利的本身。

(二)诉讼时效期间

按照我国《民法通则》的规定,权利人向人民法院请求保护的诉讼时效期间有以下三类。

1. 普通诉讼时效

普通诉讼时效又称一般诉讼时效。《民法通则》规定:请求法院保护民事权利的诉讼时效期间为 2 年,法律另有规定的除外。普通诉讼时效自权利人知道或应当知道其权利被侵害时起计算。

2. 特别诉讼时效

特别诉讼时效是指由单行法专门规定的,仅适用于特定民事权利的诉讼时效。特殊时效比一般时效短。民法规定下列诉讼时效期间为 1 年:① 身体受到伤害要求赔偿的;② 出售质量不合格商品未声明的;③ 延付或者拒付租金的;④ 寄存财物被丢失或毁损的。

3. 最长诉讼时效

最长诉讼时效是指从权利被侵害之日起超过 20 年的,法院不予保护。它适用于一切种类的民事纠纷。如债权债务关系,债权到期之日起超过 20 年的,人民法院不予保护。无论权利人是否知道或者应当知道其权利被侵害,最长诉讼时效均自权利被侵害之日起计算。依照我国法律规定,无论最长诉讼时效、普通诉讼时效还是特别诉讼时效,只要是期间届满,均为诉讼时效届满,因而丧失胜诉权。与普通诉讼时效、特别诉讼时效不同的是起算点。最长诉讼时效的起算点是从权利被侵害之日起开始计算,而普通诉讼时效与特别诉讼时效的起算点则是从权利人知道或应当知道其权利受侵害之日起计算。

执行时效是指当事人对法院下达的、已经产生法律效力的判决书、裁决书请求强制执行的有效期间,超过执行时效,判决书丧失效果。

（三）诉讼时效的中止

诉讼时效中止是指在诉讼时效期间的最后6个月内因不可抗力或其他障碍不能行使请求权时,时效期间暂停计算;当中止时效的事由消除后,诉讼时效再继续计算的制度。诉讼时效的中止必须具备相应条件:

（1）出现了引起诉讼时效中止的法定事由。如由于交通断绝、疾病等不可抗力,或者是无行为能力、限制行为能力的权利人暂时无法定代理人,或其法定代理人死亡、丧失行为能力、丧失代理权等情况。由于上述原因而无法行使请求权。

（2）诉讼时效中止的法定期间。引起中止的法定事由必须发生在诉讼时效期间的最后6个月内。如2006年10月31日诉讼期间届满,诉讼时效的最后6个月是从2006年5月1日起算。中止时效的原因消除之日起继续计算,如中止原因一直到诉讼期届满还未消除,在原因消除后起算延长6个月。

诉讼时效中止制度的意义在于避免当事人因暂时性障碍造成其诉讼时效届满的后果。允许中止,延长诉讼期间是为了保护权利人的合法权益。

（四）诉讼时效的中断

诉讼时效中断是指诉讼时效期间内因当事人一方提起诉讼,提出请求或者同意履行义务而使诉讼时效终止的制度。诉讼时效中断必须具备相应条件:

（1）出现了引起诉讼时效中断的事由。如债务人允诺履行债务并提供了担保,则诉讼时效中断。由此可见,诉讼时效中断是因为发生了时效继续进行的基础,或者说是产生了时效继续的根本性障碍。

（2）诉讼时效中断必须发生在诉讼时效期间内。诉讼时效期间已经届满后,引起中断的依据不复存在。权利人行使请求权因故时效中断后,原来的时效期间归于无效。中断使诉讼时效期间重新计算,已经过去的时效不再计算。

诉讼时效中止是由于不以人的主观意志为转移的原因,而诉讼时效中断则是由当事人的主观意志所决定。

诉讼时效除了民法规定的一般诉讼时效外,一些单行法也有相应当事人行使权利的时效的规定。时效制度具有很丰富的内容。本章仅就属于时效范畴的法律文件的时效、法律事实的时效以及诉讼时效作如上阐述。

第二节　代　理

一、代理的概念与特征

（一）代理的概念

代理是指代理人在代理权限内,以被代理人的名义实施民事行为,其权利义务后果直接归属被代理人的一种法律关系。

代理适用的范围在实践中十分广泛。除诉讼以外,人们在商业活动中金融证券、房地产等投资行为、知识产权中的专利申请等,均可能聘请专业机构和专业人才代为行使权利。让专业的人做专业的事已逐渐成为人们的共识。经济越发达,社会分工越细化,对于专业服务越依赖,代理活动就可能越频繁,代理适用也就越广泛。

（二）代理的特征

代理是一种三方的法律关系。按法律规定,代理具有如下特征:

(1) 代理关系基于被代理人的委托或法律规定而形成。

(2) 代理人以被代理人的名义,而通常不是以自己名义进行活动。

(3) 代理人必须在代理人权限内进行活动。在代理权限内代理人有权按照自己的理解与判断独立地表现自己的意志。

(4) 代理人在代理权限范围内的代理行为,其产生的后果直接归属被代理人。

二、代理的适用范围

（一）代理法律关系的主体

代理法律关系的主体由被代理人、代理人和第三人构成。关于被代理人,《民法通则》规定:公民与法人可通过代理人实施民事法律行为。可见,法律对代理法律关系中被代理人无任何限制。所有民事主体,包括自然人、法人或其他组织均可成为被代理人。

代理人是需要有一定能力的,非此难以完成代理事务。因此,代理人必须是完全民事行为能力的人。

第三人是直接与代理人进行民事活动的当事人。第三人与代理人实施民事行为在本质上是与被代理人之间的民事活动,而表象上则是与代理人之间的活动。

（二）不适用代理的行为

在社会生活中,代理适用的范围是极为广泛的。然而代理人所实施的代理法律行为,必须在性质上是可以被代理的。一般涉及人身关系的法律行为不能代理,必须本人亲自进行。按照法律规定,下列行为不适用代理:

(1) 具有特定人身性质的债务不得代理。当事人约定,必须由特定的人履行的义务,如定制品、名人书画等,属于特定的人身关系的债务。

(2) 与人身关系相联系的法律行为不得代理,如立遗嘱、收养子女、婚姻登记等。

(3) 违法行为不能代理。侵权行为、法律所禁止的行为,如偷盗、行凶,不适用代理,每个当事人必须对自己的违法行为承担法律责任。代理人知道被委托代理的事项违法仍然进行代理的,或者被代理人知道代理人的代理行为违法而不表示的,被代理人和代理人应负连带法律责任。

三、代理的类型

根据代理产生的依据不同,代理可划分为以下类型。

（一）委托代理

委托代理是指代理关系因委托人的委托授权而设立的代理。委托代理应以一定方式向第三人表明其代理关系及被委托人的授权。

（二）法定代理

法定代理是指根据法律的直接规定而产生代理权的代理。它不需要被代理人委托,而是由法律根据一定社会关系的存在予以确定。如为无民事行为能力的未成年人,或限制行为能力人的父母,即为其法定代理人。在此,代理所产生的依据是父母与子女的亲属关系。在经济活动中则不存在法定代理人问题。

（三）复代理

根据选任代理人的不同,代理可分为本代理与复代理。本代理即委托代理,通常由被代理人选任;而复代理则是由代理人将代理权转让给第三人而形成,根据代理人的直接委托而产生的。复代理人实施行为的后果直接归属被代理人。但这是有其先决条件的,我国法律规定,复代理应事先得到被代理人的同意,未征得被代理人同意或事后告知而被代理人不同意的,转委托的法律后果由代理人负责。因紧急情况法律允许除外。经被代理人同意的,复代理人实施行为的后果直接归被代理人。复代理人的代理权限不得超过原代理人的权限。

（四）指定代理

指定代理是指根据人民法院的指定而产生的代理关系。如无行为能力的人无法定代理人成为诉讼当事人时,人民法院为其指定一代理人。被指定人如无正当理由是不得拒绝担任代理人的。

在各种经济活动中,依据代理人所从事的内容、业务特征性质,代理还可作其他分类。如按业务性质不同,可分为:

（1）销售代理。

（2）货物运输代理。

（3）船舶经纪代理（有长期代理与航次代理之分）。

（4）保险经纪代理。

（5）诉讼与仲裁代理等。

依据代理的方式,如在国内外贸易活动中常见代理有:

（1）一般代理。

（2）独家代理。

（3）总代理与分代理。

在销售代理中,可分为包销、定销、代销等代理。

四、代理人责任及代理权滥用

（一）代理人责任

对代理人而言,代理是因协议而产生的义务。其对被代理人主要义务表现在以下方面:

（1）代理人必须在被代理人授权范围和期限内,依法和依约定行使代理权。

（2）代理人实施代理行为应谨慎尽职,维护被代理人的合法权益。

（3）代理人一般应亲自完成代理工作,不得擅自转托他人代理。

如代理人不履行自己的职责给被代理人造成损害的,应依法承担民事责任。如代理人与被代理人对已实施的行为负连带责任的可列为共同诉讼人。

（二）代理权滥用

代理权的滥用是指代理人利用享有代理权的便利,实施损害被代理人利益的行为。滥用代理权主要有以下三种情况。

1. 自我代理

自我代理是指代理人以被代理人的名义,自己实施法律行为,损害被代理人的利益。

2. 双方代理

双方代理是指代理人同时代理当事人双方,实施同一项法律行为。如一个律师同时担任原告和被告的代理人,在同时作为双方代理人的情况下,代理人事实上不可能同等考虑双方的利益。因此,双方代理是为法律所禁止的行为。

3. 恶意谋通

恶意谋通是指代理人和第三人恶意串通,以损害被代理人为目的的行为。

(三)代理权的终止

1. 委托代理的终止

根据法律规定,委托代理因以下情况而终止:

(1)代理期间届满或者代理事务完成。

(2)被代理人取消委托或者代理人辞去委托。

代理权终止是单方的法律行为。按照我国《合同法》规定,被代理人和代理人都有权解除委托合同,并且不必得到对方的同意。任何一方要求解除代理关系,都应当在一定期间通知对方。如因解除代理而致使对方损害的,提出解除代理关系的一方对此承担相应责任。

(3)代理人死亡。

(4)代理人丧失民事行为能力。

(5)作为被代理人或者代理人法人终止。

被代理人死亡后有下列情况的,委托代理人实施的代理行为有效:

(1)代理人不知道被代理人死亡。

(2)被代理人的继承人均予承认的。

(3)被代理人与代理人约定到代理事项完成时代理权终止的。

(4)在被代理人死亡前已经进行、而在被代理人死亡后为了被代理人的继承人的利益继续完成的。

2. 法定代理的终止

依据法律规定,法定代理和指定代理因以下情况而终止:

(1)被代理人取得或者恢复民事行为能力。未成年人成年之后,或精神病患者恢复健康后法定代理或指定代理即告终止。

(2)被代理人或者代理人死亡。

(3)代理人丧失民事行为能力。

(4)指定代理的人民法院或者指定单位取消指定;由其他原因引起的被代理人和代理人之间的监护关系消灭。

五、无权代理与表见代理

(一)无权代理

1. 无权代理的类型

无权代理是指行为人没有代理权、超越代理权而实施的代理行为。无权代理包括三种情况：

（1）无合法授权，即无代理权。无权代理的法律后果由无权代理人承担。

（2）越权代理，即虽有代理权但其代理行为超越了授权范围。代理人在代理权限范围内的行为后果由被代理人承担，但超越权限行为引起的后果应由代理人自己承担。

（3）代理权终止后仍以被代理人名义实施。

2. 无权代理的法律后果

无权代理一旦被确认，被代理人对其后果不承担任何责任。对于代理人而言，无权代理的法律后果为：

（1）被代理人的追认或者拒绝。如被代理人得知代理人的越权代理行为后，事后认可了这一行为，即为追认代理，其法律后果由被代理人承担。但如明确表示拒绝追认，则越权代理部分的法律责任由代理人承担。

（2）第三人的催告和撤销。第三人对代理人行为要求被代理人确认，有催告权。对无权代理行为有撤销权。但如被代理人已确认代理关系的，第三人不得撤销。

（3）无权代理人承担赔偿责任。

（二）表见代理

表见代理是指无权代理人因与本人有一定关系，而使第三人信其有代理权，因而与他进行民事行为。

1. 表见代理的构成要件

表见代理的构成要件有如下三个方面：

（1）有某种外观事实表明行为人有代理权。

（2）第三人对行为人无权代理不知情。

（3）行为人与第三人实施的民事行为合法。

表见代理本质上属于无效代理。而无效代理的法律后果本应由无权代理人承担。但一个不可忽视的情况的存在，即本人的因素，制造了代理权存在的表征，并且造成了第三人对其的信赖。从保护善意的第三人利益，保护交易安全出发，在此种情势下，第三人远较本人的利益更值得保护。因此，各国制定了对善意第三人特别保护的表见代理制度，即法律认定其为特殊代理。

2. 表见代理的法律后果

我国《合同法》明确规定，表见代理为有效代理。一旦表见代理情况发生，其法律后果如下：

（1）第三人对无权代理行为既不知情也无过错，则本人应承担由此产生的法律后果。

（2）第三人知情与否的举证责任，由本人承担，而不是由第三任承担。如本人无法举证第三人并不知情，可推定其不知情。

（3）第三人既可向本人，也可向无权代理人追究法律责任。表见代理毕竟在本质上属于无权代理，因此，如第三人直接向无权代理人追究法律责任，请求权利在法律上是没有任何障碍的。

在经济活动中，表见代理制度的实施，既表现在对不知情且无过错的受到伤害一方当事的权利的保护，也表现在一定程度体现了企业的社会责任，使代理制度作用得到更好的发挥。

第 二 编

市场主体法律制度

第五章 个人独资企业法

第一节 个人独资企业法概述

一、个人独资企业的概念与特征

1. 个人独资企业的概念

个人独资企业又称独资企业、业主制企业，是人类社会最古老的企业形态。在诸多企业形态中，独资企业历史最为悠久，形态最为稳固。

在我国，个人独资企业是指依法在中国境内设立，由一个自然人投资，财产为投资人个人所有，投资人以其个人财产对企业债务承担无限责任的经营实体。

2. 个人独资企业的特征

个人独资企业的典型特征是投资人个人出资、经营并自负盈亏和自担风险。个人独资企业的法律特征具体表现在：

（1）从财产关系看，个人独资企业是由一个自然人投资设立的，投资人对企业财产享有所有权。企业财产既包括独资投资人成立时投资人投入的初始财产，又包括企业存续期间积累的财产。投资人是这个企业财产的唯一合法所有者。

投资人是独资企业的所有者，对企业拥有完全的控制权。因此，投资人可以视企业的情况自主选择经营管理方式。

（2）从法律地位看，个人独资企业不具有法人资格。尽管独资企业可以拥有自己的名称，并可对外以企业名义实施经营活动，但其法律地位仍为自然人，只是自然人进行经营活动的一种组织形态，是自然人的变体。其权利能力和行为能力是自然人的放大。

（3）从法律责任看，独资企业由于不具备独立的法人资格，投资人以其个人财产对企业的债务承担无限责任。当企业财产不足以清偿债务时，投资人应当以其个人的其他财产予以清偿。因此，企业的存续与投资人紧密相关。

《中华人民共和国个人独资企业法》（以下简称《个人独资企业法》）由中华人民共和国第九届全国人民代表大会常务委员会第十一次会议于 1999 年 8 月 30 日通过，并自 2000 年 1 月 1 日起施行。为独资企业专门立法，这在世界各国并不多见。我国该法的特点在于不仅仅把个人独资企业视为特殊的自然人，更偏重于将其作为企业、作为经营实体加以规范。

二、个人独资企业的设立

企业设立是企业法中的重要制度之一。个人独资企业由一个自然人投资，所以其设立条件和程序也是各类企业中最为简单的。

1. 个人独资企业的设立条件

个人独资企业的设立应当遵循下述规定：

第一，投资人为一个自然人，并且应当具有完全民事行为能力。法律、行政法规禁止从事营利性活动的人不得作为投资人，并申请设立个人独资企业，如国家公务员、法官、检察官等。这些特定职业的自然人如果成为投资人，将会难以避免地利用公权力介入营利活动，对社会产生难以想象的负面影响。

第二，有合法的企业名称。个人独资企业的名称，必须符合国家工商行政管理部门颁布的《个人独资企业登记管理办法》有关规定，不得使用"有限"或"有限责任"字样。这是因为个人独资企业对其债务的责任为无限责任；还在于人们已习惯于把所有企业称为"公司"，或者说公司在实际上被泛化为企业。

第三，有投资人申报的出资。对个人独资企业的设立，《个人独资企业法》并无最低投资额的限制，只要求有自己申报的出资。

第四，有固定的生产经营场所和必要的生产经营条件。个人独资企业以其主要办事机构所在地为住所。

此外，个人独资企业通常有必要的从业人员。

2. 个人独资企业登记设立

个人独资企业的设立属于登记设立，而不属于批准设立的范畴。其设立登记的要件有：

（1）设立登记应当由投资人或者其委托的代理人向个人独资企业所在地的登记机关提交设立申请书、投资人身份证明、生产经营场所使用证明等文件。委托代理人申请设立登记时，应当出具投资人的委托书和代理人的合法证明。

个人独资企业不得从事法律、行政法规禁止经营的业务。凡从事法律、行政法规规定须报经有关部门审批的业务，应当在申请设立登记时提交有关部门的批准文件。

（2）个人独资企业设立申请书应当载明：企业的名称和住所、投资人的姓名和居所、投资人的出资额和出资方式以及经营范围等。

（3）个人独资企业的名称应当与其责任形式及从事的营业项目相符合。经登记机关核准登记，即发给营业执照。个人独资企业营业执照的签发日期，为企业成立日期。在领取个人独资企业营业执照前，投资人不得以个人独资企业名义从事经营活动。

个人独资企业可以在异地设立分支机构，可由投资人或者其委托的代理人向分支机构所在地的登记机关申请登记，领取营业执照。分支机构经核准登记后，应将登记情况报该分支机构隶属的个人独资企业的登记机关备案。分支机构的民事责任由设立该分支机构的个人独资企业承担。

个人独资企业在存续期间，其登记事项变更的，应当在作出变更决定之日起的15日内依法向登记机关申请办理变更登记。

第二节　个人独资企业的事务管理

作为个人独资企业的投资人和所有人，当然拥有对企业的管理权。我国《个人独资企业法》对个人独资企业的事务管理方式规定，个人独资企业投资人可以自行管理企业事务，也可以委托或者聘用其他具有民事行为能力的人负责企业的事务管理。投资人委托或者聘用他人管理个人独资企业事务，应当与受托人或者被聘用的人签订书面合同，明确委托的具体内容和授予的权利范围。投资人对受托人或者被聘用的人员职权的限制，不得对抗善意第三人。

对于独资企业的受托人或者被聘用的人员，法律要求其应当履行诚信、勤勉义务，按照与投资人签订的合同负责个人独资企业的事务管理。同时，还规定了投资人委托或者聘用的、管理企业事务的人员不得有下列行为：

（1）利用职务上的便利，索取或者收受贿赂。

（2）利用职务或者工作上的便利侵占企业财产。

（3）挪用企业的资金归个人使用或者借贷给他人。

（4）擅自将企业资金以个人名义或者以他人名义开立账户储存。

（5）擅自以企业财产提供担保。

（6）未经投资人同意，从事与本企业相竞争的业务。

（7）未经投资人同意，同本企业订立合同或者进行交易。

（8）未经投资人同意，擅自将企业商标或者其他知识产权转让给他人使用。

（9）泄露本企业的商业秘密等。

第三节　个人独资企业的权利与义务

个人独资企业作为市场经济的主体，依法享有相应的权利，同时也须承担相应的义务。个人独资企业的权利，是国家法律对作为经营实体的自然人所拥有的权利的认定。主要有：第一，企业投资人对本企业的财产依法享有所有权、支配权和收益权。这种投资人与企业合为一体的相互权利受法律保护。第二，个人独资企业可以依法申请贷款、取得土地使用权，并享有法律、行政法规规定的其他权利。第三，任何单位和个人不得违反法律、行政法规的规定，以任何方式强制个人独资企业提供财力、物力、人力；对于违法强制提供财力、物力、人力的行为，个人独资企业有权拒绝。

《个人独资企业法》还规定了个人独资企业必须承担的义务，这些义务属于强制性规范的范畴。首先，要求个人独资企业应当依法设置会计账簿，进行会计核算，并依法纳税。其次，要求个人独资企业招用职工的，应当依法与职工签订劳动合同，保障职工的劳动安全，按时、足额发放职工工资。个人独资企业还应当按照国家规定参加社会保险，为职工缴纳社会保险费。

个人独资企业从事经营活动必须遵守法律、行政法规，遵守诚实信用原则，不得损害社会公共利益。个人独资企业应当依法履行纳税义务。国家依法保护个人独资企业的财产和其他合法权益。个人独资企业可依法招用职工，企业职工的合法权益受法律保护。个人独资企业职工可依法建立工会，并依法开展活动。

《个人独资企业法》第17条规定，个人独资企业的投资人对本企业财产及有关权利可以依法转让或继承。由于个人独资企业不具有法人资格，因而，不具有法律意义上的作为企业的独立财产。其财产和权利的转让和继承，即如同投资人其他财产的转让和继承一样不具有特殊性。

第四节　个人独资企业的解散与清算

个人独资企业的解散,是指个人独资企业因某些法律事由的发生,而使其民事主体归于消灭的情形,个人独资企业解散的原因,一般有:

(1) 自愿解散,如投资人决定解散。

(2) 非自愿解散,如投资人死亡或者被宣告死亡,无继承人或者继承人决定放弃继承。

(3) 强制解散,如因实施违法行为而被依法吊销营业执照。

此外,还有法律、行政法规规定的可能出现的其他情形。

个人独资企业一旦解散,应由投资人自行清算,或者由债权人申请人民法院指定清算人进行清算。凡投资人自行清算的,应当在清算前15日内书面通知债权人,无法通知的,应当予以公告。债权人应当在接到通知之日起30日内,未接到通知的应当在公告之日起60日内,向投资人申报其债权。

进入清算程序后,关于个人独资企业财产处理,法律的相应规定是:

第一,个人独资企业解散后,原投资人对个人独资企业存续期间的债务仍应承担偿还责任,但债权人在5年内未向债务人提出偿债请求的,该责任消灭。这是关于独资企业债权时效上的限制性规定。

第二,个人独资企业解散的,财产应当按照下列顺序清偿:首先,清偿所欠职工工资和社会保险费用;其次,清偿所欠国家税款;再次,清偿个人独资企业所欠的其他债务。

第三,清算期间,个人独资企业不得开展与清算目的无关的经营活动。在清偿债务前,投资人不得转移、隐匿财产。

第四,个人独资企业财产不足以清偿债务的,投资人应当以其个人的其他财产予以清偿,对债务承担无限责任。

由于我国至今尚无关于自然人破产的法律制度,因此,个人独资企业的破产,应依据《破产法》的相关规定,参照执行。

第五节　法　律　责　任

一、行政和民事责任

作为民事主体,个人独资企业如实施违反法律、法规的行为,行为人应分别承担行政、民事甚至刑事责任。《个人独资企业法》规定:

(1) 提交虚假文件或采取其他欺骗手段,取得企业登记的,责令改正,处以5 000元以下的罚款,情节严重的,并处吊销营业执照。

(2) 个人独资企业使用的名称与其在登记机关登记的名称不相符合的,责令限期改正,处以2 000元以下的罚款。

(3) 涂改、出租、转让营业执照的,责令改正,没收违法所得,处以3 000元以下的罚款。情节严重的,吊销营业执照。伪造营业执照的,责令停业,没收违法所得,处以5 000元以下的罚款。构成犯罪的,依法追究刑事责任。

（4）未领取营业执照，以个人独资企业名义从事经营活动的，责令停止经营活动，处以3 000元以下的罚款。个人独资企业登记事项发生变更时，未按法律规定办理有关变更登记的，责令限期办理变更登记。逾期不办理的，处以2 000元以下的罚款。

（5）个人独资企业成立后无正当理由超过6个月未开业的，或者开业后自行停业连续6个月以上的，吊销营业执照。

（6）个人独资企业违反法律规定，侵犯职工合法权益，未保障职工劳动安全，不缴纳社会保险费用的，按照有关法律、行政法规予以处罚，并追究有关责任人员的责任。

（7）违反法律、行政法规的规定强制个人独资企业提供财力、物力、人力的，按照有关法律、行政法规予以处罚，并追究有关责任人员的责任。

投资人委托或者聘用的人员，管理个人独资企业事务时违反双方订立的合同，给投资人造成损害的，承担民事赔偿责任。

投资人违反法律规定，应当承担民事赔偿责任和缴纳罚款，其财产不足以支付的，或者被判处没收财产的，应当先承担民事赔偿责任。

二、刑事责任

个人独资企业实施违反《个人独资企业法》等法律和法规的行为，情节严重的，当事人应当承担刑事责任。

（1）投资人委托或者聘用的人员违反法律规定，侵犯个人独资企业财产权益的，责令退还侵占的财产。给企业造成损失的，依法承担赔偿责任。有违法所得的，没收违法所得。构成犯罪的，依法追究刑事责任。

（2）个人独资企业及其投资人在清算前或清算期间隐匿或转移财产、逃避债务的，依法追回其财产，并按照有关规定予以处罚。构成犯罪的，依法追究刑事责任。

（3）登记机关对不符合法律规定条件的个人独资企业予以登记，或者对符合法律规定条件的企业不予登记的，对直接责任人员依法给予行政处分；构成犯罪的，依法追究刑事责任。

（4）登记机关上级部门的有关主管人员强令登记机关对不符合法律规定条件的企业予以登记，或者对符合法律规定条件的企业不予登记的，或者对登记机关的违法登记行为进行包庇的，对直接责任人员依法给予行政处分；构成犯罪的，依法追究刑事责任。

个人独资企业因其不具法人资格，企业行为被视为投资人即业主的行为，也是承担法律责任的当事人。

（4）未缴纳的注册资本，以个人独资企业设立时承诺认缴的数额，但以
5000元以下为限额。个人独资企业设立后新增的注册资本，未缴出资的投资者
应当依据相关法律规定，在其实际未缴的股本，即以5000元以上的补缴。

（5）个人独资企业歇业后，其债务由个人或者业时约定的设立有限责任所有
财产上的，用以清偿所欠税款债务。

（6）个人独资企业存续期间，如因资不抵债或事实无法偿债的，不清算清
算偿还其债务。投资人以出资以外的财产清偿债务的，应为其应负责任的什么
（7）投资人自从个人独资企业清算的，清算人应当通知或者通知的的债
务人，并于公告，债权人应当在接到通知之日起三十日内，未接到通知的在公
告之日起六十日内，向投资人申报其债权。

第六章　合伙企业法

第一节　合伙企业法概述

一、合伙企业与合伙企业法

合伙企业是商品经济发展到一定阶段,商品生产经营者之间在契约基础上进行小规模
资本聚合的一种组织形式。它起源于人类的合作、共同劳动的需要。合伙企业作为一种集
资本与劳动为一体的古老的企业组织形式,并没有在市场经济高度发达的现代社会被淘
汰。合伙企业与独资企业之所以仍然具有顽强的生命力,其原因在于它具有组织简便、灵
活、营运成本低、应变能力强等优点。因而,这两种企业组织形式没有也不会因为公司制度
的产生和发展而消亡。独资企业、合伙企业与公司这三种企业形态成为现代社会主流的企
业组织,在现代社会起着独特的作用。

1997年2月23日,中华人民共和国第八届全国人民代表大会常务委员会第二十四次
会议通过了《中华人民共和国合伙企业法》(以下简称《合伙企业法》),并于1997年8月1日
起实施。2006年8月27日,第十届全国人民代表大会常务委员会第二十三次会议修订后
的《合伙企业法》的颁布与实施,为引导合伙企业的规范运营提供了统一的、相对完备的法
律依据。

二、合伙企业的法律特征

《合伙企业法》规定,合伙企业是指依法在我国境内设立的、由各合伙人订立合伙协议、
共同出资、合伙经营、共享收益、共担风险,并对合伙企业债务承担无限连带责任的营利性
组织。合伙企业具有以下特征。

1. 合伙企业因契约而成立

合伙被称为"人的联盟"或"人合公司",是出于它以合伙契约作为成立的法律基础。合
伙协议是调整合伙关系、界定合伙人相互间的权利义务、处理合伙纠纷的基本依据,也是合
伙企业得以成立的法律基础,这就是合伙企业的契约性。合伙协议是处理合伙人相互之间
的权利义务关系的内部法律文件,仅具有对内的效力,只约束合伙人。合伙企业以合伙协
议为基础。合伙协议应当依法由全体合伙人协商一致,以书面形式订立。订立合伙协议,
设立合伙企业,应当遵循自愿、平等、公平、诚实信用原则。合伙企业从事经营活动,必须遵
守法律、行政法规,遵守职业道德。同时,合伙企业及其合伙人的财产和合法权益受法律
保护。

2. 合伙人共同出资、共同经营

合伙企业是由全体合伙人共同出资、共同经营的企业。合伙人共同经营是合伙企业有别于个人独资企业的主要特征,若相互之间无共同经营之目的和行为,纵使有某种利益上的关联,也非合伙。合伙人从事的行为一般是具有经济利益的营业行为,并且各合伙人有权参与经营。

3. 合伙人共负盈亏、共担风险

合伙人共负盈亏,共担风险,合伙人既可以按出资比例分享合伙营利,又可按合伙人约定的其他办法分配营利。当合伙财产不足以清偿合伙债务时,合伙人还必须以其他个人财产来清偿债务,即承担无限责任,而且任何一个合伙人都有义务清偿全部合伙债务,不论其出资比例是多少,即所谓承担连带责任。因此,合伙企业既是利益的共同体,又是责任的共同体。是一种集出资、收益、风险为一体的共同体。

4. 合伙企业不具有法人资格

合伙企业必须由2个或2个以上的合伙人组成,且不具有法人资格。合伙企业虽然是共同投资、共同经营、共享收益和共担风险的营业共同体,但无法人地位。在法律上被视为自然人,而不是独立的企业法人。

5. 合伙企业的法律责任

合伙企业由于不具法人资格,在法律上并没有独立的法人财产,因而,其以合伙人个人的全部财产对债务承担无限责任。对外承担无限连带责任,这是合伙企业在法律责任上的特征。合伙企业对外的法律责任是相互承担连带责任的各个自然人,而不是一个独立的企业法人。合伙人应当是具有完全民事行为能力的自然人。

三、合伙企业的分类

合伙企业可以按不同的分类标准进行分类。

1. 民事合伙与商事合伙

这是大陆法系对合伙的一种分类,分类的标准是是否从事商事活动。

2. 个人合伙与法人合伙

这是我国《民法通则》对合伙的一种分类,包括我国在内的一些国家对法人参加合伙加以限制。比如,规定法人或非法人的经济组织不能成为普通合伙企业的合伙人。

3. 显名合伙与隐名合伙

这是大陆法系对合伙的另一种分类。显名合伙是指所有合伙人都公开合伙人的姓名,并参与合伙企业的经营活动的合伙。合伙一般都为显名合伙。隐名合伙是指既不公开姓名也不参与合伙企业的经营活动的合伙,但对合伙企业的法律责任是与其他合伙人一样的。

4. 普通合伙与有限合伙

有限合伙最早是英美法系的概念,也是目前世界上大多数国家认可的一种合伙分类。普通合伙即一般合伙,是指所有合伙人都承担无限责任的合伙企业。有限合伙是指一部分管理和经营,对合伙企业债务承担无限责任的普通合伙人,和一部分不参与合伙事务管理、以出资额为限对企业债务承担责任的有限合伙人组成的合伙组织,有限合伙是合伙制度的重大发展。

第二节　合伙企业的设立与财产

一、合伙企业的设立

《合伙企业法》对合伙企业的设立条件和程序均作出了相应规定。根据法律规定,设立合伙企业应当具备以下几方面相应条件。

1. 合伙人

合伙企业由2个以上合伙人设立,并且都是依法承担无限责任者。法律、行政法规禁止从事营利性活动的人,不得成为合伙企业的合伙人,如国有独资公司、上市公司以及公益性的事业法人、社会团体不得成为普通合伙企业的合伙人。合伙人还应当是具有完全民事行为能力的人。

2. 书面合伙协议

书面合伙协议是成立合伙企业的必备文件。合伙协议经全体合伙人签名、盖章后生效。合伙人依照合伙协议享有权利,承担责任。经全体合伙人协商一致,可以修改或者补充合伙协议。其中,合伙协议应当载明下列事项:

(1) 合伙企业的名称和主要经营场所。

(2) 合伙目的和合伙企业的经营范围。

(3) 合伙人的姓名及其住所。

(4) 合伙人出资的方式、数额和缴付出资的期限。

(5) 利润分配和亏损分担办法。

(6) 合伙企业事务的执行。

(7) 入伙与退伙。

(8) 合伙企业的解散与清算。

(9) 违约责任。

合伙协议还可以选择并载明合伙企业的经营期限,以及合伙人争议的解决方式。

3. 申请设立登记

申请合伙企业设立登记应当向企业登记机关提交登记申请书、合伙协议书和合伙人身份证明等文件。法律、行政法规规定须报经有关部门审批的,应当在申请设立登记时提交批准文件。企业登记机关应当自收到申请登记文件之日起20日内,作出是否登记的决定。对符合法律规定条件的,予以登记,发给营业执照;对不符合法律规定条件的,不予登记,并应当给予书面答复,说明理由。

合伙企业的营业执照签发日期为合伙企业成立日。合伙企业领取营业执照前,合伙人不得以合伙企业名义从事经营活动。合伙企业设立分支机构,应当向分支机构所在地的企业登记机关申请登记,领取营业执照。合伙企业设立分支机构,应当向分支机构所在地的企业登记机关申请登记,领取营业执照。

二、合伙企业的出资

合伙企业的出资,是由各合伙人实际缴付的出资。在合伙人出资的数额和出资结构问题上,有充分的选择权,《合伙企业法》未作任何强制性规定。因此,各合伙人可以协商,并按合伙协议约定的出资方式、数额和缴付出资的期限,来履行出资义务。

各合伙人按照合伙协议实际缴付的出资,被视为对合伙企业的出资。合伙人可以用货币、实物、土地使用权、知识产权或者其他财产权利出资,如以非货币形式的其他财产出资的,应当是合伙人的合法财产或者财产权利,在权属上应该没有争议。

合伙企业的出资比公司制灵活,合伙人不仅能以现金、实物、土地使用权和知识产权等方式出资,还可以以劳务等合伙人认可的方式出资。对货币以外的出资需要评估作价的,既可以由全体合伙人协商确定,也可以由全体合伙人委托法定评估机构进行评估。经全体合伙人协商一致,合伙人用劳务出资,其评估办法可以由全体合伙人协商确定。

三、合伙企业的财产

合伙企业财产关系远比个人独资企业复杂,因而需要在法律上作出界定。合伙企业的财产是为经营合伙事务而集合的各种财产的总称。它包括合伙人的出资,也包括经营过程中所获得的收益。《合伙企业法》规定,合伙企业存续期间,合伙人的出资和所有以合伙企业名义取得的收益均为合伙企业的财产。合伙企业的财产由全体合伙人依法共同管理和使用。合伙企业的财产具体包括:

(1) 合伙企业的经营收入。

(2) 合伙企业以自己名义购买的各种财产。

(3) 合伙企业获得受赠的财产。

(4) 合伙企业获得的赔偿。

(5) 合伙企业经营过程中形成的无形资产。

(6) 以合伙企业名义取得的各种知识产权。

合伙企业存续期间,在其解散进行清算前,合伙人不得请求分割合伙企业的财产。合伙人在合伙企业清算前私自转移或者处分合伙企业财产的,属违法行为,合伙企业不得以此对抗不知情的善意第三人。

第三节 合伙企业的事务管理

被称为"人的联盟"的合伙企业,其有效的和持续运营的基本条件是合伙企业的事务管理的规范性。

一、合伙企业财产管理

合伙企业成立后,全体合伙人要以企业的财产来从事经营活动。合伙人对合伙企业财产的权利义务表现在以下方面。

1. 共有权和支配权

根据《合伙企业法》的规定,合伙事务应由全体合伙人共同执行,各合伙人对执行合伙企业事务享有共同的权利,对合伙企业财产享有共有权和支配权。

2. 利益分配权利

在合伙企业经营过程中,对于其经营所得,除了一定的积累作为发展基金,其余利润可分配给合伙人,每个合伙人对合伙企业财产享有利益分配的权利。

3. 财产分割的限制

尽管每个合伙人对合伙企业财产拥有一定份额,但是合伙企业存续期间,合伙人不得请求分割合伙企业的财产,合伙人应当受到合伙企业存续期间财产分割的限制。

4. 财产转让的限制

合伙企业存续期间,合伙人向合伙人以外的人转让其在合伙企业中的全部或者部分财产份额时,须经其他合伙人一致同意。合伙人之间转让在合伙企业中的全部或者部分财产份额时,应当通知其他合伙人。合伙人依法转让其财产份额的,在同等条件下,其他合伙人有优先受让的权利。这是对合伙企业财产份额转让的限制。

5. 财产受让的限制

合伙企业存续期间,经全体合伙人同意,合伙人以外的人依法受让合伙企业财产份额的,经修改合伙协议即成为合伙企业的合伙人,依照修改后的合伙协议享有权利,承担责任。

二、合伙企业经营决策管理

合伙企业是"人合企业",其有别于法人的一个重要特点在于全体合伙人共同管理、共同经营。因此,每个合伙人有权参加合伙企业经营管理决策。如企业的经营方针、经营内容、解散等重大问题的决策,应当由合伙人共同决定。合伙人依法或按照合伙协议对合伙企业有关事项作出决议时,全体合伙人可以实行"一人一票"的表决办法。

三、合伙企业经营管理事务执行

合伙人均有权参与合伙企业经营管理事务的执行,即所谓共同执行原则。根据《合伙企业法》的规定,各合伙人对执行合伙企业事务享有同等的权利,可以由全体合伙人共同执行合伙企业事务,也可以由合伙协议约定或者全体合伙人决定,委托1名或者数名合伙人执行合伙企业事务并对外代表合伙企业。

第四节　合伙企业内部、外部的关系

《合伙企业法》对合伙人在企业内部和外部权利和义务的规定具有强制性规范的性质。

一、合伙企业的内部关系

(一) 合伙人的权利

为了使合伙企业的事务正常执行,并使执行行为符合全体合伙人的利益,防止损害合伙企业行为的发生,我国《合伙企业法》赋予了合伙人拥有分享利润的权利、参与管理的权利和监督的权利。其中,监督权是合伙人最重要的权利之一。合伙人依据法律,有权使用下列方式行使其监督权。

1. 查阅账簿

合伙人为了解合伙企业的经营状况和财务状况,有权查阅账簿。

2. 检查事务执行情况

《合伙企业法》规定,当根据合伙协议的约定或者全体合伙人决定,委托1名或者数名合伙人执行合伙事务时,其他合伙人不再执行合伙事务,但是这些不参加执行合伙企业事务的合伙人有权监督执行事务的合伙人,检查其执行合伙事务的情况。由 1 名或者数名合伙人执行合伙企业事务的,应当依照约定向其他不参加执行事务的合伙人报告事务执行情况,以及合伙企业的经营状况和财务状况。其执行合伙企业事务所产生的收益归全体合伙人,所产生的亏损或者民事责任,由全体合伙人承担。

3. 对其他合伙人执行合伙事务提出异议

《合伙企业法》规定,合伙协议约定或者经全体合伙人决定,合伙人分别执行合伙企业事务时,合伙人可以对其他合伙人执行的事务提出异议。当合伙人提出异议时,应暂停该项事务的执行。如果发生争议,可由全体合伙人共同决定。如果执行合伙企业事务的合伙人与提出异议的合伙人之间,对是否应当停止该项事务发生争执,可以由全体合伙人通过协商一致,共同作出决定的方式来解决争议。

4. 合伙人撤销委托的权利

被委托执行合伙企业事务的合伙人不按照合伙协议或者全体合伙人的决定执行事务的,其他合伙人可以决定撤销该委托。由于其他合伙人与被委托的合伙人之间是一种委托代理关系,而委托代理是可以由被代理人决定撤销其代理关系的。

(二) 合伙人的义务

通常,合伙人之间应负有缴纳出资的义务,相互重视的义务,谨慎和注意的义务以及不随意转让出资的义务。按照我国《合伙企业法》的规定,合伙人的义务有以下几方面:

(1) 合伙人不得自营或者同他人合作经营与本合伙企业相竞争的业务。除合伙协议另有约定或者经全体合伙人同意外,合伙人不得同本合伙企业进行交易。合伙人不得从事损害本合伙企业利益的活动。

(2) 合伙企业的事务必须经全体合伙人同意。《合伙企业法》规定,合伙企业的下列事务必须经全体合伙人同意: ① 处分合伙企业的不动产;② 改变合伙企业名称;③ 转让或者处分合伙企业的知识产权和其他财产权利;④ 向企业登记机关申请办理变更登记手续;⑤ 以合伙企业名义为他人提供担保;⑥ 聘任合伙人以外的人担任合伙企业的经营管理人员;⑦ 合伙协议约定的有关事项。

(3) 合伙企业的利润和亏损,由合伙人依照合伙协议约定的比例分配和分担;合伙协议未约定利润分配和亏损分担比例的,由各合伙人平均分配和分担。

合伙协议不得约定将全部利润分配给部分合伙人或者由部分合伙人承担全部亏损。合伙企业存续期间,合伙人依照合伙协议的约定或者经全体合伙人决定,可以增加对合伙企业的出资,用于扩大经营规模或者弥补亏损。合伙企业年度的或者一定时期的利润分配或者亏损分担的具体方案,由全体合伙人协商决定或者按照合伙协议约定的办法决定。

(4) 合伙企业应当依照法律、行政法规的规定建立企业财务、会计制度。

二、合伙企业的外部关系

合伙企业的外部关系是指合伙企业与其他主体之间在经济活动中发生的关系,涉及第三者交易安全。

1. 合伙人对外的代表或代理权

(1) 所有合伙人均拥有对外代表权。合伙企业事务由合伙企业的全体合伙人执行,各合伙人均可对外代表合伙企业,这是由合伙企业的法律性质和营业特点所决定的。

(2) 合伙企业对合伙人执行合伙企业事务以及对外代表合伙企业权利的限制,不得对抗不知情的善意第三人。如果按照合伙协议的约定或者全体合伙人决定,将合伙企业的对外代表权授予 1 名或数名合伙人时,由此而产生的部分合伙人没有代表权的状况,不得对抗不知情的善意第三人。这是合伙企业的性质决定的。对于合伙企业的交易第三人而言,任何一个合伙人都是合伙企业的代理人,其行为代表合伙企业全体合伙人的意思,并承担其行为的法律后果。

(3) 合伙人在执行合伙企业事务的过程中,给他人造成损害,侵犯了他人的合法权益,应当由合伙企业承担责任。

(4) 合伙人个人财产不足清偿其个人所负债务的,只能以其从合伙企业中分取的收益用于清偿。债权人也可以依法请求人民法院强制执行该合伙人在合伙企业中的财产份额用于清偿。

2. 合伙人对企业债务的无限连带责任

合伙企业的债务是指合伙企业以企业的名义对其他人所负的债务,合伙企业的债务应当产生于合伙企业存续期间。由于其债务的主体是合伙企业,因此履行债务的财产范围是合伙企业的财产和每个合伙人的财产。《合伙企业法》规定:

(1) 合伙企业对其债务,应先以其全部财产进行清偿。合伙企业财产不足清偿到期债务的,各合伙人应当承担无限连带清偿责任。所谓合伙企业的无限连带责任,是指合伙人对合伙企业债务的责任范围不是以其出资额为限,而是包括其全部的个人财产。

(2) 合伙企业以其财产清偿合伙企业债务时,其不足的部分,由各合伙人按照合伙协议规定的比例,用其在合伙企业出资以外的财产承担清偿责任。合伙人由于承担连带责任,所清偿数额超过其应当承担的数额时,有权向其他合伙人追偿。所谓连带责任,是指每一个合伙人都有以自己的个人财产对合伙企业的全部债务进行清偿的责任。连带责任是一种加重的责任方式,是根据债权人的要求,不仅要以自己的个人财产对其责任份额负责清偿,而且还要为其他债务人所应承担的责任份额作部分或全部的清偿。正因为此,连带责任通常界定严格的适用范围。

第五节　有限合伙与特殊的普通合伙

2006 年 8 月 27 日,《合伙企业法》经重大修改后颁布实施。其主要内容就是确认了目前在世界各国被普遍认可的有限合伙,并且专门就有限合伙以及特殊普通合伙作出了规定。

一、有限合伙企业

1. 有限合伙企业的概念与特征

有限合伙企业是指由一部分管理和经营、对合伙债务承担无限责任的普通合伙人,和一部分不参与合伙事务管理、以出资额为限对合伙债务承担责任的有限合伙人组成的合伙组织。有限合伙人与普通合伙人最大的区别在于:作为承担有限责任的先决条件,有限合伙人无权参与合伙事务的管理。但若有限合伙人参与了合伙事务的执行与管理,尤其是实施了对合伙事务的控制与管理,则需同普通合伙人一样承担无限责任,以保护善意第三人的权益。有限合伙企业由 2 个以上 50 个以下合伙人设立,并至少应当有 1 个普通合伙人。

2. 合伙协议与出资

有限合伙协议是其设立的必须要件,其协议应当载明下列事项:

(1) 普通合伙人和有限合伙人的姓名或者名称、住所。

(2) 执行事务合伙人应具备的条件和选择程序。

(3) 执行事务合伙人权限与违约处理办法。

(4) 执行事务合伙人的除名条件和更换程序。

(5) 有限合伙人入伙、退伙的条件、程序以及相关责任。

(6) 有限合伙人和普通合伙人相互转变程序。

在出资问题上,有限合伙人可以用货币、实物、知识产权、土地使用权或者其他财产权利作价出资。但不得以劳务出资。有限合伙企业登记事项中应当载明有限合伙人的姓名或者名称及认缴的出资数额。有限合伙企业名称中应当标明"有限合伙"字样。有限合伙人应当按照合伙协议的约定按期足额缴纳出资;未按期足额缴纳的,应当承担补缴义务,并对其他合伙人承担违约责任。

3. 有限合伙企业的事务管理

有限合伙企业由普通合伙人执行合伙事务。执行事务合伙人可以要求在合伙协议中确定执行事务的报酬及报酬提取方式。有限合伙人不执行合伙事务,不得对外代表有限合伙企业。

除合伙协议另有约定外,有限合伙企业不得将全部利润分配给部分合伙人。有限合伙人可以同本有限合伙企业进行交易,可以自营或者同他人合作经营与本有限合伙企业相竞争的业务。有限合伙人还可以将其在有限合伙企业中的财产份额出质,有限合伙人可以按照合伙协议的约定向合伙人以外的人转让其在有限合伙企业中的财产份额,但应当提前 30日通知其他合伙人。

有限合伙人的自有财产不足清偿其与合伙企业无关的债务的,该合伙人可以将其从有限合伙企业中分取的收益用于清偿;债权人也可以依法请求人民法院强制执行该合伙人在有限合伙企业中的财产份额用于清偿。人民法院强制执行有限合伙人的财产份额时,应当通知全体合伙人。在同等条件下,其他合伙人有优先购买权。

关于继承问题,作为有限合伙人的自然人死亡、被依法宣告死亡或者作为有限合伙人的法人及其他组织终止时,其继承人或者权利承受人可以依法取得该有限合伙人在有限合伙企业中的资格。有限合伙人退伙后,对基于其退伙前的原因发生的有限合伙企业债务,以其退伙时从有限合伙企业中取回的财产承担责任。

二、有限合伙与普通合伙的转变

按照《合伙企业法》的规定,有限合伙至少有 1 个普通合伙人,这是有限合伙企业得以成立和存续的必要前提。因此,当有限合伙企业仅剩有限合伙人时,应当解散。有限合伙企业仅剩普通合伙人的,那么也就不成其为有限合伙,而转为普通合伙企业。

除合伙协议另有约定外,普通合伙人转变为有限合伙人,或者有限合伙人转变为普通合伙人,应当经全体合伙人一致同意。普通合伙人转变为有限合伙人的,对其作为普通合伙人期间合伙企业发生的债务承担无限连带责任。有限合伙人转变为普通合伙人的,对其作为有限合伙人期间有限合伙企业发生的债务承担无限连带责任。

《合伙企业法》允许法人参与合伙,这意味着有限责任公司、股份有限公司等企业法人均可以通过合伙的方式进行转投资。《合伙企业法》在第 2 条中规定:"自然人、法人和其他组织可以成为合伙人。"值得注意的是,包括上市公司、国有独资公司、国有企业以及公益性的事业单位、社会团体等虽不得成为普通合伙人,但仍可成为有限合伙人。之所以如此规定,是由于普通合伙人需对合伙企业债务承担无限连带责任。而法律限制国有企业从事公益性活动的事业单位和社会团体成为普通合伙人,是为了更好地维护公共利益。

《合伙企业法》规定,以专业知识和专门技能为客户提供有偿服务的专业服务机构,可以设立为特殊的普通合伙企业。特殊的普通合伙企业名称中应当标明"特殊普通合伙"字样。

专业服务机构的范围分为两类:一类是采取企业形式的,如会计师事务所;另一类是非企业形式的,如律师事务所。特殊的普通合伙企业是 20 世纪 90 年代以后,国际上出现的一种新的责任形式。它主要适用于专业服务机构,比较典型的就是注册会计师事务所、律师事务所等。这项规定有利于更好地推动我国专业服务机构的发展。它解决的一个主要问题,就是在这些专业人员执业当中,如果某个或者几个合伙人,因为故意或重大过失给合伙企业造成债务时,这些责任人要承担无限连带责任。而其他没有责任的合伙人,仅以在合伙企业中的出资为限来承担责任。这样有助于这些采取合伙制的专业服务机构业务和经营的稳定和发展。

《合伙企业法》还规定,特殊的普通合伙企业应当建立执业风险基金,办理职业保险。执业风险基金用于偿付合伙人执业活动造成的债务。执业风险基金应当单独立户管理。执业风险基金用于偿付合伙人执业活动造成的债务。在管理上,执业风险基金应当单独立户管理。

第六节　合伙企业的变更、解散与清算

一、合伙企业的变更

1. 入伙

入伙是指在合伙企业成立之后、解散之前,其他自然人加入其中并取得合伙人身份的法律行为。《合伙企业法》规定,第一,合伙企业可以吸收新合伙人。合伙企业接纳新的合伙人时应当经全体合伙人同意。第二,依法订立书面入伙协议。订立入伙协议时,可对新合伙人的权利义务作出约定。第三,原合伙人应当向新合伙人告知原合伙企业的经营状况和财务状况。新合伙人与原合伙人享有同等权利,承担同等责任。入伙协议另有约定的,可以从其约定。入伙的新合伙人对入伙前合伙企业的债务承担连带责任。合伙企业应当在作出接纳他人入伙决定之日起 15 日内,向企业登记机关办理有关登记手续。

合伙人在合伙企业的出资或财产份额,可以被继承。但必须有合伙协议约定或全体合伙人同意,继承人才可取得合伙人的资格。如果继承人是未成年人的,也须经全体合伙人一致同意,方能由其监护人代理行使合伙人的权利。但是,如果合伙协议中没有规定,或者没有能得到所有合伙人的同意,那么,继承人只能取得被继承人在合伙企业的财产利益;而不能取得其合伙人的法律地位;反之,如果继承人不愿成为合伙人的,合伙企业应当退还其依法继承的财产份额。

2. 退伙

退伙是指在合伙企业存续期间,合伙人退出该企业,不再具有合伙人身份的情况。合伙关系是建立在合伙人之间彼此相互信任和意思表示一致的基础上的,因此,当这些因素发生变化时,发生退伙是顺理成章的。退伙有不同类型:

第一,自愿退伙。合伙协议约定合伙企业经营期限的,有下列情形之一时,合伙人可以退伙:

(1) 合伙协议约定的退伙事由出现。

(2) 经全体合伙人同意退伙。

(3) 发生合伙人难以继续参加合伙企业的事由。

(4) 其他合伙人严重违反合伙协议约定的义务。

合伙协议未约定合伙企业经营期限的,合伙人在不给合伙企业事务执行造成不利影响的情况下,可以退伙,但应当提前 30 日通知其他合伙人。合伙人违反规定,擅自退伙的,应当赔偿由此给其他合伙人造成的损失。

第二,法定退伙。法定退伙又称非任意退伙。《合伙企业法》规定,合伙人有下列情形之一的,当然退伙:

(1) 死亡或者被依法宣告死亡。

(2) 被依法宣告为无民事行为能力人。

(3) 个人丧失偿债能力。

(4) 被人民法院强制执行在合伙企业中的全部财产份额。

第三,除名退伙。合伙人有下列情形之一的,经其他合伙人一致同意,可以决议将其除名:

(1) 未履行出资义务。

(2) 因故意或者重大过失给合伙企业造成损失。

(3) 执行合伙企业事务时有不正当行为。

(4) 合伙协议约定的其他事由。

除名退伙是被除名合伙人之外的合伙人作为一个整体所作出的强制性决定,其实质是其他合伙人一致要求与其解除合伙协议关系的行为。对合伙人的除名决议,应当书面通知被除名人。被除名人自接到除名通知之日起,除名生效,被除名人退伙。被除名人对除名决议有异议的,可以在接到除名通知之日起 30 日内,向人民法院起诉。

合伙人退伙的,其他合伙人应当与该退伙人按照退伙时的合伙企业的财产状况进行结算,退还退伙人的财产份额。退伙人在合伙企业中财产份额的退还办法,由合伙协议约定或者由全体合伙人决定,可以退还货币,也可以退还实物。退伙人对其退伙前已发生的合伙企业债务,与其他合伙人承担连带责任。

二、合伙企业的解散与清算

1. 合伙企业的解散

合伙企业解散是:指因法定或约定原因而发生的终止合伙协议,分割合伙企业财产,注

销合伙企业主体资格的一系列法律事实。法律规定,合伙企业出现下列情形之一时,应当解散:

(1) 合伙协议约定的经营期限届满,合伙人不愿继续经营的。

(2) 合伙协议约定的解散事由出现。

(3) 全体合伙人决定解散。

(4) 合伙人已不具备法定人数,如只剩一个投资人时。

(5) 合伙协议约定的合伙目的已经实现或者无法实现。

(6) 被依法吊销营业执照。

(7) 出现法律、行政法规规定的合伙企业解散的其他原因。

合伙企业解散会引起合伙关系终结的法律后果。

2. 合伙企业的清算

合伙企业清算是指当引起合伙企业解散的原因发生后,即进入清算,最终结束合伙企业所有法律关系,使合伙企业归于消灭。清理资产、收取债权、清偿债务、退还出资以及分配剩余财产等均是合伙企业的清算事项。清算需要一个过程:

(1) 清算人的确定。合伙企业解散,清算人由全体合伙人担任;未能由全体合伙人担任清算人的,经全体合伙人过半数同意,可以自合伙企业解散后15日内指定1名或者数名合伙人,或者委托第三人,担任清算人。15日内未确定清算人的,合伙人或者其他利害关系人可以申请人民法院指定清算人。

(2) 清算人的事务。清理合伙企业财产,分别编制资产负债表和财产清单;处理与清算有关的合伙企业未了结的事务;清缴所欠税款;清理债权、债务;处理合伙企业清偿债务后的剩余财产;代表合伙企业参与民事诉讼活动等等。

(3) 合伙企业财产的清偿顺序。合伙企业财产在支付清算费用后,按下列顺序清偿:① 合伙企业所欠招用的职工工资和劳动保险费用;② 合伙企业所欠税款;③ 合伙企业的债务;④ 返还合伙人的出资。

合伙企业财产按上述顺序清偿后仍有剩余的,按规定的比例进行分配。合伙企业解散后,原合伙人对合伙企业存续期间的债务仍应承担连带责任,但债权人在5年内未向债务人提出偿债请求的,该责任消灭。清算结束,应当编制清算报告,经全体合伙人签名、盖章后,在15日内向企业登记机关报送清算报告,办理合伙企业注销登记。

合伙企业的破产,与独资企业具有同样的自然人法律地位,应遵循《破产法》的规定,参照执行。

第七节　法律责任

一、行政责任

(1) 违反《合伙企业法》规定,提交虚假文件或者采取其他欺骗手段,取得企业登记的,责令改正,可以处以5 000元以下的罚款;情节严重的,撤销企业登记。

(2) 违反《合伙企业法》规定,在合伙企业名称中使用"有限"或者"有限责任"字样的,责令限期改正,可以处以2 000元以下的罚款。

（3）违反《合伙企业法》规定，未依法领取营业执照，而以合伙企业名义从事经营活动的，责令停止经营活动，可以处以 5 000 元以下的罚款。

（4）合伙企业登记事项发生变更时，未按照法律规定办理有关变更登记的，责令限期登记；逾期不登记的，处以 2 000 元以下的罚款。

（5）清算人未依照法律规定向企业登记机关报送清算报告，或者报送清算报告隐瞒重要事实，或者有重大遗漏的，责令改正。

二、民事责任

（1）合伙人对法律规定或者合伙协议约定，必须经全体合伙人同意才能执行的事务擅自处理，给合伙企业或者其他合伙人造成损失的，依法承担赔偿责任。

（2）不具有事务执行权的合伙人，擅自执行合伙企业的事务，给合伙企业或者其他合伙人造成损失的，依法承担赔偿责任。

（3）合伙人违反法律规定，从事与本合伙企业相竞争的业务或者与本合伙企业进行交易，给合伙企业或者其他合伙人造成损失的，依法承担赔偿责任。

（4）合伙人违反合伙协议的，应当依法承担违约责任。合伙人履行合伙协议发生争议的，合伙人可以通过协商或者调解解决。合伙人不愿通过协商、调解解决或者协商、调解不成的，可以依据合伙协议中的仲裁条款或者事后达成的书面仲裁协议，向仲裁机构申请仲裁。当事人没有在合伙协议中订立仲裁条款，事后又没有达成书面仲裁协议的，可以向人民法院起诉。

三、刑事责任

（1）合伙人执行合伙企业事务中，将应当归合伙企业的利益据为己有的，或者采取其他手段侵占合伙企业财产的，责令将该利益和财产退还合伙企业；给合伙企业或者其他合伙人造成损失的，依法承担赔偿责任；构成犯罪的，依法追究刑事责任。

（2）合伙企业招用的职工利用职务上的便利，将合伙企业财物非法占为己有或者挪用合伙企业资金归个人使用的，依法承担民事责任；构成犯罪的，依法追究刑事责任。

（3）合伙人担任清算人在执行清算事务时，谋取非法收入或者侵占合伙企业财产的，责令将该收入和侵占的财产退还合伙企业；构成犯罪的，依法追究刑事责任。合伙人委托的清算人有上述行为的，责令将该收入和侵占的财产退还合伙企业，并依法承担赔偿责任；构成犯罪的，依法追究刑事责任。

（4）清算人违反法律规定，隐匿、转移合伙企业财产，对资产负债表或者财产清单作虚伪记载，或者在未清偿债务前分配企业财产的，责令改正；损害债权人利益的，依法承担赔偿责任；构成犯罪的，依法追究刑事责任。

（5）有关行政管理机关及其工作人员违反法律规定，滥用职权、徇私舞弊、收受贿赂、侵害合伙企业合法权益的，依法给予行政处分；构成犯罪的，依法追究刑事责任。

第七章 公 司 法

第一节 公 司 法 概 述

一、公司

公司作为一种企业制度,是生产力与商品经济发展的产物。在经过400多年的演进和发展之后,公司已成为世界性的经济组织形式,并对各国经济乃至全球经济产生着巨大影响。

在大陆法系国家,公司是指依法定的程序设立、以营利为目的的社团法人。公司的主要法律特征表现为:

(1) 依法设立。公司是法律设定的法人,其设立必须依照法律规定的形式、法律允许的经营内容、经营方式成立。

(2) 以营利为目的。公司是营利性的经济组织,公司设立的目的在于获取利润。这有别于以公益为目的的公益性组织。

(3) 具有法人资格。公司是以独立民事主体资格进行经济活动的企业法人。公司的设立意味着国家对其法人地位的认定,公司拥有自己独立的财产,有权以自己的名义进行经济活动,并依法享有民事权利,承担民事义务。

我国《公司法》对公司所作的定义为:公司是企业法人,"有独立的法人财产,享有法人财产权。公司以其全部财产对公司的债务承担责任。"由此可见,我国对公司的定义与大陆法系国家是基本一致的。

二、公司与公司法

公司是社会经济组织中最重要的企业形式。公司法则是规定公司设立、组织、活动、解散、清算过程中产生的社会关系的法律规范的总称,是调整公司这一市场经济主体的对内、对外关系的基本法。公司对内的法律关系包括:作为投资人的公司股东与掌握公司经营权的董事及经理等主体的权利义务关系;公司各组织机构间,如股东会、董事会、监事会等之间的关系。公司对外的法律关系包括:公司与政府间的关系、公司与交易方的关系以及与其他第三人的关系。公司法在上述对内、对外法律关系的调整中,侧重于组织关系、内部关系,而对经营关系、外部关系的调整是为辅的。公司法对公司组织行为和交易行为的法律规定兼具强制性与任意性规范,但以强制性规范为主。

《中华人民共和国公司法》(以下简称《公司法》)于1993年12月29日第八届全国人民代表大会常务委员会第五次会议通过,1994年7月1日施行。此后分别于1999年12月、2004年8月、2005年10月、2013年12月进行了四次修订。2014年3月起实施的《公司法》,在资本制度上作出了重大变革,对我国公司立法具有里程碑的意义。

第二节　公司类型

大陆法系国家对公司进行的基本分类,按公司及股东对公司债务所负责任不同,公司可分为无限责任公司、有限责任公司、股份有限公司及两合公司。

无限责任公司是指两个以上股东组成的对公司债务承担连带无限责任的公司。无限责任公司具有以下特征:

(1) 股东人数 2 人以上,并以自然人为限,法人一般不得为无限责任公司股东。

(2) 股东对公司的债务承担无限责任,并且股东之间为连带法律责任。当公司资不抵债时,公司债权人可以向公司的任何一个股东请求全部清偿。

(3) 公司股东可以信用和劳务作为出资,公司的所有权和经营权合一。

(4) 股东的出资转让受到严格限制。

无限责任公司通常不具法人资格。

有限责任公司是指股东仅以出资额为限对公司债务承担责任,公司以全部资产对其债务承担责任的公司。

股份有限公司是指公司资本划分为等额股份的,股东以其所持股份为限对公司债务承担责任,公司以全部资产对其债务承担责任的公司。

两合公司是指由 1 人以上无限责任股东与 1 人以上有限责任股东组成的公司。无限责任股东对公司债务承担连带无限责任,而有限责任股东对公司债务仅以出资额为限承担有限责任。两合公司的特点十分明显:

(1) 公司内并存着两种承担不同法律责任的股东,这是公司设立的必要条件。

(2) 公司兼具有限责任公司和无限责任公司特点,但以无限责任公司的特点为主。

(3) 公司执掌经营权的是无限责任公司股东。

"本法所称公司是指依照本法在中国境内设立的有限责任公司和股份有限公司。"可见我国《公司法》规定了在我国实行两种公司形式,即有限责任公司与股份有限公司。

一、有限责任公司

有限责任公司是由 50 个以下股东共同出资设立,股东以其所认缴的出资额为限对公司的债务承担责任,公司以其全部资产对债务承担责任的企业法人。有限责任公司具有以下法律特征:

(1) 有限责任公司由 50 个以下股东出资组成。有限责任公司的股东人数一般有最高数额的限制。我国《公司法》、英国《公司法》等规定,有限责任公司股东不得超过 50 人,如超出则有限责任公司必须转变为股份有限公司或予以解散。

(2) 有限责任公司的股东仅以出资额为限对公司债务承担责任。股东的风险是可以被锁定的。

(3) 有限责任公司股东的出资具有非股份和非证券性质。公司资本不分为等额股份,也不能发行股票及在证券市场上进行交易。

(4) 有限责任公司为封闭性公司,因此其财务和经营状况不对外公开。

(5) 有限责任公司出资退出受到法律限制。《公司法》规定,公司成立后,股东的出资成为公司法人的财产,因而不得要求退出,但可以转让出资。股东向股东以外的人转让出资,必须经全体股东过半数同意。

二、有限责任公司的特殊形式

我国《公司法》规定了有限责任公司的特殊形式,即一人有限公司与国有独资公司。一人有限公司,是 2005 年 10 月 27 日第十届全国人民代表大会常务委员会第十八次会议修订公司法时增设的一种公司形式。这一国际社会较为普遍的公司形式,对于鼓励投资者创办公司具有积极意义。

(一) 一人有限公司

一人有限公司是指只有 1 个自然人股东或者 1 个法人股东的有限责任公司。

1. 一人有限责任公司的特征

一人有限责任公司具有以下特征:

(1) 股东的单一性,即一人公司的股东仅有 1 人。

(2) 公司财产的高度集中性,公司的全部出资或股份为公司的唯一股东完全所有。

(3) 股东责任的有限性,即单一股东以投资额为限对公司债务承担责任,并具有法人地位。这是一人有限公司与个人独资企业最本质的区别。

一人有限公司这种公司形式在制度上的确立,对于鼓励投资创业,促进中小企业的发展,具有明显的积极意义。

2. 对一人有限公司的限制性规定

(1) 一个自然人只能投资设立一个一人有限责任公司。该一人有限责任公司不能投资设立新的一人有限责任公司。一人有限责任公司应当在公司登记中注明自然人独资或者法人独资,并在公司营业执照中载明。其公司章程由股东制定。

(2) 一人有限责任公司应当在每一会计年度终了时编制财务会计报告,并经会计师事务所审计。

(3) 一人有限责任公司的股东不能证明公司财产独立于股东自己的财产的,应当对公司债务承担连带责任。也就是说,不能再以有限责任处理其债务,它原有的法人资格被事实上否认了。

(二) 国有独资公司

国有独资公司是指国家授权投资的机构或者是国家授权的部门单独投资设立的有限责任公司。国有独资公司就其实质而言也是单一股东投资的有限责任公司。其法律特征如下所述。

1. 公司单一股东的特殊性

国有独资公司的单一股东只能是国家授权的机构或者国家授权的部门。实际上是国家出资,授权有关机构或部门作为代表,以股东身份经营和管理公司。

2. 公司股东责任的有限性

国有独资公司责任的有限性,界定了国家与公司的产权关系。公司以其全部法人财产,依法自主经营,自负盈亏,并承担民事法律责任。

3. 公司组织机构的独特性

按照《公司法》的规定,国有独资公司的组织机构有如下特点:

（1）国有独资公司不设股东会，由国有资产监督管理机构行使股东会职权。

（2）国有独资公司设董事会，董事每届任期不得超过 3 年。董事会成员中应当有公司职工代表。董事会成员由国有资产监督管理机构委派；但是，董事会成员中的职工代表由公司职工代表大会选举产生。

（3）国有独资公司设监事会，监事会成员由国有资产监督管理机构委派。但是，监事会成员中的职工代表由公司职工代表大会选举产生。监事会主席由国有资产监督管理机构从监事会成员中指定。

三、股份有限公司

股份有限公司是指全部资本划分为等额股份，股东以其所持股份为限对公司债务承担责任，公司以其全部资产对公司债务承担责任的企业法人。股份有限公司具有以下法律特征：

（1）股份有限公司的全部资本划分为等额股份，每一股是均质的，一股一权，一权一责。这是股份有限公司最重要的法律特征，也是与有限责任公司的最主要区别。

（2）股份有限公司股份的证券表现形式是股票，已上市的股票可以自由买卖，因而具有很强的流通性。当然这同时也能导致股东的频繁变动。有限责任公司是封闭性的，既不能发行股票，也不能随意转让出资。

（3）股份有限公司股东必须达到法定人数。采用发起设立方式成立的公司，其发起人为 2～200 人，采用募集设立方式成立的公司，发起人在 2 人以上，股东无最高人数的限制。公司因此拥有众多的股东。有限责任公司股东人数则有上限的限制，即 50 人为限。

（4）股份有限公司的所有权与经营权分开。股东是公司法律意义上的所有者，但并不拥有公司的经营权。董事会和经理负责公司日常经营管理活动。有限责任公司的所有权与经营权在原则上是不分开的，股东有权直接参与公司的经营活动。

（5）股份有限公司的财务和经营状况公开。这既是股东了解、监督公司经营状况的方式，也是法律对公司的一种强制性规范。有限责任公司的财务与经营状况是不对外公开的。

四、上市公司

上市公司是指所发行的股票经国务院或者国务院授权的证券管理部门批准在证券交易所上市交易的股份有限公司。上市公司是股份有限公司的高级形式。股份公司中符合法定条件，依法定程序，其公司股票获准在证券交易所上市交易的公司即为上市公司。

第三节 公司设立

公司设立是指发起人为组建公司，使其获得法人资格所进行的一系列法律行为。发起人是公司设立行为的具体实施人。

一、公司设立可采取的两种方式

1. 发起设立

发起设立是指公司的资本由发起人全部认购，不向发起人以外的任何人募集而设立公司的方式。有限责任公司属封闭性公司,不能向社会公开发行股份,因此只能采取发起方式设立公司。股份有限公司则可既采用发起设立,也可采取募集设立方式。《公司法》规定,以发起设立方式设立股份有限公司的,发起人应当在公司章程中认缴股份;章程规定期缴纳的,可缴纳首期出资。以非货币财产出资的,应当依法办理其财产权的转移手续。

2. 募集设立

募集设立是指发起人仅认购公司一定比例股份,其余部分向外公开募集而设立公司的方式。各国公司法对以募集方式设立公司在发起人认购股份的比例上均有限制性规定,意在防止发起人完全凭借他人资本设立公司。我国《公司法》规定,以募集方式设立的股份有限公司,发起人认购的比例不得低于35%。

二、有限责任公司设立

1. 有限责任公司设立的条件

我国《公司法》规定,有限责任公司设立应当具备以下条件:

(1) 股东符合法定人数,公司由50个以下股东出资设立。

(2) 股东按公司章程规定出资。

(3) 股东共同制定公司章程。公司章程是确立公司权利义务关系的法律文件,为公司成立后的活动提供基本的行为规范,是解决股东间纠纷的法律依据,也是对外交易活动应当遵守的基本准则。因此,公司章程被称为"公司的宪法"。

(4) 有公司的名称、建立符合有限责任公司要求的组织机构。

(5) 有公司住所。

2. 有限责任公司股东的出资方式

(1) 有限责任公司的注册资本为在公司登记机关登记的全体股东认缴的出资额。

(2) 股东可以用货币出资,也可以用实物、知识产权、土地使用权等能用货币估价并可以依法转让的非货币财产作价出资。但是,法律、行政法规规定不得作为出资的财产除外。对作为出资的非货币财产应当评估作价,核实财产,不得高估或者低估作价。

(3) 股东出资后其出资不得退出。股东之间可以互相转让其全部或部分出资。股东向股东以外的人转让出资时,必须经全体股东过半数同意。不同意转让的股东应当购买该转让的出资,如果不购买该转让的出资,视为同意转让。经股东同意转让的出资,在同等条件下,其他股东对该出资有优先购买权。

(4) 股东按照出资比例分配红利,公司新增资本时,股东可以优先认缴出资。

3. 有限责任公司的设立程序

按照《公司法》的规定,有限责任公司设立的一般程序为:

(1) 签订股东发起人协议。发起人协议是发起人之间,就设立公司事项所达成的明确相互权利义务关系的书面协议。

(2) 制定公司章程。公司章程确立公司的宗旨、设立方式、经营范围、注册资本、组织机构以及利润分配等重大事项,是公司的基本法。

(3) 必要的行政审批。这是指法律行政法规规定必须报经审批的,须经过这一程序。

(4) 确立公司组织机构。公司成立登记前必须依法对公司的权力机关、执行机关和监督机关及其成员分工作出决定。

（5）申请设立登记。经公司登记机关核准，发给营业执照，公司即告成立。

三、股份有限公司设立

（一）设立条件

《公司法》规定股份有限公司设立必须符合以下条件：

（1）发起人符合法定人数。设立股份有限公司，应当由 2 人以上 200 人以下为发起人，其中须有半数以上的发起人在中国境内有住所。发起人认购和募集的股本达到法定资本最低限额。

（2）股份发行、筹办事项符合法律规定。股份有限公司发起人承担公司筹办事务。发起人应当签订发起人协议，明确各自在公司设立过程中的权利义务。

（3）发起人制定公司章程，采用募集方式设立的经创立大会通过。

（4）有公司名称，有公司住所，建立符合股份有限公司要求的组织机构。

（二）发起人的出资和股份募集

1. 发起人出资

股份有限公司采取发起设立方式设立的，注册资本为在公司登记机关登记的全体发起人认购的股本总额。公司发起人应按公司章程规定缴纳出资，不依照规定缴出资的应按规定承担违约责任。发起人首次缴纳出资后，应当选举董事会和监事会，由董事会向公司登记机关报送公司章程以及法律、行政法规规定的其他文件，申请设立登记。

股份有限公司采取募集方式设立的，注册资本为在公司登记机关登记的实收股本总额。发起人认购的股份不得少于公司股份总数的 35%。其余部分向社会公开募集股份，应当由依法设立的证券公司承销。发行的股款缴足后，必须经依法设立的验资机构验资并出具证明。

以募集方式设立股份有限公司公开发行股票的，还应当向公司登记机关报送国务院证券监督管理机构的核准文件。公司成立后，发起人未按照公司章程的规定缴足出资的，应当补缴；其他发起人承担连带责任。公司成立后，发现作为设立公司出资的非货币财产的实际价额显著低于公司章程所定价额的，应当由交付该出资的发起人补足其差额；其他发起人承担连带责任。

如公司不能成立，则股份有限公司的发起人应当承担下列责任：

（1）公司不能成立时，对设立行为所产生的债务和费用负连带责任。

（2）公司不能成立时，对认股人已缴纳的股款，负返还股款并加算银行同期存款利息的连带责任。

（3）在公司设立过程中，由于发起人的过失致使公司利益受到损害的，应当对公司承担赔偿责任。

2. 股份有限公司的设立程序

采取发起方式设立股份有限公司，由于无需向社会公众招募，其设立程序相对简单，与有限责任公司基本相同。对采取募集方式设立股份有限公司，因涉及对外招募股份，因此其设立程序相对复杂。

（1）发起人认足股份。发起人认购股份，不得低于公司股份总数的 35%。

（2）制作招股说明书。招股说明书是公司为获得募股资格而向证券管理部门报批的法定文件。

（3）呈报国务院证券管理部门审批。未经国务院证券管理部门批准，或者国务院证券管理部门对募股申请未予批准的，发起人不得向社会公开募集股份。

（4）公告和招募股份。发起人应当同依法设立的证券经营机构签订承销协议，由证券经营机构承销发行股份。

（5）召开创立大会。公司发行的股款缴足后，发起人应在 30 日内主持召开创立大会。根据规定，发起人应当在创立大会召开前 15 日通知会议日期，必须有代表股份总数 1/2 以上的认股人出席，创立大会方可举行。大会决议应由出席会议的认股人半数以上同意才可获通过。

（6）申请设立登记。董事会应于创立大会结束后 30 日内，向公司登记机关报送有关文件，申请设立登记。登记机关对符合规定条件的，应自接到设立登记申请之日起 30 日内作出予以登记的决定，发给营业执照。公司营业执照签发之日，即为公司成立之日。

公司设立是发起人为成立公司而实施的一系列行为，而公司成立则是发起人与同家行政管理机关共同作用的结果。

第四节　公司治理结构

我国《公司法》确定了公司治理机构由股东会、董事会、监事会三个机构组成。股东会是公司的权力机构，董事会是公司的执行机构，监事会为公司的监督机构。"三会"的实质问题在于制衡。这是公司治理结构的核心问题。

一、有限责任公司的组织机构

（一）股东会

有限责任公司股东会由全体股东组成。股东会是公司的权力机构，依法行使下列职权：

（1）决定公司的经营方针和投资计划。

（2）选举和更换非由职工代表担任的董事、监事，决定有关董事、监事的报酬事项。

（3）审议批准董事会的报告。

（4）审议批准监事会或者监事的报告。

（5）审议批准公司的年度财务预算方案、决算方案。

（6）审议批准公司的利润分配方案和弥补亏损方案。

（7）对公司增加或者减少注册资本作出决议。

（8）对发行公司债券作出决议。

（9）对公司合并、分立、解散、清算或者变更公司形式作出决议。

（10）修改公司章程。

（11）公司章程规定的其他职权。

对上述所列事项，股东以书面形式一致表示同意的，可以不召开股东会会议，直接作出决定，并由全体股东在决定文件上签名、盖章。股东会应当对所议事项的决定作成会议记录,出席会议的股东应当在会议记录上签名。

首次股东会会议由出资最多的股东召集和主持,并依法规定行使职权。股东会会议分为定期会议和临时会议。定期会议应当依照公司章程的规定按时召开。代表 1/10 以上表决权的股东,1/3 以上的董事,监事会或者不设监事会的公司的监事提议召开临时会议的,应当召开临时会议。

（二）董事会

有限责任公司设董事会,其成员为 3～13 人。2 个以上的国有企业或者 2 个以上的其他国有投资主体投资设立的有限责任公司,其董事会成员中应当有公司职工代表;其他有限责任公司董事会成员中可以有公司职工代表。董事会中的职工代表由公司职工通过职工代表大会、职工大会或者其他形式民主选举产生。

董事会设董事长 1 人,可以设副董事长。董事长、副董事长的产生办法由公司章程规定。董事任期由公司章程规定,但每届任期不得超过 3 年。董事任期届满,连选可以连任。董事任期届满未及时改选,或者董事在任期内辞职导致董事会成员低于法定人数的,在改选出的董事就任前,原董事仍应当依照法律、行政法规和公司章程的规定,履行董事职务。

董事会对股东会负责,行使下列职权:

(1) 召集股东会会议,并向股东会报告工作。

(2) 执行股东会的决议。

(3) 决定公司的经营计划和投资方案。

(4) 制定公司的年度财务预算方案、决算方案。

(5) 制定公司的利润分配方案和弥补亏损方案。

(6) 制定公司增加或者减少注册资本以及发行公司债券的方案。

(7) 制定公司合并、分立、解散或者变更公司形式的方案。

(8) 决定公司内部管理机构的设置。

(9) 决定聘任或者解聘公司经理及其报酬事项,并根据经理的提名决定聘任或者解聘公司副经理、财务负责人及其报酬事项。

(10) 制定公司的基本管理制度。

有限责任公司可以设经理,由董事会决定聘任或者解聘。经理列席董事会会议。经理对董事会负责,并行使职权。股东人数较少或者规模较小的有限责任公司,可以设 1 名执行董事,不设董事会。执行董事可以兼任公司经理。执行董事的职权由公司章程规定。

（三）监事会

有限责任公司设监事会,其成员不得少于 3 人。股东人数较少或者规模较小的有限责任公司,可以设 1～2 名监事,不设监事会。

监事会应当包括股东代表和适当比例的公司职工代表,其中职工代表的比例不得低于 1/3,具体比例由公司章程规定。监事会中的职工代表由公司职工通过职工代表大会、职工大会或者其他形式民主选举产生。

监事会设主席 1 人,由全体监事过半数选举产生。监事会主席召集和主持监事会会议;监事会主席不能履行职务或者不履行职务的,由半数以上监事共同推举 1 名监事召集和主持监事会会议。

董事、高级管理人员不得兼任监事,这是监事会得以客观公正地行使监督职能的前提

条件。监事的任期每届为 3 年。监事任期届满,连选可以连任。监事会行使下列职权:

(1) 检查公司财务。

(2) 对董事、高级管理人员执行公司职务的行为进行监督,对违反法律、行政法规、公司章程或者股东会决议的董事、高级管理人员提出罢免的建议。

(3) 当董事、高级管理人员的行为损害公司的利益时,要求董事、高级管理人员予以纠正。

(4) 提议召开临时股东会会议,在董事会不履行本法规定的召集和主持股东会会议职责时召集和主持股东会会议。

(5) 向股东会会议提出提案。

(6) 依照公司法的规定,对董事、高级管理人员提起诉讼。

监事可以列席董事会会议,并对董事会决议事项提出质询或者建议。监事会、不设监事会的公司的监事发现公司经营情况异常,可以进行调查;必要时,可以聘请会计师事务所等协助其工作,费用由公司承担。

监事会每年度至少召开 1 次会议,监事可以提议召开临时监事会会议。监事会的议事方式和表决程序,由公司章程规定,法律有规定的除外。监事会决议应当经半数以上监事通过。监事会应当对所议事项的决定作成会议记录,出席会议的监事应当在会议记录上签名。

监事会行使职权所必需的费用,由公司承担。

二、股份有限公司的组织机构

1. 股东大会

股份有限公司股东大会由全体股东参加。投资者成为股份有限公司股东之后,他只是法律意义上的所有者。在两权分离的条件下,大部分股东财产权已与其相分离,即股东并不直接支配和直接参与公司的日常经营和管理。股东大会对内不能执行职务,对外也不能代表公司。其行使股东权利的途径即股东大会。通过股东年会或临时股东大会以及在会上通过的决议,依法行使法定职责。

股东大会应当每年召开 1 次年会。有下列情形之一的,应当在 2 个月内召开临时股东大会:

(1) 董事人数不足法律规定人数或者公司章程所定人数 2/3 时。

(2) 公司未弥补的亏损达实收股本总额 1/3 时。

(3) 单独或者合计持有公司 10% 以上股份的股东请求时。

(4) 董事会认为必要时。

(5) 监事会提议召开时。

股东大会会议由董事会召集,董事长主持;董事长不能履行职务或者不履行职务的,由副董事长主持;副董事长不能履行职务或者不履行职务的,由半数以上董事共同推举 1 名董事主持。董事会不能履行或者不履行召集股东大会会议职责的,监事会应当及时召集和主持;监事会不召集和主持的,连续 90 日以上,单独或者合计持有公司 10% 以上股份的股东可以自行召集和主持。

召开股东大会,应当将会议召开的时间、地点和审议的事项于会议召开 20 日前通知各股东；临时股东大会应当于会议召开 15 日前通知各股东；发行无记名股票的，应当于会议召开 30 日前公告会议召开的时间、地点和审议事项。

单独或者合计持有公司 3% 以上股份的股东，可以在股东大会召开 10 日前提出临时提案并书面提交董事会；董事会应当在收到提案后 2 日内通知其他股东，并将该临时提案提交股东大会审议。临时提案的内容应当属于股东大会职权范围，并有明确议题和具体决议事项。

股东出席股东大会会议，所持每一股份有一个表决权。但是，公司持有的本公司股份没有表决权。股东大会作出决议，必须经出席会议的股东所持表决权过半数通过。但是，股东大会作出修改公司章程、增加或者减少注册资本的决议，以及公司合并、分立、解散或者变更公司形式的决议，必须经出席会议的股东所持表决权 2/3 以上通过。

《公司法》和公司章程规定，公司转让、受让重大资产或者对外提供担保等事项必须经股东大会作出决议的，董事会应当及时召集股东大会会议，由股东大会就上述事项进行表决。

股东大会选举董事、监事，可以依照公司章程的规定或者股东大会的决议，实行累积投票制。所谓累积投票制，是指股东大会选举董事或者监事时，每一股份拥有与应选董事或者监事人数相同的表决权，股东拥有的表决权可以集中使用。股东可以委托代理人出席股东大会会议，代理人应当向公司提交股东授权委托书，并在授权范围内行使表决权。股东大会应当对所议事项的决定作成会议记录，主持人、出席会议的董事应当在会议记录上签名。会议记录应当与出席股东的签名册及代理出席的委托书一并保存。

2. 董事会

股份有限公司设董事会，其成员为 5～19 人。董事会成员中可以有公司职工代表。董事会中的职工代表由公司职工通过职工代表大会、职工大会或者其他形式民主选举产生。股份有限公司董事依法行使董事会职权。

董事会设董事长 1 人，董事长和副董事长由董事会以全体董事的过半数选举产生。董事长召集和主持董事会会议，检查董事会决议的实施情况。副董事长协助董事长工作，董事长不能履行职务或者不履行职务的，由副董事长履行职务；副董事长不能履行职务或者不履行职务的，由半数以上董事共同推举 1 名董事履行职务。

董事会每年度至少召开两次会议，每次会议应当于会议召开 10 日前通知全体董事和监事。代表 1/10 以上表决权的股东、1/3 以上董事或者监事会，可以提议召开董事会临时会议。董事长应当自接到提议后 10 日内，召集和主持董事会会议。董事会会议应有过半数的董事出席方可举行。董事会作出决议，必须经全体董事的过半数通过。董事会决议的表决，实行一人一票。

董事会会议，应由董事本人出席；董事因故不能出席，可以书面委托其他董事代为出席，委托书中应载明授权范围。董事会应当对会议所议事项的决定作成会议记录，出席会议的董事应当在会议记录上签名。董事应当对董事会的决议承担责任。董事会的决议违反法律、行政法规或者公司章程、股东大会决议，致使公司遭受严重损失的，参与决议的董事对公司负赔偿责任。但经证明在表决时曾表明异议并记载于会议记录的，该董事可以免除责任。

股份有限公司设总经理，由董事会决定聘任或者解聘。总经理依法或依公司章程行使职权。公司董事会可以决定由董事会成员兼任经理。公司不得直接或者通过子公司向董事、监事、高级管理人员提供借款。公司应当定期向股东披露董事、监事、高级管理人员从公司获得报酬的情况。

3. 监事会

股份有限公司设监事会，其成员不得少于 3 人。监事会应当包括股东代表和适当比例的公司职工代表，其中职工代表的比例不得低于 1/3，具体比例由公司章程规定。监事会中的职工代表由公司职工通过职工代表大会、职工大会或者其他形式民主选举产生。

监事会设主席 1 人，可以设副主席。监事会主席和副主席由全体监事过半数选举产生。监事会主席召集和主持监事会会议；监事会主席不能履行职务或者不履行职务的，由监事会副主席召集和主持监事会会议；监事会副主席不能履行职务或者不履行职务的，由半数以上监事共同推举 1 名监事召集和主持监事会会议。

董事、高级管理人员不得兼任监事。股份有限公司监事依法和公司章程行使职权。监事会每 6 个月至少召开 1 次会议。监事可以提议召开临时监事会会议。监事会的议事方式和表决程序，除法律有规定的外，由公司章程规定。监事会决议应当经半数以上监事通过。监事会应当对所议事项的决定作成会议记录，出席会议的监事应当在会议记录上签名。监事会行使职权所必需的费用，由公司承担。

上市公司作为公众公司，除应依法设立股份有限公司的法定机构外，还应设立董事会秘书，负责公司股东大会和董事会会议的筹备、文件保管以及公司股东资料的管理，处理信息披露事务等事宜，并设立独立董事制度。

上市公司董事与董事会会议决议事项所涉及的企业有关联关系的，不得对该项决议行使表决权，也不得代理其他董事行使表决权。该董事会会议由过半数的无关联关系董事出席即可举行，董事会会议所作决议须经无关联关系董事过半数通过。出席董事会的无关联关系董事人数不足 3 人的，应将该事项提交上市公司股东大会审议。

4. 公司董事、监事、高级管理人员的资格和义务

《公司法》规定了公司董事、监事、高级管理人员的资格和义务。

《公司法》规定了公司董事、监事、高级管理人员的消极资格。有下列情形之一的，不得担任公司的董事、监事、高级管理人员：

(1) 无民事行为能力或者限制民事行为能力。

(2) 因贪污、贿赂、侵占财产、挪用财产或者破坏社会主义市场经济秩序，被判处刑罚，执行期满未逾 5 年，或者因犯罪被剥夺政治权利，执行期满未逾 5 年。

(3) 担任破产清算的公司、企业的董事或者厂长、经理，对该公司、企业的破产负有个人责任的，自该公司、企业破产清算完结之日起未逾 3 年。

(4) 担任因违法被吊销营业执照、责令关闭的公司、企业的法定代表人，并负有个人责任的，自该公司、企业被吊销营业执照之日起未逾 3 年。

(5) 个人所负数额较大的债务到期未清偿。

公司违反法律规定，选举、委派董事、监事或者聘任高级管理人员的无效。董事、监事、高级管理人员在任职期间出现上述所列情形的，公司应当解除其职务。

《公司法》规定了公司董事、监事、高级管理人员的法定义务。公司董事、监事、高级管理人员应当遵守法律、行政法规和公司章程，对公司负有忠实义务和勤勉义务。董事、监

事、高级管理人员不得利用职权收受贿赂或者其他非法收入，不得侵占公司的财产。董事、高级管理人员不得有下列行为：

（1）挪用公司资金。

（2）将公司资金以其个人名义或者以其他个人名义开立账户存储。

（3）违反公司章程的规定，未经股东会、股东大会或者董事会同意，将公司资金借贷给他人或者以公司财产为他人提供担保。

（4）违反公司章程的规定或者未经股东会、股东大会同意，与本公司订立合同或者进行交易。

（5）未经股东会或者股东大会同意，利用职务便利为自己或者他人谋取属于公司的商业机会，自营或者为他人经营与所任职公司同类的业务。

（6）接受他人与公司交易的佣金归为己有。

（7）擅自披露公司秘密。

（8）违反对公司忠实义务的其他行为。

董事、高级管理人员有违反上述法律规定的情形的，有限责任公司的股东、股份有限公司股东有权为了公司的利益以自己的名义直接向人民法院提起诉讼。董事、高级管理人员违反法律、行政法规或者公司章程的规定，损害股东利益的，股东可以向人民法院提起诉讼。

董事、高级管理人员违反法律规定所得的收入应当归公司所有。董事、监事、高级管理人员执行公司职务时违反法律、行政法规或者公司章程的规定，给公司造成损失的，应当承担赔偿责任。股东会或者股东大会要求董事、监事、高级管理人员列席会议的，董事、监事、高级管理人员应当列席并接受股东的质询。董事、高级管理人员应当如实向监事会或者不设监事会的有限责任公司的监事提供有关情况和资料，不得妨碍监事会或者监事行使职权。

第五节　公司的合并与分立

一、公司合并

公司合并是指两个或两个以上的公司依照法定程序归并为其中的一个公司或创设另一个新的公司的法律行为。

公司合并的法定形式有吸收合并和新设合并两种。吸收合并是指一个公司吸收其他公司，被吸收的公司解散的行为。新设合并是指两个以上公司合并设立一个新的公司，合并各方解散。合并公司具有如下法律特征：

（1）公司合并是公司之间的契约关系而不是股东之间的契约关系。

（2）被合并公司的股东自然成为合并后存续公司的股东。

（3）合并后债权债务一并转移至合并后存续的公司。即所谓权利与义务的一并继承。

公司合并，应当由合并各方签订合并协议，并编制资产负债表及财产清单。公司应当自作出合并决议之日起 10 日内通知债权人，并于 30 日内在报纸上公告。债权人自接到通知书之日起 30 日内，未接到通知书的自公告之日起 45 日内，可以要求公司清偿债务或者提供相应的担保。

二、公司分立

公司分立是指一个公司依法定程序分为两个或两个以上公司的法律行为。

公司的分立分为新设分立和派生分立两种。新设分立是指将一个公司的财产作相应的分割，分别设立两个或两个以上的公司，原公司因此而消灭。派生分立是指在不消灭原公司的基础上，将原公司的财产分出一部分，再成立一个或数个公司的法律行为。

公司分立，应当编制资产负债表及财产清单。公司应当自作出分立决议之日起10日内通知债权人，并于30日内在报纸上公告。

公司分立前的债务由分立后的公司承担连带责任。但是，公司在分立前与债权人就债务清偿达成的书面协议另有约定的除外。公司合并或者分立，登记事项发生变更的，应当依法向公司登记机关办理变更登记；公司解散的，应当依法办理公司注销登记；设立新公司的，应当依法办理公司设立登记。

公司合并分立对公司而言，通常为公司战略层面的重大举措，对中长远发展举足轻重，并且直接涉及公司相关登记事项的重大变更。对公司股东而言，为公司的重大事项。其属股东大会的特别决议，在程序上必须经股东大会2/3以上股东通过方能生效。对债权人而言，公司的合并、分立直接关系债权的实现，因而应有知情权。因此，公司合并、分立能否严格按法定程度进行，涉及各方权利义务，关系重大。

第六节　公司的解散与清算

一、公司解散

公司解散是指公司因章程或法律规定的特定事由出现，而停止营业活动并逐渐终止公司法人资格行为。公司解散可以是自愿解散，也可以是强制解散。其解散通常有下列原因：

（1）公司章程规定的营业期限届满或者公司章程规定的其他解散事由出现。此种情形也可以通过修改公司章程而存续。依照规定修改公司章程，有限责任公司须经持有2/3以上表决权的股东通过，股份有限公司须经出席股东大会会议的股东所持表决权的2/3以上通过。

（2）股东会或者股东大会决议解散，如公司的经营目标已经实现，或者股东认为其经营目标不可能被实现。

（3）因公司合并或者分立需要解散。被合并公司或者新设立公司，原来的公司消灭。

（4）公司因违法违规，依法被吊销营业执照、责令关闭或者被撤销，属于强制解散。

（5）公司经营管理发生严重困难，继续存续会使股东利益受到重大损失，通过其他途径不能解决的，持有公司全部股东表决权10％以上的股东，请求人民法院解散公司。

二、公司清算

公司清算是指公司解散后，终结其一切法律关系，并处分其财产的法定程序。我国《公司法》规定,公司应当在解散事由出现之日起 15 日内成立清算组,开始清算。有限责任公司的清算组由股东组成,股份有限公司的清算组由董事或者股东大会确定的人员组成。逾期不成立清算组进行清算的,债权人可以申请人民法院指定有关人员组成清算组进行清算。人民法院应当受理该申请,并及时组织清算组进行清算。

清算组在清算期间行使下列职权:

(1) 清理公司财产,分别编制资产负债表和财产清单。

(2) 通知、公告债权人。

(3) 处理与清算有关的公司未了结的业务。

(4) 清缴所欠税款以及清算过程中产生的税款。

(5) 清理债权、债务。

(6) 处理公司清偿债务后的剩余财产。

(7) 代表公司参与民事诉讼活动。

清算组应当自成立之日起 10 日内通知债权人,并于 60 日内在报纸上公告。债权人应当自接到通知书之日起 30 日内,未接到通知书的自公告之日起 45 日内,向清算组申报其债权。债权人申报债权,应当说明债权的有关事项,并提供证明材料。清算组应当对债权进行登记。在申报债权期间,清算组不得对债权人进行清偿。清算组在清理公司财产、编制资产负债表和财产清单后,应当制订清算方案,并报股东会、股东大会或者人民法院确认。

公司财产在分别支付清算费用、职工的工资、社会保险费用和法定补偿金,缴纳所欠税款,清偿公司债务后的剩余财产,有限责任公司按照股东的出资比例分配,股份有限公司按照股东持有的股份比例分配。

清算期间,公司存续,但不得开展与清算无关的经营活动。公司财产在未依照前款规定清偿前,不得分配给股东。清算组在清理公司财产、编制资产负债表和财产清单后,发现公司财产不足清偿债务的,应当依法向人民法院申请宣告破产。

公司经人民法院裁定宣告破产后,清算组应当将清算事务移交给人民法院。公司清算结束后,清算组应当制作清算报告,报股东会、股东大会或者人民法院确认,并报送公司登记机关,申请注销公司登记,公告公司终止。

由于清算组在公司解散、公司破产过程中的重要地位和作用,《公司法》规定了清算组成员的行为规范。规定清算组成员应当忠于职守,依法履行清算义务。清算组成员不得利用职权收受贿赂或者其他非法收入,不得侵占公司财产。清算组成员因故意或者重大过失给公司或者债权人造成损失的,应当承担赔偿责任。

第八章 破产法

第一节 破产界定

一、什么是破产

破产是指由国家法律所规定的债务人有可能被宣告破产时所处的客观状态。我国破产法对破产作了如下界定:企业法人不能清偿到期债务,并资产不足以清偿全部债务或者明显缺乏清偿能力的,依照法律规定宣告破产。

二、破产的法律特征

(一) 资不抵债

企业所欠债务大于其资产,债务人在资产上处于资不抵债的状况,这是企业破产的主要特征。资不抵债是破产的重要原因,但资不抵债不一定导致企业破产。假如资产为100万元的企业,其债务达200万元,已严重资不抵债。但如该企业有良好的信誉,可以借新债还旧债,到期债务都能一一清偿,就完全可能避免破产。

(二) 不能清偿到期债务

不能清偿到期债务,是导致企业破产的直接原因,是认定债务人破产既必要而又充分的条件。假如一企业共有资产200万元,共有债务100万元,资产大于债务。但由于该企业缺少流动资金,而其固定资产,又是一个有机整体。一经变卖,企业就无法继续生产,从而失去收入来源。更为关键的是,该企业并没有足够信誉使其可通过借新债来还旧债。因此,就如许多破产企业一样,实际情况是,这个看来资产大于债务的企业明显缺乏清偿能力已经陷入了破产境地,或者说已经达到了破产界限。

由此可见,不能清偿到期债务是决定企业最终达到破产界限的最本质的要件。

按照法律规定,有下列情形之一的,不予宣告破产:

(1) 公用事业及与国计民生有重大关系的企业。

(2) 取得担保,自破产申请之日起6个月内清偿债务的。

(3) 企业由债权人申请破产,上级主管部门申请整顿,并且经企业与债权人会议达成和解协议的,可以中止破产程序。

三、破产立法

破产法是指债务人不能清偿到期债务时,由法院宣告其破产并对其财产进行清算和分配,以及确认当事人在破产过程中权利义务的法律规范的总称。

优胜劣汰既是自然界发展的规律,也是市场经济运行的规律。破产法是关于企业这一市场主体如何淘汰的规则。

1986 年,我国颁布了《中华·人民共和国全民所有制企业破产法(试行)》(以下简称《破产法》);1991 年,《民事诉讼法》第十九章规定了企业法人破产还债程序,这是我国企业破产遵循的主要法律。《破产法》在前 10 年实施过程中主要遇到来自观念上的障碍,特别是社会保障体系不完善等诸多问题的困扰,后 10 年随着实施进程加快,除上述问题外又出现以借助破产逃债为特征的违法行为。《破产法》经过 20 余年的试行,一方面在司法实践上已有了大量的积累;另一方面法律本身也已有大量必须予以修改的地方。第十届全国人民代表大会常务委员会第二十三次会议于 2006 年 8 月 27 日表决通过了《中华人民共和国企业破产法》,自 2007 年 6 月 1 日起施行,《中华人民共和国企业破产法(试行)》同时废止。20 余年之久的"试行"也成为历史。

第二节　破产案件的申请与受理

一、破产申请

1. 申请人

债务人与解散中企业均可以申请破产。解散中企业是指企业法人已解散但未清算或者未清算完毕,资产不足以清偿债务的,依法负有清算责任的人应当向人民法院申请破产清算。《破产法》规定,企业法人不能清偿到期债务,并且资产不足以清偿全部债务或者明显缺乏清偿能力的可以向人民法院提出重整、和解或者破产清算申请。

债权人也可以申请破产。债务人不能清偿到期债务,债权人可以向人民法院提出对债务人进行重整或者破产清算的申请。

2. 申请书

申请人向人民法院提出破产申请,应当提交破产申请书和有关证据。破产申请书应当载明下列事项:

(1) 申请人、被申请人的基本情况。

(2) 申请目的。

(3) 申请的事实和理由。

(4) 人民法院认为应当载明的其他事项。

由债务人提出申请的,应当向人民法院提交财产状况说明、债务清册、债权清册、有关财务会计报告、职工安置预案以及职工工资的支付和社会保险费用的缴纳情况。人民法院受理破产申请前,申请人可以请求撤回申请。人民法院应当自收到破产申请之日起 15 日内裁定是否受理。有特殊情况需要延长前两款规定的裁定受理期限的,经上一级人民法院批准,可以延长 15 日。

由债权人提出破产申请的,人民法院应当自收到申请之日起 5 日内通知债务人。债务人应当自裁定送达之日起 15 日内,向人民法院提交财产状况说明、债务清册、债权清册、有关财务会计报告以及职工工资的支付和社会保险费用的缴纳情况。债务人对申请有异议的,应当自收到人民法院的通知之日起 7 日内向人民法院提出。人民法院应当自异议期满之日起 10 日内裁定是否受理。

二、破产案件的受理

人民法院收到破产申请时,应当自裁定作出之日起 5 日内送达申请人。人民法院裁定不受理破产申请的,也应当自裁定作出之日起 5 日内送达申请人并说明理由。申请人对裁定不服的,可以自裁定送达之日起 10 日内向上一级人民法院提起上诉。人民法院应当自裁定受理破产申请之日起 25 日内通知已知债权人,并予以公告。

1. 公告

人民法院经审查认定债务人达到破产界定,决定受理破产案件后,须予以公告。人民法院公告应有如下内容:

(1) 申请人、被申请人的名称或者姓名。

(2) 人民法院受理破产申请的时间。

(3) 申报债权的期限、地点和注意事项。

(4) 管理人的名称或者姓名及其处理事务的地址。

(5) 债务人的债务人或者财产持有人应当向管理人清偿债务或者交付财产的要求。

(6) 第一次债权人会议召开的时间和地点。

(7) 人民法院认为应当通知和公告的其他事项。

人民法院受理破产申请后,应当确定债权人申报债权的期限。债权申报期限自人民法院发布受理破产申请公告之日起计算,最短不得少于 30 日,最长不得超过 3 个月。债权人如未依法律规定申报债权的,则不得依规定的程序行使权利。

破产案件的受理标着破产程序开始,是债务人与债权人的清偿行为按破产程序进行的状态,由此会产生相应的法律后果。

2. 债务人的义务

进入破产程序后,债务人必须履行相应的义务。自人民法院受理破产申请的裁定送达债务人之日起至破产程序终结之日,债务人的有关人员即企业的法定代表人,也可包括企业的财务管理人员和其他经营管理人员。应承担下列义务:

(1) 妥善保管其占有和管理的财产、印章和账簿、文书等资料。

(2) 根据人民法院、管理人的要求进行工作,并如实回答询问。

(3) 列席债权人会议并如实回答债权人的询问。

(4) 未经人民法院许可,不得离开住所地。

(5) 不得新任其他企业的董事、监事、高级管理人员。

人民法院受理破产申请后,债务人的债务人或者财产持有人应当向管理人清偿债务或者交付财产。人民法院受理破产申请后,债务人对个别债权人的债务清偿无效。

3. 中止民事执行

企业一旦进入破产程序,依照法律规定,必须中止民事执行。即中止对债务人财产的其他民事执行程序。

民事执行,是指法院凭借国家强制力,根据已生效的判决、裁定或其他法律文书的规定,强制当事人履行其义务的行为。当法院受理破产案件后,债务人有可能成为破产人,其财产有可能成为破产财产。法律规定,在破产宣告作出后,破产财产将通过清算程序公平分配。这是公平清偿原则的基本要求。而对债务人的其他民事执行措施只能是个别债权人清偿。由于破产人的财产一般都不足以清偿全部债务,因此在法院受理破产案件后,如不及时中止对债务人财产的其他民事执行程序,就难以避免个别债权人通过其他民事执行程序获得全额清偿,而大多数债权人通过破产程序只能获得更少的清偿,显失公平。因此法院受理破产案件后,任何债权人均应参加破产程序,不得采取个别受偿的行动。当然其他民事执行程序的中止,并不是终结。是否恢复,则取决于破产程序的进展结果。

第三节　管理人制度

管理人是企业进入破产程序后应设立的一个法定组织。依照法律规定,人民法院裁定受理破产申请的,应当同时指定管理人。管理人应当列席债权人会议,向债权人会议报告职务执行情况,并回答询问。管理人可以由有关部门、机构的人员组成的清算组或者依法设立的律师事务所、会计师事务所、破产清算事务所等社会中介机构担任。管理人依法执行职务,向人民法院报告工作,并接受债权人会议和债权人委员会的监督。

管理人履行下列职责:

(1) 接管债务人的财产、印章和账簿、文书等资料。

(2) 调查债务人财产状况,制作财产状况报告。

(3) 决定债务人的内部管理事务。

(4) 决定债务人的日常开支和其他必要开支。

(5) 在第一次债权人会议召开前,决定继续或停止债务人的营业。

(6) 管理和处分债务人财产。

(7) 代表债务人参加诉讼、仲裁或其他法律程序。

(8) 提议召开债权人会议。

(9) 人民法院认为管理人应当履行的其他职责。

管理人经人民法院许可,可以聘用必要的工作人员。管理人的报酬由人民法院确定。债权人会议对管理人的报酬有异议的,有权向人民法院提出。管理人没有正当理由不得辞去职务。管理人辞去职务应当经人民法院许可。债权人会议认为管理人不能依法、公正执行职务或者有其他不能胜任职务情形的,可以申请人民法院予以更换。

第四节　债权人会议

一、债权人会议的组成

债权人会议是破产程序中的法定议事机关。其法律地位,为破产程序中临时性的合议组织。

债权人会议由全体债权人组成。而全体债权人可分为两类,即有财产担保的债权人和无财产担保的债权人。这两部分债权人因其受偿的依据和后果不同,其权利义务也不同。按照《破产法》规定,有财产担保的债权人可以参加债权人会议但无表决权,而无财产担保的债权人有表决权。债权人会议主席由法院从有表决权的债权人中指定。首次债权人会议应在申报债权期届满15日后召开并由法院召集与主持。债权人会议还应当有债务人的职工代表或工会代表参加。

二、债权人会议的职权和决议

按照《破产法》的规定,作为破产程序中的法定机构,债权人会议拥有如下职权:

(1) 核查债权。

(2) 申请人民法院更换管理人、审查管理人的费用和报酬。

(3) 监督管理人。

(4) 选举和更换债权人会议委员会。

(5) 决定继续或者停止债务人的营业。

(6) 通过重整计划。

(7) 通过和解协议。

(8) 通过破产财产的管理方案。

(9) 通过破产财产的变价方案。

(10) 通过破产财产的分配方案。

债权人会议职权本身并不具有任何执行权能。其拥有的上述职权是通过债权人会议以及在会议中所通过的决议来实现的。在职权范围内,对会议议题进行讨论,由出席会议的有表决权的债权人通过表决而形成的一致意见或决定。

依照《破产法》规定,债权人会议决议通过的规则主要有:第一,应经债权人会议进行表决,并且程序合法,非此不得形成决议。第二,债权人会议普通决议应由主席会议有表决权的债权人过半数通过,其所代表的债权总额占无财产担保债权总额的半数以上。通过债务人财产管理方案和破产财产的变价方案时,如经债权人会议表决为未通过的,经人民法院裁定。第三,债权人会议对债务人重整以及和解决议的通过应由出席会议有表决权的债权人过半数通过,其所代表的债权总额占无财产担保债权总额的2/3以上。

债权人会议决议,是债权人共同意思表示的结果,对全体债权人均具有约束力。债权人认为决议违反法律规定的,可在债权人会议作出决议后7日内提请法院裁定。

三、债权人委员会

我国《破产法》规定,"债权人会议可以决定设立债权人委员会"。债权人委员会由债权人会议选任的债权人代表和1名债务人的职工代表或者工会代表组成。债权人委员会成员不得超过9人。债权人委员会成员应当经人民法院书面决定认可,并行使其职权。债权人委员会的职权有:

(1) 监督债务人财产的管理和处分。

(2) 监督破产财产分配。

(3) 提议召开债权人会议。

(4) 债权人会议委托的其他职权。

在进入破产程序后产生的管理人、债权人会议与债务人之间形成了相互监督、相互制约的法律关系,这是对于破产程序的正常和健康进行的一种制度设计。《破产法》规定,债权人委员会执行职务时,有权要求管理人、债务人的有关人员对其职权范围内的事务作出说明或者提供有关文件。管理人、债务人的有关人员违反法律规定拒绝接受监督的,债权

人委员会有权就监督事项请求人民法院作出决定。《破产法》还规定,管理人实施下列行为,应当及时报告债权人委员会:

(1) 涉及土地、房屋等不动产权益的转让。

(2) 探矿权、采矿权、知识产权等财产权的转让。

(3) 全部库存或者营业的转让。

(4) 借款。

(5) 设定财产担保。

(6) 债权和有价证券的转让。

(7) 履行债务人和对方当事人均未履行完毕的合同。

(8) 放弃权利。

(9) 担保物的取回。

(10) 对债权人利益有重大影响的其他财产处分行为。

上述规定具体反映了管理人、债权人会议,包括债权人委员会之间的相互监督和制约关系。

第五节 重整与和解

一、重整

重整是经由利害关系人的申请,在人民法院的主持和利害关系人的参与下,对尚具重整原因和经营能力的债务人,进行生产经营上的整顿和债权债务关系上的清理,以期摆脱财务困境,重获经营能力的特殊法律程序。

1. 申请和重整期间

债务人或者债权人可以依法直接向人民法院申请对债务人进行重整。

债权人申请对债务人进行破产清算的,在人民法院受理破产申请后、宣告债务人破产前,债务人或者出资额占债务人注册资本 1/10 以上的出资人,可以向人民法院申请重整。

人民法院经审查认为重整申请符合《破产法》规定的,可以裁定债务人重整,并予以公告。自人民法院裁定债务人重整之日起至重整程序终止,为重整期间。

在重整期间,经债务人申请,人民法院批准,债务人可以在管理人的监督下自行管理财产和营业事务。已接管债务人财产和营业事务的管理人应当向债务人移交财产和营业事务,管理人的职权由债务人行使。

管理人负责管理财产和营业事务的,可以聘任债务人的经营管理人员负责营业事务。

在重整期间,对债务人是有相应限制的。比如,《破产法》规定在重整期间,债务人的董事、监事、高级管理人员不得向第三人转让其持有的债务人的股权,这些股权实际上处于冻结状态。此外,债务人的出资人不得请求投资收益分配。当然,经人民法院同意的除外。

在重整期间,有下列情形之一的,经管理人或者利害关系人请求,人民法院应当裁定终止重整程序,并宣告债务人破产:

(1) 债务人的经营状况和财产状况继续恶化,缺乏挽救的可能性。

(2) 债务人有欺诈、恶意减少债务人财产或者其他显著不利于债权人的行为。

（3）由于债务人的行为致使管理人无法执行职务。

由于重整期间债务人有权自行管理财产和营业事务，对债权人而言存在着上述风险发生的可能性。

2. 重整计划的制订和批准

重整计划是否能被允许是重整的重要依据之一，也是能否实现重整积极效果的依据之一。重整债务人或者管理人应当自人民法院裁定债务人重整之日起 6 个月内，同时向人民法院和债权人会议提交重整计划草案。

重整期届满，经债务人或者管理人请求，有正当理由的，人民法院可以裁定延期 3 个月。债务人或者管理人未按期提出重整计划草案的，人民法院应当裁定终止重整程序，并宣告债务人破产。

重整的执行可以是由债务人自行管理财产和营业事务，也可以是由管理人负责管理财产和营业事务。如由债务人自行管理财产及营业事务的，那就由债务人制作重整计划草案。如由管理人管理财产及营业事务的，应由管理人制作重整计划草案。重整计划草案应当包括下列内容：

（1）债务人的经营方案。

（2）债权分类。

（3）债权调整方案。

（4）债权受偿方案。

（5）重整计划的执行期限。

（6）重整计划执行的监督期限。

（7）有利于债务人重整的其他方案。

人民法院应当自收到重整计划草案之日起 30 日内召开债权人会议，对重整计划草案进行表决。出席会议的债权人过半数同意重整计划草案，并且其所代表的债权额占债权总额的 2/3 以上的，即为通过重整计划草案。

债务人或者管理人应当向债权人会议就重整计划草案作出说明，并回答询问。

债务人的出资人代表可以列席讨论重整计划草案的债权人会议。

自重整计划通过之日起 10 日内，债务人或者管理人应当向人民法院提出批准重整计划的申请。人民法院经审查认为符合法律规定的，应当自收到申请之日起 30 日内裁定批准，并予以公告。重整计划草案未获得通过或者已通过的重整计划未获得批准的，人民法院应当裁定终止重整程序，并宣告债务人破产。

3. 重整计划的执行

经人民法院裁定批准的重整计划，对债务人和全体债权人均有约束力。重整计划由债务人负责执行。人民法院裁定批准重整计划后，已接管财产和营业事务的管理人应当向债务人移交财产和营业事务管理权。自人民法院裁定批准重整计划之日起，在重整计划规定的监督期内，由管理人监督重整计划的执行。在监督期内，债务人应当向管理人报告重整计划执行情况和债务人财务状况。

监督期届满时，管理人应当向人民法院提交监督报告。自监督报告提交之日起，管理人的监督职责终止。管理人向人民法院提交的监督报告，重整计划的利害关系人有权查阅。经管理人申请，人民法院可以裁定延长重整计划执行的监督期限。

　　债务人不能执行或者不执行重整计划的,人民法院经管理人或者利害关系人请求,应当裁定终止重整计划的执行,并宣告债务人破产。

二、和解

　　企业破产和解是指具备破产原因的债务人,为避免破产清算,而与债权人会议达成以让步方法了结债务的协议,协议经法院认可后生效的法律程序。

　　1. 和解申请

　　债务人可以依照《破产法》规定,直接向人民法院申请和解,也可以在人民法院受理破产申请后、宣告债务人破产前,向人民法院申请和解。债务人申请和解,应当提出和解协议草案。人民法院经审查认为和解申请符合法律规定的,应当裁定和解,予以公告,并召集债权人会议讨论和解协议草案。

　　2. 和解决议

　　债权人会议通过和解协议的决议,由出席会议的有表决权的债权人过半数同意,并且其所代表的债权额占无财产担保债权总额的 2/3 以上。债权人会议通过和解协议的,由人民法院裁定认可,终止和解程序,并予以公告。管理人应当向债务人移交财产和营业事务管理权,并向人民法院提交执行职务的报告。

　　如和解协议草案经债权人会议表决未获得通过,或者已经债权人会议通过的和解协议未获得人民法院认可的,人民法院应当裁定终止和解程序,并宣告债务人破产。

　　经人民法院裁定认可的和解协议,对债务人和全体和解债权人均有约束力。因债务人的欺诈或者其他违法行为而成立的和解协议,人民法院应当裁定无效,并宣告债务人破产。

　　债务人应当按照和解协议规定的条件清偿债务。债务人不能执行或者不执行和解协议的,人民法院经和解债权人请求,应当裁定终止和解协议的执行,并宣告债务人破产。

　　人民法院裁定终止和解协议执行的,债权人在和解协议中作出的债权调整的承诺便失去效力。同时,债权人因执行和解协议所受的清偿仍然有效,和解债权未受清偿的部分作为破产债权。

　　人民法院受理破产申请后,债务人与全体债权人就债权债务的处理自行达成协议的,可以请求人民法院裁定认可,并终结破产程序。同时,按照和解协议减免的债务,自和解协议执行完毕时起,债务人可不再承担清偿责任。

第六节　宣告破产与破产清算

一、破产宣告的法律效力

　　破产宣告是法院对债务人不能清偿到期债务事实所作出法律上的判定,是审理破产案件法院司法审判行为,其法律效力自宣告破产之日起发生。破产宣告后,债务人已成为破产人、破产企业,而不再称之为债务人,其财产为破产财产,其债权则为破产债权。

　　破产宣告的原因主要有三个方面:第一,企业不能清偿到期债务达到破产界限;第二,企业作为债务人被依法终结重整;第三,不能按照和解协议清偿债务以及实施其他不合法的行为。

破产宣告是破产清算开始的标志,破产企业自即日起应停止生产经营活动。

二、破产财产的变价

宣告破产后,管理人的使命即为破产清算以及破产财产的分配。

破产财产是指宣告破产后,可依法对债权人的债权进行清偿的债务人的财产。按《破产法》的规定,下列财产属于破产财产:

(1)破产宣告时破产企业所有或经营管理的全部财产。

(2)破产企业在宣告破产后至破产终结前所取得的财产。

(3)应当由破产企业行使的其他财产权利。

(4)破产企业未到期债权是破产财产。

(5)被依法追回的财产。

为破产企业所有而不作为企业破产财产的有:第一,破产企业所办学校、幼儿园的财产;第二,破产企业工会的财产;第三,破产企业中属于他人的财产。另外,破产企业已作为担保物的财产不属于破产财产。担保物价款如超过所担保的债务数额,其超过部分属于破产财产。

在界定破产财产的基础上,管理人应及时拟定破产财产的变价方案,提交债权人会议讨论,并适时变价出售破产财产,这是破产清偿的需要。破产企业可以全部或部分变价出售其破产财产,其中无形资产可以单独变价出售。按照法律规定,变价出售破产财产应通过拍卖进行,按照国家不能拍卖或限制转让的财产,应按规定的方式处理。

第七节　破产财产的分配与破产程序终结

一、破产费用

破产费用是指在破产程序进行中,为管理、估价、清理、变卖和分配破产财产而必须花费的,由破产财产优先拨付的费用。按照法律规定,下列费用或支出属于破产费用,应当从破产费用中优先拨付:

(1)破产财产的管理、估价、清理、变卖和分配所需费用,包括聘任工作人员的费用。

(2)破产案件的诉讼费用。

(3)为债权人的共同利益而在破产程序中支付的其他费用。

破产财产如不足以支付破产费用的,法院应当宣告破产程序终结。

二、破产财产的分配

破产财产的分配是破产清算程序的最后阶段,是指将破产财产依照法定清偿程序,公平分配给债权人的顺序。

破产财产的分配,应由管理人拟定破产财产的分配方案,经债权人会议讨论通过,破产财产分配方案经人民法院裁定认可后,由管理人执行。破产财产在优先清偿、优先拨付破产费用和公益债务后,按照以下法定顺序清偿:

(1)破产人所欠职工工资和医疗、伤残补助、抚恤费用,所欠的应当划入职工个人账户的基本养老保险、基本医疗保险费用,以及法律、行政法规规定,应当支付给职工的补偿金。

(2) 破产人欠缴的除上述以外的社会保险费用和破产人所欠税款。

(3) 普通破产债权。

破产财产不足以清偿同一顺序的清偿要求的,按照比例分配。破产财产分配完毕,破产清算应提请法院终结破产程序。破产企业的董事、监事和高级管理人员的工资按照该企业职工的平均工资计算。

三、破产终结

管理人在破产财产最后分配完结后,应当及时向人民法院提交破产财产分配报告,并提请人民法院裁定终结破产程序。破产人无财产可供分配的,管理人应当请求人民法院裁定终结破产程序。人民法院应当自收到管理人终结破产程序的请求之日起 15 日内作出是否终结破产程序的裁定。裁定终结的,应当予以公告。管理人应当自破产程序终结之日起 10 日内,持人民法院终结破产程序的裁定,向破产人的原登记机关办理注销登记。管理人于办理注销登记完毕的次日终止执行职务。

《破产法》对进入破产程序前后的法定期间内,债务人实施的违法、无效行为作出了界定:

(1) 无偿转让财产的。

(2) 以明显不合理的价格进行交易的。

(3) 对没有财产担保的债务提供财产担保的。

(4) 对未到期的债务提前清偿的。

(5) 放弃债权的。

(6) 为逃避债务而隐匿、转移财产的。

(7) 虚构债务或者承认不真实的债务的。

按法律规定,在人民法院受理破产申请前 1 年内至破产宣告之日的期间内,涉及债务人财产的上述第(1)至第(5)种行为的,管理人有权请求人民法院予以撤销。破产企业有上述行为的,自破产程序终结之日起 2 年内被查出的,由法院追回财产。作为对上述违法行为的救济,追回的财产作为破产财产,并对债权人实施追加分配。

此外,如发现破产人有应当供分配的其他财产的,但财产数量不足以支付分配费用的,不再进行追加分配,由人民法院将其上交国库。

第 三 编

市场行为法律制度

第九章 合 同 法

第一节 合 同 法 概 述

一、合同与合同法

合同又称契约、协议。我国合同法的界定是:"合同是平等主体的自然人、法人、其他组织之间设立、变更、终止民事权利义务关系的协议。"合同具有以下法律特征:

(1) 合同是一种民事法律行为,当事人法律地位平等。

(2) 合同是一种合意,是当事人意思表示一致的结果。

(3) 依法成立的合同对当事人具有法律约束力。

合同法是调整我国合同法律关系的基本法。我国合同法是以保护合同当事人的合法权益,维护社会经济秩序,促进社会主义现代化建设为立法宗旨的法律。

我国合同立法,经历了一个逐步发展的过程。1981 年 12 月 13 日,第五届全国人民代表大会第四次会议通过了《中华人民共和国经济合同法》。1985 年 3 月 21 日,第六届全国人民代表大会常务委员会第十次会议通过了《中华人民共和国涉外经济合同法》。1987 年 6 月 23 日,第六届全国人民代表大会第二十一次会议通过了《中华人民共和国技术合同法》。由此形成了三部合同法并存的局面。1999 年 3 月 15 日,第九届全国人民代表大会第二次会议通过、颁布,1999 年 10 月 1 日起正式施行的《中华人民共和国合同法》(以下简称《合同法》)终结了这种状况,统一了我国的合同制度,标志着我国合同立法取得了实质性的进展。

二、《合同法》的基本原则

《合同法》的基本原则是适用于合同行为、合同关系的基本准则,是合同司法实践中解释和判断问题的基本依据,也是合同立法宗旨的具体体现。

(1) 平等原则。合同当事人的法律地位平等,一方不得将自己的意志强加给另一方。

(2) 自愿原则。当事人依法享有自愿订立合同的权利,任何单位和个人不得非法干预。

(3) 公平原则。当事人应当遵循公平原则确定各方的权利和义务。

(4) 诚信原则。当事人行使权利、履行义务应当诚实信用,不欺不诈。

(5) 遵守社会公德原则。当事人订立、履行合同,应当遵守法律、行政法规,尊重社会公德,不得扰乱社会经济秩序,损害社会公共利益。

三、合同的种类

合同种类包括买卖合同;供用电、水、气、热、力合同;赠与合同;借款合同;租赁合同;融资租赁合同;承揽合同;建设工程合同;运输合同;技术合同;保管合同;仓储合同;委托合同;行纪合同;居间合同等 15 种合同。我国《合同法》分则部分对合同的种类作出的具体规定,是《合同法》的具体化。

第二节　合同的订立

合同订立是双方当事人作出意思表示,并达成一致的一种状态。是当事人交易行为的开始。

当事人订立合同,应当具有相应的民事权利能力和民事行为能力。依法成立的合同,对当事人具有法律约束力。

一、要约与承诺

(一)要约

当事人订立合同是相互协商一致的过程。合同订立的程序为要约和承诺。

1. 要约的概念与特征

要约是希望和他人订立合同的意思表示。发出要约的一方为要约人,接受要约的一方为受约人。

要约应当具备三个构成要件:

(1)要约是向受约人发出的关于订立合同的意思表示。要约可以向特定的人发出,也可以向不特定的人发出,如悬赏广告等。但在通常情况下,要约是向特定的人发出的。

(2)要约的内容必须明确、具体、肯定。要约应当是一种确定的意思表示。

(3)要约必须送达受约人。要约到达受约人时,即发生法律效力。

要约邀请,又叫要约引诱,是希望他人向自己发出要约的意思表示。寄送的价目表、拍卖公告、招标公告、招股说明书、商业广告等为要约邀请。商业广告的内容符合要约规定的,视为要约。

2. 要约的法律效力

要约的法律效力又称为要约的拘束力,是指要约的生效以及对要约人和受约人的拘束力。

(1)要约的生效。要约是一种法律行为。要约到达受要约人时生效。采用数据电文形式订立合同,收件人指定特定系统接收数据电文的,该数据电文进入该特定系统的时间,视为到达时间;未指定特定系统的,该数据电文进入收件人的任何系统的首次时间,视为到达时间。

要约到达受约人后,如受约人一旦承诺就意味着合同事实上的成立。因而要约对要约人具有法律约束力。

(2)要约的撤回与撤销。《合同法》规定,要约可以撤回。撤回要约的通知应当在要约到达受要约人之前或者与要约同时到达受约人。

要约可以撤销。撤销要约的通知应当在受要约人发出承诺通知之前到达。

有法定情形之一的,要约不得撤销:第一,要约人确定了承诺期限或者以其他形式明示要约不可撤销;第二,受要约人有理由认为要约是不可撤销的,并已经为履行合同作了准备工作。

（3）要约的失效。要约因以下原因失效：拒绝要约的通知到达要约人。要约人依法撤销要约。承诺期限届满，受要约人未作出承诺。受要约人对要约的内容作出实质性变更。

（二）承诺

承诺是受要约人同意要约的意思表示。承诺有如下法律特征。

1. 承诺应当在合理期限内作出

承诺应在要约确定的期限内到达要约人。要约没有确定承诺期限的，承诺应当依照下列规定到达：

（1）要约以对话方式作出的，应当即时作出承诺，但当事人另有约定的除外。

（2）要约以非对话方式作出的，承诺应当在合理期限内到达。要约以信件或者其他书面的方式发出的，承诺期限自信件载明的日期或发出的日期开始计算。信件未载明日期的，自投寄该信件的邮戳日期开始计算。要约以电话、传真等快速通讯方式作出的，承诺期限自要约到达受要约人时开始计算。

2. 承诺应当由受约人向要约人作出

承诺应当由受约人向要约人作出，受约人一旦发出承诺即为承诺人。

3. 承诺的内容应当与要约一致

承诺的内容应当与要约一致，受要约人对要约的内容作出实质性变更的为新要约。

4. 承诺通知到达要约人时生效

（1）承诺生效时合同成立。承诺生效的地点为合同成立的地点。

（2）承诺可以撤回。撤回承诺的通知应当在承诺通知到达要约人之前或者与承诺通知同时到达要约人。受要约人超过承诺期限发出承诺的，为新要约。

二、合同的形式与条款

（一）合同的形式

我国《合同法》规定，订立合同，有书面形式、口头形式和其他形式。

1. 书面形式

书面形式是指以文字方式表述当事人所订合同内容的形式。

法律、行政法规规定采用书面形式的，应当采用书面形式。当事人约定采用书面形式的，也应当采用书面形式。书面形式是指合同书、信件和数据电文（包括电报、电传、传真、电子数据交换和电子邮件）等可以有形地表现所载内容的形式。

书面合同可分为格式的与非格式形式的合同。通常，一次性交易活动往往采用非格式合同。格式合同或格式条款则用于多次重复的交易活动。

格式条款是当事人为了重复使用而预先拟定，并在订立合同时未与对方协商的条款。格式合同因规范、便利和高效率而被广泛使用，但同时却极易出现对接受合同一方当事人不公平的情形。对此《合同法》规定：

（1）采用格式条款订立合同的，提供格式条款的一方应当遵循公平原则，确定当事人之间的权利和义务。如显失公平，则可向人民法院请求撤销该合同。

（2）提供格式条款的一方应采取合理的方式，提请对方注意免除或者限制其责任的条款，按照对方的要求，对该条款予以说明。

（3）对格式条款的理解发生争议的，应当按照通常理解予以解释。对格式条款有两种以上解释的,应当作出不利于提供格式条款一方的解释。

(4)格式条款和非格式条款不一致的,应当采用非格式条款。

2.口头形式

口头形式是指当事人用谈话方式所订立的合同。如电话方式,一般即时交易用口头形式较为简单、方便。国际贸易活动中,对口头合同效力的认可是一种惯例。口头合同的缺陷是,当事人一旦发生争议时"口说无凭"难以举证。一般经济活动中所签合同,不宜采用口头合同。由此可见,承认口头合同的有效性,并不意味着提倡采用口头合同。

3.其他形式

其他形式合同,是指除书面形式、口头形式以外的方式来表现合同内容的形式。

(二)合同的主要条款

合同的内容由当事人约定,一般包括以下条款:

(1)当事人的名称或者姓名和住所。

(2)标的。

(3)数量。

(4)质量。

(5)价款或者报酬。

(6)履行期限、地点和方式。

(7)违约责任。

(8)解决争议的方法。

合同生效后,当事人就质量、价款或者报酬、履行地点等内容没有约定或者约定不明确的,可以协议补充;不能达成补充协议的,按照合同有关条款或者交易习惯确定。

当事人就有关合同内容约定不明确的,可适用下列规定:

(1)质量要求不明确的,按照国家标准、行业标准履行;没有国家标准、行业标准的,按照通常标准或者符合合同目的的特定标准履行。

(2)价款或者报酬不明确的,按照订立合同时履行地的市场价格履行;依法应当执行政府定价或者政府指导价的,按照规定履行。

(3)履行地点不明确的,给付货币的,在接受货币一方所在地履行;交付不动产的,在不动产所在地履行;其他标的,在履行义务一方所在地履行。

(4)履行期限不明确的,债务人可以随时履行,债权人也可以随时要求履行,但应当给对方必要的准备时间。

(5)履行方式不明确的,按照有利于实现合同目的的方式履行。

(6)履行费用的负担不明确的,由履行义务一方负担。

(三)缔约过失

缔约过失是指在合同订立过程中一方当事人因违反诚实信用原则,给对方当事人造成损失,应当承担的赔偿责任。

1.缔约过失的构成要件

缔约过失的构成要件有:

(1)时间要件,指缔约过失发生在合同订立过程中,合同尚未成立,或虽已成立,但尚缺法定生效要件,因而合同并未真正成立。

（2）行为要件，当事人一方违反先合同义务，有违背诚信原则的行为发生。

（3）损害事实的发生，造成了一方当事人的损失。造成他人损失是承担缔约过失责任的依据。

（4）当事人违反先合同义务与损害事实有因果关系。

2. 损害赔偿责任

当事人在订立合同过程中有下列情形之一，给对方造成损失的，应当承担损害赔偿责任：

（1）假借订立合同，恶意进行磋商。

（2）故意隐瞒与订立合同有关的重要事实或者提供虚假情况。

（3）有其他违背诚实信用原则的行为。

3. 过失方的责任范围

缔约过失的责任范围一般限制在对无过错一方当事人的信赖利益的赔偿。所谓信赖利益，是指无过错一方当事人由于信赖合同的成立与有效，而支付了一定的费用和代价。对此过失的一方当事人应当承担赔偿责任，责任的范围主要为：

（1）订约费用。

（2）履约费用。

（3）合理的间接损失。

第三节　合同的效力

依法成立的合同为有效合同。这是对当事人的意思表示在法律上的肯定，对当事人产生法律效力。

违反法律、行政法规或者欠缺其他要件的合同，其效力就会出现不同的情形。

一、无效合同

1. 无效合同的类型

我国《合同法》规定下列情形为无效合同：

（1）一方以欺诈、胁迫的手段订立合同，损害国家利益。

（2）恶意串通，损害国家、集体或者第三人利益。

（3）以合法形式掩盖非法目的。

（4）损害社会公共利益。

（5）违反法律、行政法规的强制性规定。

合同当事人达成一致的下述免责条款是无效的：

（1）造成对方人身伤害的。

（2）因故意或者重大过失造成对方财产损失的。

比如，一些格式合同提供方对上述情况的发生，在条款中表述为"概不负责"等，均属无效。

2. 无效合同的法律特征

无效合同的法律特征表现在以下三个方面：

(1) 违法性。无效合同无论以何种形式出现,其共同的特点是违反法律法规和社会公共利益。

(2) 不得履行性。无论当事人是否知道合同的无效性,均不得履行。因为如允许履行,则意味着允许当事人实施不法行为。

(3) 自始无效。一旦由人民法院确认为无效合同,合同自订立之日起就不具有法律约束力。

二、可撤销合同

可撤销合同,是指欠缺合同的有效要件,存在可撤销原因的合同。

1. 可撤销合同的要件

可撤销合同的要件在于:

(1) 合同因重大误解而订立。

(2) 订立合同的内容显失公平。

(3) 当事人一方以欺诈、胁迫的手段或者乘人之危,使对方在违背真实意思的情况下订立的合同。

对于符合可撤销合同要件的,受损害方有权请求人民法院或者仲裁机构变更或者撤销。如果当事人请求变更的,人民法院或者仲裁机构应当尊重当事人的选择和请求,即合同的撤销与否视受损害一方当事人的意愿而定。

2. 撤销权的时效限制

撤销权是有时效限制的权利。有下列情形之一的,撤销权消灭:

(1) 具有撤销权的当事人自知道或者应当知道撤销事由之日起 1 年内没有行使撤销权。

(2) 具有撤销权的当事人知道撤销事由后,明确表示或者以自己的行为放弃撤销权。

可撤销主要涉及当事人意思表示不真实。其性质和无效合同是不同的,因此,法律是否撤销、是否变更的权利交给了受损害一方当事人。

被人民法院认定为无效合同或可撤销合同,会引起以下法律后果:

(1) 返还财产。合同无效或者被撤销后,因该合同取得的财产,应当予以返还。

(2) 赔偿损失。不能返还或者没有必要返还的,应当折价补偿。有过错的一方应当赔偿对方因此所受到的损失,双方都有过错的,应当各自承担相应的责任。

(3) 当事人恶意串通,损害国家、集体或者第三人利益的,因此取得的财产收归国家所有或者返还集体、第三人。

三、效力待定合同

效力待定合同是指缺乏有效要件,能否发生当事人预期的法律效力尚未确定,必须经过追认才能发生效力的合同。效力待定合同是在如下情况下订立的合同:

(1) 限制民事行为能力人订立的合同。这类合同经法定代理人追认后,合同才具有法律效力。但纯获利益的合同或者与其年龄、智力、精神健康状况相适应而订立的合同,不必经法定代理人追认。对限制民事行为能力的人订立合同相对人可以催告法定代理人在 1 个月内予以追认。法定代理人未作表示的,视为拒绝追认。合同被追认之前,善意相对人有撤销的权利。撤销应当以通知的方式作出。

（2）行为人没有代理权、超越代理权或者代理权终止后，以被代理人名义订立的合同，未经被代理人追认，对被代理人不发生效力，由行为人承担责任。

（3）法人或者其他组织的法定代表人、负责人超越权限订立的合同，其代表行为有效。相对人知道或者应当知道其超越权限的除外。

第四节　合同履行中的抗辩与保全

依法订立的合同，当事人应当按照约定履行自己的义务。应当遵循诚实信用原则，根据合同的性质、目的和交易习惯履行通知、协助、保密等义务。

合同得到全面履行，是合同当事人的义务。保护合同法律关系，保障合同的履行是合同法立法的核心问题。

一、合同履行中的抗辩权

法律上的抗辩，是指权利人用以对抗他人请求权的权力。抗辩权是以对方当事人的请求权的存在为前提的。抗辩的作用在于防御，而不在于进攻。双务合同履行中的抗辩包括同时抗辩权、后抗辩权与先抗辩权三种。

（一）同时抗辩权

双务合同中的同时抗辩权又称不履行抗辩权，是指合同当事人一方在对方未履行前有权拒绝履行自己给付的权利。合同法规定当事人互负债务，没有先后履行顺序的，应当同时履行。一方在对方履行之前有权拒绝其履行要求。一方在对方履行债务不符合约定时，有权拒绝其相应的履行要求。

行使同时抗辩权的先决条件是：

（1）合同当事人互负债务。

（2）合同未约定先后顺序。

（3）对方未履行或未按约定履行。

（4）对方债务清偿期已届满。

符合上述条件时，当事人可行使同时抗辩权。

（二）后抗辩权

后抗辩权是指双务合同已确定了双方履行合同的先后顺序当事人应当后履行其义务时，后履行一方在先履行一方未履行前，可以拒绝履行义务。《合同法》规定，当事人互负债务，有先后履行顺序，先履行一方未履行的，后履行一方有权拒绝其履行要求。先履行一方履行债务如不符合约定的，后履行一方也有权拒绝其相应的履行要求。

后履行抗辩权只是暂时阻止对方当事人请求权的行使，并非永久的抗辩权。当对方当事人完全履行了合同义务时，后抗辩权消灭，当事人应当履行自己的义务。当事人行使后履行抗辩权致使合同迟延履行的，迟延履行的责任应当由对方当事人承担。

（三）先抗辩权

1. 先抗辩权的概念

先抗辩权又称不安抗辩权，是指双务合同成立后，应当先履行债务的当事人，有确切证据证明对方不能履行义务,或者有不能履行义务的可能时,在对方没有履行或者提供担保之前,有权中止履行合同义务。

《合同法》规定,应当先履行合同的当事人,有确切证据证明对方当事人有下列情形之一的,可以中止履行:

(1) 经营状况严重恶化。

(2) 转移财产、抽逃资金以逃避债务。

(3) 丧失商业信誉。

(4) 有丧失或者可能丧失履行债务能力的其他情形。

2. 不安抗辩权的行使

不安抗辩权的行使必须承担相应的附随义务:

(1) 通知义务。先履行合同一方在行使不安抗辩权时,应及时通知对方当事人。按《合同法》规定中止履行的,应当及时通知对方。对方提供适当担保时,应当恢复履行。中止履行后,对方在合理期限内未恢复履行能力,并且未提供适当担保的,中止履行的一方可以解除合同。

(2) 举证义务。先履行合同一方在行使不安抗辩权时,有义务提供相应证据,证明对方有丧失或可能丧失履行债务能力的情形存在。当事人没有确切证据中止履行的,应当承担违约责任。

不安抗辩制度对于保护先履行合同一方当事人的合法权益,采用较为简单的程序,主动地、有效地避免损失,具有非常积极的意义。

二、合同履行中的保全

合同保全是指为防止由于债务人财产的不当减少而给债权人造成危害,债权人为保全自己债权的实现而依法采取的措施。合同保全的措施主要包括代位权与撤销权。

(一) 代位权

代位权是指债权人为了保全自己的债权,以自己的名义代位行使债务人对第三人的债权的权利。《合同法》规定:因债务人怠于行使其到期债权,对债权人造成损害的,债权人可以向人民法院请求以自己的名义代位行使债务人的债权。

代位权的发生与行使,必须具备以下条件:

(1) 债务人对第三人享有权利。

(2) 债务人怠于行使自己的权利。

(3) 债务人怠于行使自己的债权已经危及债权人的债权。

具备上述条件的债权人可行使其代位权。然而代位权是不能、也不可能由债权人直接行使,而必须经过人民法院行使。

代位权的行使范围以债权人的债权为限。债权人行使代位权的必要费用,由债务人负担。

(二) 撤销权

撤销权是指因债务人放弃其到期债权,或者无偿转让财产,对债权人造成损害的,债权人可以请求人民法院撤销债务人的权利。债务人以明显不合理的低价转让财产,对债权人造成损害,并且受让人知道该情形的,债权人可以请求人民法院撤销债务人的行为。行使撤销权是以恢复债务人偿债能力为目的的。

按照《合同法》的规定，撤销权的成立，应当包括客观要件和主观要件。其客观要件是债务人实施了有害于债权人债权的行为。如放弃债权，无偿或非正常压价转让财产。主观要件是指债务人实施处分行为，或与第三人实施的行为是具有主观恶意的。如债务人放弃债权是为了使自己处于无法偿还债务的情形，又如第三人在取得财产或者其他利益时，已经知道债务人的行为是有害于债权人的。这些均为行使撤销权的要件。

债权人行使撤销权，必须通过人民法院，由法院撤销债务人的行为。撤销权的行使范围以债权人的债权为限。债权人行使撤销权的必要费用，由债务人负担。

关于撤销权的时效，合同法规定，撤销权自债权人知道或者应当知道撤销事由之日起1年内行使。自债务人的行为发生之日起5年内没有行使撤销权的，该撤销权消灭。合同生效后，当事人不得因姓名、名称的变更或者法定代表人、负责人、承办人的变动而不履行合同义务。

抗辩权制度与代位权、撤销权制度，为合同当事人避免损失，维护合法权益提供了诉讼之外的另一种有效途径。

第五节　合同的变更与转让

合同依法成立后，即产生法律效力，当事人有义务按约履行义务。但履行中情况发生变化，需要变更，符合法定事由的，可以经过法定程序变更或转让合同。

一、合同的变更

合同变更是指合同成立后，合同被履行完毕之前，双方当事人协商一致，依法对合同内容所进行的修改。

合同变更有狭义和广义之分。狭义的变更是指对合同客体、合同内容等的变更。如标的种类、履行地点、履行方式等的变更。

合同变更的程序与合同订立的要求相同，即要约和承诺。合同变更应当采用书面形式。法律、行政法规规定变更合同应当办理批准、登记等手续的，应依照其规定。当事人对合同变更的内容约定不明确的，推定为未变更。在新的协议未达成、未生效之前，原合同依然有效。

二、合同的转让

当事人合同的转让是指当事人一方将合同的权利义务全部或部分转让给第三人。合同转让本质上也是合同的变更，只是它涉及的是主体的变更，而不是客体和内容的变更，合同的权利义务不变。因此合同的转让实际是广义的变更。

（一）权利的转让

《合同法》规定，债权人可以将合同的权利全部或者部分转让给第三人，但有下列情形之一的除外：

（1）根据合同性质不得转让的。

（2）按照当事人约定不得转让的。

（3）依照法律规定不得转让的。

债权人转让权利的，应当通知债务人。如未通知，则这项转让对债务人不发生效力。债权人转让权利的通知不得撤销，但经受让人同意的除外。

（二）义务的转让

债务人将合同的义务全部或者部分转移给第三人的，应当经债权人同意。债务人转移义务的，新债务人可以主张原债务人对债权人的抗辩。债务人转移义务的，新债务人应当承担与主债务有关的从债务，但该从债务专属于原债务人自身的除外。例如，具有人身性质的债务，按规定既不能代理也不能转让，必须由原债务人自己来履行。

在双务合同中，当事人一方经对方同意，还可以将自己在合同中的权利和义务一并转让给第三人。但这种权利与义务的一并转让应当取得另一方当事人的同意。这是合同转让的前提条件。

（三）合同的终止与解除

1. 合同终止

合同的终止是指合同关系因法定事由或约定事由的出现而消灭，即当事人在合同中所确认的权利义务消灭。《合同法》规定，发生下列情形之一的，合同的权利义务终止：

（1）债务已经按照约定履行。

（2）合同解除。

（3）债务相互抵销。

（4）债务人依法将标的物提存。即因债权人的原因使债务人无法履行合同，债务人可以依法终止履行或将标的物提存。

（5）债权人免除债务。

（6）债权债务同归于一人。

（7）法律规定或者当事人约定终止的其他情形。

合同的权利义务终止后，当事人应当遵循诚实信用原则，根据交易习惯履行通知、协助、保密等义务。

2. 合同解除

当事人协商一致，可以解除合同。当事人可以约定一方解除合同的条件。当解除合同的条件成立时，可以解除合同。有下列情形之一的，当事人可以解除合同：

（1）因不可抗力致使不能实现合同目的。所谓不可抗力，是指人们不能预见、不能避免、不能克服的事件。当事人遭遇不可抗力，影响到合同履行或合同目的实现的，可以主张解除合同。

因不可抗力不能履行合同的，根据不可抗力的影响，部分或者全部免除责任，但法律另有规定的除外。当事人迟延履行后发生不可抗力的，不能免除责任。

当事人一方因不可抗力不能履行合同的，应当及时通知对方，以减轻可能给对方造成的损失，并应当在合理期限内提供证明。

（2）在履行期限届满之前，当事人一方明确表示或者以自己的行为表明不履行主要债务。

（3）当事人一方迟延履行主要债务，经催告后在合理期限内仍未履行。

（4）当事人一方迟延履行债务或者有其他违约行为致使不能实现合同目的。

（5）法律规定的其他情形。

当事人一方依法主张解除合同的,应当通知对方。合同自通知到达对方时解除。对方有异议的,可以请求人民法院或者仲裁机构确认解除合同的效力。法律、行政法规规定解除合同应当办理批准、登记等手续的,应依照其规定办理。

合同解除后,尚未履行的,终止履行;已经履行的,根据履行情况和合同性质,当事人可以要求恢复原状、采取其他补救措施,并有权要求赔偿损失。

第六节 违 约 责 任

违约责任是当事人一方不履行合同义务,或者履行合同义务不符合约定所应当承担的法律责任。承担违约责任既是对履行合同义务一方当事人权益的保护、补偿,也是对违反合同约定当事人的惩罚。法律通过让当事人承担违约责任的法律制度,来维护合同的约束力、保障交易安全。

一、归责原则

民事责任的确定需要依据一定的规则进行,归责原则是确定行为人的民事责任的依据和标准。违约责任的归责原则是对当事人违约责任的确定起指导作用的基本依据。

严格责任原则,是一种无过错责任原则,是指违约发生后,确定违约当事人的责任,只以当事人的行为是否造成违约结果的一种归责原则。《合同法》规定:“当事人一方不履行合同义务或者履行合同义务不符合约定的,应当承担继续履行、采取补救措施或者赔偿损失等违约责任。”无论是否有过错,只要违反合同约定就应承担违约责任。发达国家普遍实行的是严格责任原则。

过错责任原则,是指一方违反合同义务应考量当事人是否有过错作为确定责任的要件和依据。过错责任的适用范围由法律作出严格规定。

在归责原则问题上,我国实行严格责任为主、过错责任为辅的方针。严格责任为一般,过错责任为特殊。

二、承担违约责任的方式

（一）实际履行

当事人一方明确表示或者以自己的行为表明不履行合同义务的,对方可以在履行期限届满之前要求其承担违约责任。当事人一方未支付价款或者报酬的,对方可以要求其支付价款或者报酬。

当事人一方不履行非金钱债务或者履行非金钱债务不符合约定的,对方可以要求履行。

（二）采取补救措施

当事人一方不履行合同义务或者履行合同义务不符合约定,给对方造成损失的,受损害方根据标的的性质以及损失的大小,可以合理选择要求对方承担修理、更换、重做、退货、减少价款或者报酬等违约责任。

（三）赔偿损失

当事人一方不履行合同义务，或者履行合同义务不符合约定的，在履行义务或者采取补救措施后，对方还有其他损失的，应当赔偿损失。损失赔偿额应相当于因违约所造成的损失。

经营者对消费者提供商品或者服务有欺诈行为的，依照《中华人民共和国消费者权益保护法》的规定承担损害赔偿责任。

（四）违约金

当事人可以约定一方违约时应当根据违约情况向对方支付一定数额的违约金，也可以约定因违约产生的损失赔偿额的计算方法。

当事人就迟延履行约定违约金的，违约方支付违约金后，还应当履行债务。

（五）定金

当事人可以依照《中华人民共和国担保法》，约定一方向对方给付定金作为债权的担保。债务人履行债务后，定金应当抵作价款或者收回。给付定金的一方不履行约定的债务的，无权要求返还定金；收受定金的一方不履行约定的债务的，应当双倍返还定金。

当事人既约定违约金，又约定定金的，一方违约时，对方可以选择适用违约金或者定金条款。

当事人一方的违约行为，侵害对方人身、财产权益的，受损害方有权选择依照《合同法》要求其承担违约责任或者依照其他法律要求其承担侵权责任。

第十章 担 保 法

第一节 担保法概述

债权人的债权产生以后,原则上债务人的财产应当是债权人的当然担保。然而事实上债务人的财产处于一种浮动状态,债权往往受到威胁。因此法律规定了对于债权的担保制度,以保证债权的实现、合同的履行。《中华人民共和国担保法》(以下简称《担保法》)于1995年6月30日颁布,1995年10月1日实施。促进资金融通和商品流通,保障债权的实现,发展社会主义市场经济,是《担保法》的立法宗旨。法律通常滞后于社会实践和经济发展。由于没有物权基础,担保法存在很多缺陷和不足。2000年12月《最高人民法院关于〈适用中华人民共和国担保法〉若干问题的解释》在一定程度完善了《担保法》,但在司法实践中仍存在一些问题。2007年3月16日颁布,同年10月1日实施的《中华人民共和国物权法》(以下简称《物权法》)使我国的物权担保制度更为完善。《物权法》的实施,涉及与担保的关系尤其是物权担保问题。对此,《物权法》规定:"担保法与本法的规定是不一致的,适用本法。"这一规定表明,《物权法》的施行并未废止和影响《担保法》的实施。只有在《担保法》与《物权法》规定不一致时,才适用《物权法》的规定,这是"从新原则"的体现。

一、担保的概念与特征

担保是保障债权人债权实现的一种法律行为。人们在借贷、买卖、货物运输、加工承揽等各种经济活动中,为保证债权的实现,债权人可以要求债务人提供相应担保。债权人有要求依法设定担保的权利。

担保是指债务人以外的第三人为债务人保证,在债务人不履行债务时,按照约定履行债务或者承担责任的法律行为。与一般的双务合同相比,担保是一种三方的合同关系,是保障债权人债权实现的法律行为。

担保合同是主合同的一部分内容,或为从合同。而从合同是不可能单独成立的。一旦主合同无效,担保合同也就无效。主合同终止,担保合同便终止。担保合同被确认无效后,债务人、担保人、债权人有过错的,应当根据其过错各自承担相应的民事责任。

二、反担保

第三人为债务人向债权人提供担保时,可以要求债务人为自己提供反担保。如第三人在作为债务人的保证人时,为避免可能的风险,要求债务人以特定的财物作为担保。这样当债务人不能偿还债务时,第三人在为其承担债务之后,可以要求以设定担保的财物进行清偿。这样第三人的权益就得到了相应的保障。反担保性质完全与担保相同。

三、担保的方式

按照法律规定,担保的方式有保证、抵押、质押、留置和定金五种。其中,保证为信用担保,抵押、质押、留置为物权担保,定金则是现金担保。

第二节　保　　证

一、保证和保证人

保证是指保证人和债权人约定,当债务人不履行债务时,保证人按照约定履行债务或者承担责任的行为。我国法律并未对保证人的资格作出规定,但是由于保证人是以自己不确定的财产作为担保,是一种信用担保,因此,保证人必须具有代为清偿债务能力。凡具有代为清偿债务能力的法人、其他组织或者公民,均可以作为保证人。

按照法律规定,以下机构不得作保证人:

(1)国家机关不得为保证人,但经国务院批准为使用外国政府或者国际经济组织贷款进行转贷的除外。

(2)学校、幼儿园、医院等以公益为目的的事业单位、社会团体不得为保证人。

(3)企业法人的分支机构、职能部门不得为保证人。企业法人的分支机构有法人书面授权的,可以在授权范围内提供保证。

保证应当是当事人的合意,任何单位和个人不得强令银行等金融机构或者企业为他人提供保证,银行等金融机构或者企业对强令其为他人提供保证的行为,有权拒绝。

二、保证合同

保证人与债权人应当以书面形式订立保证合同。保证人与债权人可以就单个主合同分别订立保证合同,也可以协议在最高债权额限度内,就一定期间连续发生的借款合同或者某项商品交易合同订立一个保证合同。

保证合同应当包括以下内容:

(1)被保证的主债权种类、数额。

(2)债务人履行债务的期限。

(3)保证的方式。

(4)保证担保的范围。

(5)保证的期间。

(6)双方认为需要约定的其他事项。

三、保证责任

法律规定,保证的方式有一般保证和连带责任保证。

1. 一般保证责任

当事人在保证合同中约定,当债务人不能履行债务时,由保证人承担保证责任的,为一般保证。一般保证的保证人在主合同纠纷未经审判或者仲裁,并就债务人财产依法强制执行仍不能履行债务前,对债权人可以拒绝承担保证责任。即拥有先诉抗辩权。

2. 连带责任保证

当事人在保证合同中约定保证人与债务人对债务承担连带责任的,为连带责任保证。连带责任保证的债务人在主合同规定的债务履行期届满没有履行债务的,债权人可以要求债务人履行债务,也可以要求保证人在其保证范围内承担保证责任。当事人对保证方式没有约定或者约定不明确的,按照连带责任保证承担保证责任,无先诉抗辩权。

3. 保证责任范围

同一债务有两个以上保证人的,保证人应当按照保证合同约定的保证份额承担保证责任。没有约定保证份额的,保证人承担连带责任,债权人可以要求任何一个保证人承担全部保证责任,保证人都负有担保全部债权实现的义务。已经承担保证责任的保证人,有权向债务人追偿,或者要求承担连带责任的其他保证人清偿其应当承担的份额。

保证担保的范围包括主债权及利息、违约金、损害赔偿金和实现债权的费用。保证合同另有约定的,按照约定。当事人对保证担保的范围没有约定或者约定不明确的,保证人应当对全部债务承担责任。保证人承担保证责任后,有权向债务人追偿。

一般保证的保证人与债权人未约定保证期间的,保证期间为主债务履行期届满之日起6个月。连带责任保证的保证人与债权人未约定保证期间的,债权人有权自主债务履行期届满之日起6个月内要求保证人承担保证责任。

法律规定,有下列情形之一的,保证人不承担民事责任:

(1) 主合同当事人双方串通,骗取保证人提供保证的。

(2) 主合同债权人采取欺诈、胁迫等手段,使保证人在违背真实意思的情况下提供保证的。

第三节 抵 押

一、抵押的概念与特征

抵押是指债务人或者第三人不转移对财产的占有,将该财产作为债权的担保,债务人不履行债务时,债权人有权依法以该财产折价或者以拍卖、变卖该财产的价款优先受偿。

在抵押法律关系中,债务人或者第三人为抵押人,债权人为抵押权人,提供担保的财产为抵押物。

抵押对于债务人来说,是一种理想的融资方式。其最大的特点或者说优点在于,抵押人不必转移对财产的占有,因而不影响其正常的经营活动。沉淀着的资产因抵押而被盘活放大了。我国《担保法》就可作抵押的财产、最高额抵押、抵押物登记,以及抵押合同等作了具体规定。

二、抵押财产

1. 可抵押的财产

《物权法》规定,以下财产可以抵押:

(1) 建筑物和其他地上着物。

（2）建筑用地使用权。

（3）以招标，拍卖，公开协商等方式，取得的荒地等土地承包经营权。

（4）生产设备、原材料、半成品、产品。

（5）交通运输工具。

（6）法律、行政法规未禁止抵押的其他财产。

2. 不可抵押的财产

《担保法》规定下列财产不得抵押：

（1）土地所有权。

（2）耕地、宅基地、自留地、自留山等集体所有的土地使用权。

（3）学校、幼儿园、医院等以公益为目的的事业单位、社会团体的教育设施、医疗卫生设施和其他社会公益设施。

（4）所有权、使用权不明或者有争议的财产。

（5）依法被查封、扣押、监管的财产。

（6）依法不得抵押的其他财产。

三、最高额抵押

最高额抵押是指抵押人与抵押权人协议，在最高债权额限度内，以抵押物对一定期间内连续发生的债权作担保。

如借款合同，当事人可以附一份最高额抵押合同。债权人与债务人就某项商品在一定期间内连续发生交易而签订的合同，就可以使用这种方式。最高额抵押的主合同债权不得转让。

抵押人所担保的债权不得超出其抵押物的价值。财产抵押后，该财产的价值大于所担保债权的余额部分，可以再次抵押，但不得超出其余额部分。

四、抵押物登记

抵押登记的重要功能在于能够有效防止因重复抵押而损害债权人的利益。当事人以其作财产抵押的，可以自愿办理抵押物登记，抵押合同自签订之日起生效。当事人未办理抵押物登记的，不得对抗第三人。登记部门为抵押人所在地的公证部门。办理抵押物登记，应当向登记部门提供相应文件或者其复印件。

办理抵押物登记的部门如下：

（1）以地上着物的土地使用权抵押的，为核发土地使用权证书的土地管理部门。

（2）以城市房地产或者乡（镇）、村企业的厂房等建筑物抵押的，为县级以上地方人民政府规定的部门。

（3）以林木抵押的，为县级以上林木主管部门。

（4）以航空器、船舶、车辆抵押的，为运输工具的登记部门。

（5）以企业的设备和其他动产抵押的，按照《物权法》规定，应在抵押人所在地的工商行政管理部门。

当同一财产向两个以上债权人作抵押时，债权人拍卖、变卖抵押财产所得的价款的清偿，需按法定顺序进行，即抵押权已登记的，按照登记的先后顺序清偿。顺序相同的，按照债权比例清偿。抵押权已登记的,先于未登记的受偿,抵押物未登记的,按照债权比例清偿。

五、抵押合同

1. 抵押合同的内容

抵押人和抵押权人应当以书面形式订立抵押合同。抵押合同应当包括以下内容:

(1) 被担保的主债权种类、数额。

(2) 债务人履行债务的期限。

(3) 抵押物的名称、数量、质量、状况、所在地、所有权权属或者使用权权属。

(4) 抵押担保的范围。

(5) 当事人认为需要约定的其他事项。

2. 抵押合同的其他规定

订立抵押合同时,抵押权人和抵押人在合同中不得约定在债务履行期届满抵押权人未受清偿时,抵押物的所有权转移为债权人所有。当事人以财产抵押的,应当办理抵押物登记,抵押合同自登记之日起生效。

从抵押的效力看,抵押担保的范围包括主债权及利息、违约金、损害赔偿金和实现抵押权的费用。抵押合同另有约定的,按照约定。抵押权与其担保的债权同时存在,债权消灭的,抵押权也消灭。

从抵押权的实现看,债务履行期届满抵押权人未受清偿的,可以与抵押人协议以抵押物折价或者以拍卖、变卖该抵押物所得的价款受偿;协议不成的,抵押权人可以向人民法院提起诉讼。抵押物折价或者拍卖、变卖后,其价款超过债权数额的部分归抵押人所有,不足部分由债务人清偿。

同一财产向两个以上债权人抵押的,拍卖、变卖抵押物所得的价款按照以下规定清偿:

(1) 抵押合同已登记生效的,按照抵押物登记的先后顺序清偿;顺序相同的,按照债权比例清偿。

(2) 抵押合同自签订之日起生效,该抵押物已登记的,按照规定清偿;未登记的,按照合同生效时间的先后顺序清偿;顺序相同的,按照债权比例清偿。抵押物已登记的先于未登记的受偿。

为债务人抵押担保的第三人,在抵押权人实现抵押权后,有权向债务人追偿。抵押权因抵押物灭失而消灭。因灭失所得的赔偿金,应当作为抵押财产。

3. 抵押权实现的方式

抵押权实现的方式有折价、拍卖、变卖三种。

(1) 折价。债务履行期满,债务人不能履行债务的,抵押权人可以与抵押人协商,参照市场价格确定抵押物的价值,使抵押权人的债权优先实现。但是,在订立抵押合同时,抵押权人和抵押人不得在合同中约定债务履行期届满抵押权人未受清偿时,抵押物的所有权转移为债权人所有。

(2) 拍卖。根据《城市房地产管理法》的规定,抵押权实现的方式主要是拍卖。拍卖是以公开竞争的方式把标的物卖给出价最高的竞买人。

(3) 变卖。在抵押物无法拍卖出去时,当事人可以选择变卖方式,变卖通常在公证机关或人民法院参与下进行。

第四节　质　押

一、质押的概念与特征

质押是指债务人或者第三人将其动产移交债权人占有,以该财产作为债权的担保,债务人不履行债务时,债权人有权以该财产折价或者以拍卖、变卖该财产的价款优先受偿。

质押是物权担保的又一种方式,债务人又称出质人,债权人又称质权人,移交的动产为质物。出质人和质权人应当以书面形式订立质押合同。质押合同自质物移交于质权人占有时生效。按照质押物的不同性质,可分为动产质押和权利质押。

二、动产质押

与抵押不同,用作质押的必须是动产。《担保法》界定了动产质押的权利和义务。

（一）权利义务

（1）质权人有权收取质物所生的孳息。质物的孳息是由质物本身带来的,质权人有权收取,说明质权效力及于质物的孳息。

（2）质权人负有妥善保管质物的义务。因保管不善致使质物灭失或者毁损的,质权人应当承担民事责任。质权人不能妥善保管质物可能致使其灭失或者毁损的,出质人可以要求质权人将质物提存,或者要求提前清偿债权而返还质物。

（3）质物有损坏或者价值明显减少的可能,足以危害质权人权利的,质权人可以要求出质人提供相应的担保。出质人不提供的,质权人可以拍卖或者变卖质物,并与出质人协议将拍卖或者变卖所得的价款用于提前清偿所担保的债权。

（4）债务履行期届满,债务人履行债务的,或者出质人提前清偿所担保的债权的,质权人应当返还质物。债务履行期届满,质权人未受清偿的,可以与出质人协议以质物折价,也可以依法拍卖、变卖质物。质物折价或者拍卖、变卖后,其价款超过债权数额的部分归出质人所有,不足部分由债务人清偿。

质权因质物灭失而消灭。因灭失所得的赔偿金,应当作为出质财产。作为担保的一种形式,质权与其担保的债权同时存在,债权消灭的,质权也消灭。

（二）质押合同

质押合同应当包括以下内容:

（1）被担保的主债权种类、数额。

（2）债务人履行债务的期限。

（3）质物的名称、数量、质量、状况。

（4）质押担保的范围。

（5）质物移交的时间。

（6）当事人认为需要约定的其他事项。

质押合同不完全具备上述规定内容的,可以补正。

三、权利质押

（一）权利质押的特征

权利质押与动产质押相比具有其特殊性。它是以一定可让与的权利作为质物，担保质权人的债权。权利质押通常以权利凭证的交付、质权设定的登记等方法产生财产转移的效力。

（二）权利质押的标的

我国于 2007 年 3 月 16 日颁布的《物权法》对于可用作质押的标的作了新的、有别于《担保法》的规定。

1. 汇票、支票、本票、债券、存款单、仓单、提单等

以载明兑现或者提货日期的汇票、支票、本票、债券、存款单、仓单、提单出质的，其兑现或者提货日期先于债务履行期的，质权人可以在债务履行期届满前兑现，或者提货，并与出质人协议，将兑现的价款或者提取的货物用于提前清偿所担保的债权或者向与出质人约定的第三人提存。以汇票、支票、本票、债券、存款单、仓单、提单出质的，应当在合同约定的期限内将权利凭证交付质权人。质押合同自权利凭证交付之日起生效。

2. 依法可以转让的股份、股票

以依法可以转让的股票出质的，出质人与质权人应当订立书面合同，并向证券登记机构办理出质登记。质押合同自登记之日起生效。股票出质后，不得转让，但经出质人与质权人协商同意的可以转让。出质人转让股票所得的价款应当向质权人提前清偿所担保的债权或者向与质权人约定的第三人提存。质押合同自股份出质记载于股东名册之日起生效。

3. 依法可以转让的商标专用权、专利权、著作权中的财产权

以依法可以转让的商标专用权、专利权、著作权中的财产权出质的，出质人与质权人除订立书面合同外，还应向相关管理部门办理出质登记。质押合同自登记之日起生效。

权利出质后，出质人不得转让或者许可他人使用，但经出质人与质权人协商同意的可以转让或者许可他人使用。

第五节 留 置

一、留置的概念与特征

留置是指债权人按照合同约定占有债务人的动产，债务人不按照合同约定的期限履行债务的，债权人有权依照法律规定留置该财产，以该财产折价或者以拍卖、变卖该财产的价款优先受偿。

留置作为物权担保的第三种形式，有两个构成要件：

（1）留置物必须是动产，不能留置不动产或者权利。

（2）债权人必须依照合同占有留置物，留置与抵押及其他担保方式不同，它不是事先约定的一种担保措施，而是合同的要素之一，非此合同不能得以履行。

留置这种担保方式的适用范围是有一定限制的。按照法律规定，因保管合同、运输合

同、加工承揽等合同合法占有的动产所发生的债权,债务人不履行债务的,债权人有留置权。当事人可以在合同中约定不得留置物,如果事先约定或法律规定不得留置的动产,就不得留置。

二、留置范围与责任

留置担保的范围包括主债权及利息、违约金、损害赔偿金、留置物保管费用和实现留置权的费用。

当事人可以在合同中约定不得留置的物。留置权人负有妥善保管留置物的义务。因保管不善致使留置物灭失或者毁损的,留置权人应当承担民事责任。

债权人与债务人应当在合同中约定,债权人留置财产后,债务人应当在不少于 2 个月的期限内履行债务。债权人与债务人在合同中未约定的,债权人留置债务人财产后,应当确定两个月以上的期限,通知债务人在该期限内履行债务。债务人逾期仍不履行的,债权人可以与债务人协议以留置物折价,也可以依法拍卖、变卖留置物。

留置物折价或者拍卖、变卖后,其价款超过债权数额的部分归债务人所有,不足部分由债务人清偿。

留置权可以因下列原因消灭:

(1) 债权消灭的。

(2) 债务人另行提供担保并被债权人接受的。

在物权担保的法律关系中,一旦在同一动产上已经设立抵押权或质担权,又被留置的,留置人有优先受偿权。如果在同一动产上已经设抵押权和质权的情形下,动产质押有优先受偿权。

按照《物权法》的规定,当事人行使担保权时,应当在所担保的债权诉讼时效结束后的两年内行驶。

第六节　定　　金

一、定金的概念

定金是一种预先给付,是指当事人约定由一方向对方给付定金作为债权的担保。债务人履行债务后,定金应当抵作价款或者收回。给付定金的一方不履行约定的债务的,无权要求返还定金;收受定金的一方不履行约定的债务的,应当双倍返还定金,即所谓定金罚则。我国《担保法》的这一规定采纳了国际上通行的做法。

二、定金约定

按照法律规定,定金应当以书面形式约定。定金作为担保的一种方式,如不采用书面方式约定,不利于明确当事人双方的权利义务。当事人在定金合同中应当约定交付定金的期限。定金合同从实际交付定金之日起生效。

定金的数额由当事人约定,但不得超过主合同标的额的 20%。

第十一章 知识产权法

第一节 知识产权法概述

一、知识产权概念

知识产权是指对创造性智力劳动成果依法享有的专有权利。

知识产权是一种特殊的民事权利,是有别于财产所有权的无形财产权。该权利的产生须以智力创造活动、创造性成果或识别性工商显著标记为条件。智力创造活动是智力成果产生的源泉,智力成果是智力劳动的物化结果。只有当法律对某种智力成果提供保护,赋予创造者以某种独占性权利时,该智力劳动成果才有了专有的价值,才得以作为与有形财产一样的产品进行交换。并不是所有的智力成果都能享有专有权的保护,这一保护的范围有赖于法律的调整和确认。

根据 1967 年 7 月 14 日在斯德哥尔摩签订的《世界知识产权组织公约》第 2 条第 8 款的规定,知识产权应当包括以下各项权利:

(1) 与文学、艺术和科学作品有关的权利。

(2) 与表演艺术者的演出、录音制品和广播节目有关的权利。

(3) 与人类创造活动的一切领域中的发明有关的权利。

(4) 与科学发现有关的权利。

(5) 与工业品外观设计有关的权利。

(6) 与商品商标、服务标记、厂商名称及其标记有关的权利。

(7) 与制止不正当竞争有关的权利。

(8) 其他在工业、科学、文学和艺术领域的智力创造活动中所产生的权利。

二、知识产权特征

从法律上讲,专利权、商标权、著作权(即版权)统称为知识产权。其中专利权和商标权曾被称为工业产权。知识产权具有如下显著特征。

(一) 无形性

知识产权是人们脑力劳动所创造的智力成果所形成的财产权。智力成果是一种无形财产,它没有形体、不占空间。

(二) 独占性

独占性是指法律赋予智力成果的发明者、创造者以独占使用的权利。这种权利是排他的,即发明者创造者拥有可以禁止他人未经许可使用这项智力成果的权利。

(三) 地域性

地域性是指按照一国法律获得承认和保护的知识产权,只能在该国发生法律效力,其他国家没有对这种权利保护的义务。

（四）时间性

时间性是指知识产权只在法律规定的期限内受到保护，超过法定的有效期限，知识产权保护的对象就进入了公有领域，成为整个社会的共同财富，任何人均可以无偿地使用。

三、知识产权法律

知识产权法是调整因智力成果而产生的各种社会关系的法律规范的总称，是国际通行的确认、保护和利用著作权、专利权、商标权以及其他智力成果专有权利的一种法律制度。

当今世界，一个国家知识产品的生产数量和在一国经济中所占份额，已成为衡量一个国家经济、文化、科学技术水平的标志。凡是发达国家无不较早地建立了完善的知识产权法律制度。通过确认、授权和保护知识产权来推动一国科学技术的发展，在这方面已有很多可以借鉴的经验。

我国知识产权制度的建设虽然起步较晚，但从 20 世纪 70 年代末至今的 30 多年间，建立起了比较完整的知识产权法律体系，走过了发达国家上百年时间才完成的立法历程。我国加入 WTO 后，在知识产权法制建设方面做了大量富有成效的工作。

从世界范围看，知识产权法主要采用单行法的立法方式。我国知识产权法主要由《专利法》《商标法》和《著作权法》三部法律组成，此外还包括《集成电路布图设计保护条例》《集成电路布图设计保护条例实施细则》《植物新品种保护条例》《计算机软件保护条例》等。《反不正当竞争法》中也有关于界定和保护知识产权范畴的法律规定。

第二节　专　利　法

一、专利与专利法

专利是指发明人或权利受让人依法对其发明成果在法定期限内享有的独占权或专有权。这是一种人们对自己的创造发明独自占有的权利。

专利权的公开性，具体表现为发明人在申报专利时必须把这项发明创造的技术资料报告给专利机关，并由其向社会公布。发明人在被授予专利权之后，其发明创造的技术资料也是公开的、可供人们查阅的。专利权是一种具有公开性的独占权。

专利权的独占性是指发明人被授予专利权后，获得了独占使用的保护，任何人未经权利人许可不得实施该项发明，否则即构成侵权。

《专利法》是国家用以专门调整因确认发明创造所有权和使用该发明创造而产生的各种社会关系的法律规范的总称。《专利法》调整三方面社会关系：

（1）《专利法》确认因发明创造的归属而发生的社会关系，谁发明谁获得专利权。

（2）《专利法》调整因发明创造专利的实施、转让、许可而发生的社会关系。

（3）《专利法》调整因专利权的保护而发生的社会关系。

《专利法》通过其特有的激励、公开、保护、调解、平衡等作用推动科学技术革命和经济发展，而科学技术革命和经济发展又反过来不断提出新的保护问题，推动法治建设的发展。

我国于 1984 年 3 月正式颁布新中国第一部专利法——《中华人民共和国专利法》（以下简

称《专利法》),先后经过 1992 年 9 月和 2000 年 8 月、2008 年 12 月三次修改。2014 年开始启动了新一轮修改程序。2015 年 4 月修改草案完成,较为完整的专利法制度建立起来了。

二、《专利法》的主体及专制权人的权利义务

(一)《专利法》的主体

《专利法》的主体是指依照专利法的规定可以申请并取得专利权的单位和个人,即专利权的所有人。我国法律对专利法主体并无限制,自然人、法人均可以获得专利。

1. 自然人

自然人无论年龄、性别如何均可获得专利权。发明人或设计人如不是执行本单位的任务,也不是主要利用了单位的物质条件,或虽然利用了单位的物质条件,单位与发明人或者设计人订有合同,对申请专利的权利和专利权的归属作出约定的,即为非职务发明。非职务发明的专利权授予发明人。如两个以上人共同完成,可共同申请专利。

2. 法人

法人可以获得专利。如果发明人或设计人是在本职工作中,或执行本单位的任务中,或主要是利用了本单位的物质条件完成的发明创造,属于职务发明。职务发明专利的权利归发明人或设计人所在的单位所有。对于职务发明,法律和相关法规作出了如下界定:

(1) 发明人与其在原单位承担的本职工作或分配的任务有关的发明创造,发明人是在本职工作中,或执行本单位的任务。

(2) 发明人主要是利用了本单位的物质条件完成的发明创造。本单位物质技术条件包括:① 资金、设备、零件或原单位不对外公开的技术资料;② 离退休及调离单位不到 1 年作出的发明创造。上述情形属于职务创造。职务发明其专利权的权属为发明人或设计人所在的单位所有。

3. 外国人、外国企业或外国其他组织

在中国有经常居所或营业所的外国人、外国企业或外国其他组织作出的发明创造,向中国申请专利时,可享受国民待遇;在中国没有经常居所或营业所的外国人、外国企业或外国其他组织,可依照其所属国同中国签订的协议或者共同参加的国际公约,或者依照互惠的原则,给予国民待遇,但他们申请专利或办理其他专利事务时,应当委托中华人民共和国国务院指定的专利代理机构办理。

(二) 专利权人的权利

专利权主体获得专利之后,依法具有以下权利:

(1) 独占权。独占权是专利权人实施自己专利的权利,有制造、使用和销售自己专利产品的权利。

(2) 禁止权。禁止权是排除他人未经许可而实施其专利,即不得为生产经营目的制造、使用、许诺销售、销售、进口其专利产品。

(3) 许可权。许可权是许可他人使用自己专利的权利。

(4) 转让权。转让权是转让自己专利的权利,通过实施、销售、许可使用和转让其专利等手段而获得经济利益的权利。

(5) 标记权。标记权是在自己的专利产品或该产品的包装上,以及专利文件中表明专利标记、专利号或写明自己是发明人或设计人的权利。

专利权人当其上述专利权受到侵害时有权请求专利机关或人民法院予以保护。

（三）专利权人的义务

专利权人在获得专利之后，须履行以下义务：

（1）按规定缴纳年费的义务。专利权人如果不按规定缴纳年费，将被专利行政部门依法提前终止专利保护期。

（2）不得滥用专利权的义务。专利权人如果滥用自己的专利权，国务院专利行政部门接到申请并审查后，可以不必征求专利权人的意见而直接采取制裁措施。

三、《专利法》的客体

《专利法》客体即《专利法》的保护对象，包括发明、实用新型和外观设计。

1. 发明

发明是《专利法》保护的主要对象，是指对产品、方法或者其改进所作出的新的技术方案。发明必须是利用自然规律，是解决技术领域某一问题的合理手段，专利意义上的发明强调能够在生产实践中产生技术效果的方案。

我国《专利法》规定了某些领域的发明和发现不授予专利权：

（1）违反国家法律、社会公德或者妨害公共利益的发明创造。

（2）科学发现。

（3）智力活动的规则和方法。

（4）疾病的诊治和治疗方法。

（5）用原子核变换方式获得的物质。

2. 实用新型

实用新型又称小发明，是指对产品的形状、构造或者其结合所提出的适于实用的新的技术方案。实用新型与发明的主要区别在于发明的技术含量的高低。

实用新型只针对产品而存在，它不能是一种方法，并且实用新型必须具有固定的立体形状或构造，能够在工业上应用。由于实用新型与发明相比技术含量较低，所以其申请和审批手续也比较简单。

3. 外观设计

外观设计是指对产品的形状、图案、色彩或者其结合所作出的富有美感并适合于工业上应用的新设计。外观设计涉及的是某一产品的外表的美观，而发明与实用新型则是涉及其内在的技术。某一产品如符合法定条件，完全有可能同时既申请实用新型又申请外观设计。

四、授予专利权的条件

根据我国《专利法》的规定，作为发明和实用新型必须同时具备新颖性、创造性和实用性三个条件。

（一）新颖性

申请专利的发明或实用新型不能是现有技术。新颖性是指在申请专利之前，没有同样的发明，或者实用新型在国内外出版物上未公开发表过、在国内未公开使用过或者以其他方式为公众所知，也没有同样的发明或实用新型由他人向专利局提出过申请并且记载在申请日以后公布的专利申请文件中。

考虑到我国现实情况,《专利法》规定了例外情况,即申请专利的发明创造在申请日以前 6 个月内,有下列情况之一的,不丧失新颖性:

(1) 在中国政府主办或承认的国际展览会上首次展出的。

(2) 在规定的学术会议或者技术会议上首次发表的。

(3) 他人未经申请人同意而泄露其内容的。

时间是判断新颖性的基本要件,我国法律规定以提出专利申请的时间为准,是一个在实践中易于操作的标准。

（二）创造性

创造性是指同申请日以前已有的技术相比,该发明有突出的实质性特点和显著的进步。其中实质性特点是指申请专利的发明与原有技术相比,不是原来技术的类似或推导,是对该领域最前沿技术的突破性进展。因此对于发明专利创造性的认定,需要经过实质性审查。

实用新型的创造性标准与发明不同,专利法规定只有在对实用新型专利权提出撤诉请求或宣告无效请求时才进行实质性审查。

（三）实用性

实用性是指该发明或者实用新型能够制造或者使用,并且能够产生积极效果。这就是说,申请专利的发明或实用新型,应是具有可实施性、能够反复再现、能够应用于生产实践中,并带来经济效益和社会效益的技术。

对于授予外观设计专利权的条件,《专利法》规定,要求具备新颖性、美观性和独创性。

五、专利申请的原则和程序

（一）申请专利的原则

1. 先申请原则

两个以上的申请人分别就同样的发明创造申请专利的,专利权授予最先申请的人。国务院专利行政部门收到专利申请文件之日为申请日。如果申请文件是邮寄的,以寄出的邮戳日为申请日。

2. 优先权原则

申请人自发明或者实用新型在外国第一次提出专利申请之日起 12 个月内,或者自外观设计在外国第一次提出专利申请之日起 6 个月内,又在中国就相同主题提出专利申请的,依照外国同中国签订的协议或者共同参加的国际条约,或者依照相互承认优先权的原则,可享有优先权。

3. 一项发明一件专利申请的原则

《专利法》规定,一件发明或者实用新型专利申请应当限于一项发明或者实用新型。属于一个总的发明构思的两项以上的发明或者实用新型,可以作为一件提出申请。

一件外观设计专利申请应当限于一种产品所使用的一项外观设计。用于同一类别并且成套出售或者使用的产品的两项以上的外观设计,可以作为一件申请提出。

（二）专利申请的程序

任何单位或个人要取得专利权,必须由申请人向国务院专利行政部门提出专利申请,经国务院专利行政部门依照法定程序审查批准后,才能取得专利权。

1. 申请发明或者实用新型专利应提交的文件

申请发明或者实用新型专利应提交以下文件:

(1) 请求书,内容包括发明或实用新型的名称,与发明创造及专利申请有关系的人或机构的姓名、名称、地址以及其他事项。

(2) 说明书,说明书应对发明或者实用新型作出清楚完整的说明,是用文字完整写明发明创造具体内容的书面文件,也是向社会公开发明创造的技术文件。

(3) 权利要求书,是以说明书为依据,说明要求专利法保护的范围。

(4) 摘要,是对发明创造的简要说明。

申请外观设计专利的,应当向专利局提交请求书和该外观设计的图片或者照片等文件,并且应当写明使用该外观设计的产品及其所属的类别。

2. 专利申请的审批

对专利申请的审查,国际上通常有三种方式:

(1) 形式审查,即只审查申请是否符合法律规定的要求和程序,凡是符合程序的即予以登记,授予专利权。

(2) 实质性审查,即对申请进行形式审查后再以新颖性、创造性和实用性为标准作严格的技术审查,以确定是否符合专利要求。

(3) 延期审查,即专利申请提出后,先对其进行形式审查,经初步审查合格后再在一定时期内向社会予以公布。经过一定时间,国务院专利行政部门可以根据申请人的随时申请或自己认为必要时对其进行实质性审查,并在没有发现驳回理由的情况下授予专利权。

3. 我国法律规定的审批程序

按我国《专利法》规定,审批程序为:

(1) 初步审查。初步审查是专利局受理发明专利申请后,公布申请前的一个必要程序。

(2) 公布申请。专利局收到发明专利申请后,可根据申请人请求早日公布其申请。

(3) 实质性审查。它是对申请专利的发明的新颖性、创造性、实用性等依法进行审查的法定程序。申请之日起 3 年内专利申请人随时可提出审查要求。

(4) 授予专利权。对经实质性审查没有发现驳回理由的,专利局作出授予专利权的决定,并向专利申请人发出授予专利权通知。

对于申请不符合有关规定的,专利局应当通知申请人在限定期限内陈述意见,必要时对申请修改。申请人在接到通知后,无正当理由不答复的,该申请被视为撤销。

中国专利申请的审批工作主要由中国专利局与专利复审委员会管辖。

中国专利局设在北京,其职责是受理和审查专利申请,对符合《专利法》规定的发明创造授予专利权,并定期发布专利公报。专利复审委员会是在中国专利局内设立的独立行政司法机构,由专利局指定有经验的技术专家和法律专家组成,主任委员由专利局局长兼任。其职责是受理被专利局驳回的申请,决定有不服而请求复审的各种申诉案件。

发明专利申请经实质性审查没有发现驳回理由的,专利局作出授予发明专利权的决定,发给发明专利证书,并予以登记公告。实用新型和外观设计专利,申请经初步审查没有发现驳回理由的,专利局应当作出授予实用新型专利权或外观设计专利权的决定,发给相应的专利证书,并予以登记和公告。

六、专利权的期限和强制许可

（一）专利权的期限

我国《专利法》规定，发明专利的保护期限为 20 年，实用新型和外观设计专利的保护期限为 10 年，均从申请之日起计算。在法定期间，专利权受到法律保护，过了这个期限，这项发明创造就成为全社会的公共财产。

专利保护期限届满后或专利权人没有在保护期内按时缴纳年费，或由于其他法定原因的出现，该项专利权即告终止。专利权终止应由相关行政部门登记和公告。

对专利复审委员会宣告专利权无效或者维持专利权的决定不服的，可以自收到通知之日起 3 个月内向人民法院起诉。人民法院应当通知无效宣告请求程序的对方当事人作为第三人参加诉讼。

（二）专利实施的强制许可

强制许可是国家专利机关根据法定事实，不经专利权人许可，授予他人实施其专利的法律制度。我国《专利法》规定，具备实施条件的单位以合理的条件请求发明或者实用新型专利权人许可实施其专利，而未能在合理的时间内获得这种许可时，国务院专利行政部门根据该单位的申请，可以给予实施该发明专利或者实用新型专利的强制许可。

强制许可制度的目的，在于防止专利权的滥用，特别是防止专利权人不使用其专利发明，而给经济发展造成不利影响。在国家出现紧急状态或非常情况时，或者为了公共利益的目的，国务院专利行政部门可以给予实施发明专利或实用新型专利的强制许可。实施强制许可是非常慎重的，应当根据强制许可的理由规定其实施的范围和时间。当强制许可理由消除并不再发生时，应按法定程序终止实施强制许可的决定。

七、专利权的保护

专利侵权行为是指在专利权的有效期内，未经专利权人许可，擅自以营利为目的实施专利发明创造的行为。实施专利侵权行为的当事人应对其专利侵权行为承担法律责任。

1. 专利侵权行为

（1）未经许可实施他人专利。

（2）使用、许诺销售、销售专利产品或者以专利方法直接获得的产品。

（3）假冒他人专利。

专利侵权行为根据情节需要承担民事、行政、刑事责任。当专利权受到侵犯时，当事人可以协商解决，专利权人或者利害关系人可以向人民法院起诉，也可以请求管理专利工作的部门处理。侵犯专利权的诉讼时效为 2 年。

2. 不视为专利侵权的行为

（1）专利权的用尽，即专利权人制造、进口或者经专利权人许可而制造、进口的专利产品或者依照专利方法直接获得的产品出售后，使用、许诺销售或者销售该产品的。

（2）先用权人的实施，即在专利申请日前已经制造相同产品、使用相同方法或者已经做好制造、使用的必要准备，并且仅在原有范围内继续制造、使用的。

（3）临时过境，即临时通过中国领土、领水、领空的外国运输工具，依照其所属国同中国签订的协议或者共同参加的国际条约，或者依照互惠原则，为运输工具自身需要而在其装置和设备中使用有关专利的。

（4）为科学研究而用，即专为科学研究和实验而使用有关专利的。

第三节　商　标　法

一、商标法概述

（一）商标

商标是生产者或经营者在其商品上使用的用以区别其他同类和类似商品的显著标记。通常，商标由文字、数字、图形、三维标志和颜色或者其组合来表示，甚至也可以用气味、声音来表示。

商标虽然只是一种符号，但却是一种无形财产，它凝聚着生产者或者经营者为保持该商品的质量和特色而进行生产经营和科学管理所付出的辛勤劳动与智慧。

商标具有以下作用：

（1）区分作用。商标有助于区别商品的不同生产者、经营者和商业服务的不同服务者。消费者可以通过商标了解商品或服务的来源，将不同生产者、经营者的商品或服务明显区分开来。

（2）质量表示作用。商标之所以能促进商品和服务质量的提高，就在于商品和服务的质量越好，其商标的信誉就越高，市场竞争力就越强。企业为了增强商标信誉，就要不断提高商品和服务的质量，争创品牌，通过品牌商标树立企业形象。

（3）广告宣传。商标一方面表明了商品和服务的质量，其本身就是一种广告手段；另一方面在宣传中，由于商标的文字、图形简单明了、容易记忆，可以增强广告宣传的效果。

（4）开拓国际市场。知名品牌或驰名商标对于增强本国商品在国际市场上的竞争力，扩大对外贸易有着至关重要的作用。

（二）商标法

商标法是调整因使用、注册、管理及保护商标等活动而发生的权利义务关系的法律规范的总称。1982 年颁布的《中华人民共和国商标法》（以下简称《商标法》）是新中国第一部知识产权保护的专门法律。《商标法》颁布后于 1993 年、2001 年、2013 年 8 月进行了修改。可以说我国的商标制度已经与国际惯例接轨。

二、商标注册

商标注册是指经国家商标主管机关核准注册而使用的商标。我国法律允许使用未注册商标，但未注册商标不受法律保护。

我国《商标法》规定，除了国家规定的极少数商品必须注册外，绝大多数的商标注册与否，实行自愿注册原则。国家规定必须使用注册商标的商品，主要是某些关系到人民生命健康的商品，如人用药品和烟草品，这些商品没有注册商标不得在市场上销售。

（一）商标注册人

依照法律的规定，商标注册申请人，可以是能独立承担民事法律责任的自然人、法人或者其他组织，以及符合法律规定的外国人或外国企业。同时，商标注册申请人必须是商标的使用者,即是商品的生产经营者或服务项目的提供者。

（二）申请注册的商标

注册商标必须具备如下条件。

1. 商标应具有显著性

商标标识必须是由文字、图形、字母、数字,三维标志和颜色组合。应当具有显著性,便于识别。

2. 商标不得使用法律禁止使用的文字、图形

我国《商标法》规定以下文字、图形不能作为商标:

（1）同中华人民共和国的国家名称、国旗、国徽、军旗、勋章相同或者近似的,以及同中央国家机关所在地特定地点的名称或标志性建筑物的名称、图形相同的。

（2）同外国的国家名称、国旗、国徽、军旗、勋章相同或者近似的,但经该国政府同意的除外。

（3）同政府间国际组织的旗帜、徽记、名称相同或者近似的,但该组织同意或不易误导公众的除外。

（4）与表明实施控制,予以保证的官方标志、检验印记相同或者近似的,但经授权的除外。

（5）同"红十字""红新月"的标志、名称相同或者近似的。

（6）本商品的通用名称和图形。

（7）带有民族歧视性的。

（8）夸大宣传并带有欺骗性的。

（9）有害于社会主义道德风尚或者有其他不良影响的。

仅有本商品的通用名称、图形、型号和仅直接表示商品的质量、主要原料、功能、用途、重量、数量以及其他特点的,不得作为商标注册。

注册商标包括商品商标、服务商标、证明商标。商标注册人享有商标专用权,受法律保护。

（三）商标注册的原则

商标注册须遵循以下原则:

（1）诚信原则。《商标法》第7条规定:"申请注册商标,应当遵循诚实信用原则"。

（2）注册在先原则。即商标权属于首先注册的申请人,未经注册的商标,即使首先使用也不产生任何权利。

（3）使用在先原则。即商标权属于首先使用该商标的人,不论他是否向商标局提出申请。

我国使用"注册在先"原则。《商标法》规定,2个或者2个以上的申请人,在同一商品或者类似商品上,以相同或者近似的商标申请注册的,申请在先的商标获准注册;同一天申请的,使用在先的商标获准注册,驳回其他人的申请。

申请商标注册不得损害他人现有的在先权利,也不得以不正当手段抢先注册他人已经使用并有一定影响的商标。《商标法》规定,就同一种商品或者类似商品申请注册的商标与他人在先使用的,但未注册商标相同或者近似,申请人与该人具有合同,业务往来关系,或者其他关系,而明知他人商标存在,该他人提出异议的,不予注册。这一规定对恶意抢注的

遏制是较为有效的。

根据我国《商标法》规定,商标注册申请人可以向所在地商标管理机构申请商标注册。外国人或者外国企业要求在我国进行商标注册的,应按其所属国与我国签订的协议或共同参加的国际公约办理或对等原则办理。

申请商标注册应按"一类商品、一个商标、一份申请"的原则进行。对于同一申请人在不同类别的商品上使用同一商标,应当按照国家商标管理部门制定的商品分类进行登记,不能在同类商品中使用相同或近似的商标。

(四)注册商标的程序

商标注册的申请,是取得商标专用权的前提。经商标局初步审查符合商标法规定的申请,都将予以公告,向社会征询异议。如果自公告之日起 3 个月内无人提出异议,或者经过裁定异议不能成立,商标局将对该申请给予注册,并发商标注册证,同时予以公告。商标专有权正式产生。对于已经注册的商标如果有争议,可以自该商标核准注册之日起 5 年内,向商标评审委员会申请裁定撤销该商标。对已经注册的商标,如果发现有违反商标法,以不允许使用的文字、图形作为商标,或者以欺骗手段或其他不正当手段取得注册的,商标局有权予以撤销,其他单位或个人也可以请求裁定撤销该商标。

三、商标权

商标权是商标所有人在一定期限内依法将某一特定的商标用于其商品上的一种专有权。它是在一国的法律制度对商标予以保护的前提下设立的。

商标权是无形财产权,作为工业产权,具有国家确认性、专有性、地域性和时间性的法律特征。

经过国家商标主管机关核准予以注册的商标受法律保护。获准注册的商标所有权人具有排他的、独占使用的权利,有转让或出售给他人的权利。

商标权人具有以下权利。

1. 经济权利

(1) 在核定使用的商品上使用该注册商标的权利。

(2) 通过转让自己的商标权而获得经济利益的权利。

(3) 通过许可他人使用自己的商标而获得经济利益的权利。

(4) 当自己的注册商标受到侵权损害时,向国家相关部门请求保护并获得赔偿的权利。

2. 转让商标权

商标权的转让,是指商标权人依法将其注册商标转让给他人所有,自己不再享有商标权的行为。受让人应当向转让人支付转让费。

3. 许可使用商标

商标的许可使用,是指商标权人在自己不丧失商标专用权的同时,也允许他人使用自己的注册商标的行为。被许可人应当向商标权人支付使用费。

驰名商标一般具备下列因素:① 相关公众对该商标的知晓程度。② 该商标使用的持续时间。③ 该商标宣传工作的持续时间、程度和地理范围。认定驰名商标通常考量:

(1) 使用该商标的商品在中国的销售量及销售区域。

(2) 近 3 年来的主要经济指标及其在中国同行业中的排名。

（3）在国外（地区）的销售量及销售区域。

（4）该商标的广告发布情况。

（5）该商标最早使用及连续使用的时间。

（6）该商标在中国及外国（地区）的注册情况。

四、注册商标的续展、转让和使用许可

我国《商标法》规定注册商标的保护期限是 10 年。有效期满后需要继续使用的，可以在期满前 6 个月内申请续展；注册到期后还有 6 个月的宽展期，供商标专用权人申请续展。每次续展的时间为 10 年，次数不限。

商标权人转让注册商标的，应与受让人签订受让协议，并共同向商标局申请，受让人应当保证使用该注册商标的商品质量。转让注册商标核准后，予以公告。

商标权人可通过签订商标使用许可合同，许可他人使用其注册商标。许可人应当监督被许可人使用其注册商标的商品质量。被许可人应当保证使用该注册商标的商品质量。

经许可使用他人注册商标的，必须在使用该注册商标的商品上标明被许可人的名称和商品产地。

五、注册商标的保护

对于注册商标的保护是知识产权立法和执法的主要目的之一，《商标法》界定了商标侵权行为。下列行为均属侵犯商标权的行为：

（1）未经许可而擅自在同一种商品或者类似商品上使用与其商标相同或者相近的商标。

（2）销售侵犯注册商标专用权的商品。

（3）伪造、擅自制造他人注册商标标识或者销售伪造、擅自制造的注册商标标识。

（4）未经商标注册人同意，更换其注册商标并将该商标的商品又投入市场。

（5）给注册商标专用权人造成的其他损害。

商标所有权人的利益受到损害时可以向县级以上工商行政管理部门请求处理，要求侵权人停止侵权行为、消除影响、赔偿损失。工商行政管理部门还有权对侵权人进行罚款。构成犯罪的，除赔偿损失外，由司法部门追究其刑事责任。被侵权人也可以直接向人民法院提出起诉。

对于侵犯注册商标专用的行为，工商行政管理部门有权依法查处。涉嫌犯罪的，可及时移送司法机关依法处理。

第四节　著　作　权　法

一、著作权概述

著作权又称版权，是指文学、艺术和科学作品的作者依法所享有的权利，包括人身权和财产权。广义的著作权还包括表演者对其表演的权利，录音制品制作者对其录音制品的权利，以及广播组织对其无线电广播和电视节目的权利。这三种权利统称为著作邻接权或相

关权。

著作权法,是指保护作者及其他著作权人对其文学、艺术和科学等作品所享有的专有权利的法律规范的总称。《中华人民共和国著作权法》(以下简称《著作权法》)于 1990 年 9 月 7 日第七届全国人民代表大会常务委员会第十五次会议通过,并于 1991 年 6 月日正式实施。2001 年 10 月 27 日第九届全国人民代表大会常务委员会第二十四次会议修订。2001 年在我国加入 WTO 前夕进行了第 1 次修订。2010 年进行第 2 次修订。2011 年开始启动了第 3 次修订的准备。由于互联网技术的迅猛发展,致使与著作权相关的法律问题开始凸现,比如广播电台,电视台与网站的信息网络传播,技术保护等等,实践中出现的问题不断涌现,有待著作权法加以确认和保护。

保护文学、艺术和科学作品的著作权,以及与著作权有关的权益,对于促进社会文化、科学事业及经济的发展和繁荣具有重要推进作用。

二、著作权的主体与客体

(一) 著作权的主体

著作权的主体为著作权人,是指对文学、艺术和科学作品享有著作权的当事人。

依据我国《著作权法》规定,著作权主体包括自然人、法人和非法人组织。

著作权的客体即作品。我国《著作权法》所称作品,是指"文学、艺术和科学领域内,具有独创性并能以某种有形形式复制的智力创造成果"。作品必须具备以下几项基本要素:

(1) 独创性,指作品须由作者独立创作,而不是抄袭、剽窃、篡改他人的作品,这是著作权客体的首要条件。

(2) 有形性,指作者把自己的思想以一定的形式(如语言、文字、图画、雕刻等)表现出来,使人们能够通过眼、耳、手等视听和触觉器官直接或间接地感知。只有作者将其思想或感情以一定形式表现,才可受到版权保护。

(3) 可复制性,指通常能以物质复制形式表现。复制形式包括印刷、绘画、摄影录制等。

(二) 著作权客体

1. 著作权客体的种类

对著作权客体,我国《著作权法》列举了以下种类:

(1) 文字作品。

(2) 口述作品。

(3) 音乐、戏剧、曲艺、舞蹈、杂技艺术作品。

(4) 美术、建筑作品。

(5) 摄影作品。

(6) 电影作品和类似摄制电影的方法创作的作品。

(7) 工程设计、产品设计图、地图、示意图等图形作品和模型作品。

(8) 计算机软件。

(9) 法律、行政法规规定的其他作品。

我国著作权制度实行作品自动保护原则,即作品一旦完成,作者便享有著作权,而不论作品是否发表。

2. 著作权客体的排除领域

我国《著作权法》规定了著作权客体的排除领域,即不适用《著作权法》保护的范围:

(1) 法律、法规、国家机关的决议、决定、命令和其他具有立法、行政、司法性质的文件及其官方正式译文。

(2) 时事新闻。

(3) 历法、数表、通用表格和公式。

三、著作权的内容

著作权的内容即著作权法律关系的内容,是指作者与其他当事人之间,基于作品的创作、传播和使用所产生的权利和义务,主要包括人身权和财产权。

1. 人身权

具体具有以下人身权利:

(1) 发表权,即决定作品是否公之于众的权利。如果未经作者的同意,擅自发表其作品,就会构成作者著作权人身权的侵犯。

(2) 署名权,即表明作者身份,在作品上署名的权利。作品的署名是作者身份的真实表示,作者也可以在自己的作品上署笔名、别名。

(3) 修改权,即修改或者授权他人修改作品的权利。

(4) 保护作品完整权,即保护作品不受歪曲、篡改的权利。

2. 财产权

著作财产权包括使用权和获得报酬权两个方面。著作权人的财产权具体有:

(1) 复制权,是指以印刷、复印、临摹、拓印、录音、录像、翻录、翻拍等方式将作品制成一份或多份的权利。这是著作权最基本的权能,作者行使著作权集中体现在复制权上。

(2) 发行权,是向公众提供作品或其复制品的权利。发行权既是作品传播的方式,更是实现作品经济价值的途径,可见发行权是一项重要的财产权利。

(3) 展览权,是将作品原件或复制件公开陈列的权利。展览作品既可使已发表的,也可是未发表的。

(4) 表演权,也称公演权,指以声音、表情、动作等创造性地公开再现作品的权利。

(5) 广播权,指通过无线电波、有线电视系统等方式传播或转播作品的权利。

(6) 放映权,是通过放映机、幻灯机等技术设备公开再现美术、摄影和以类似摄制电影的方法创作的作品的权利。

(7) 制片权,也称影视片摄制权,指著作权人享有将其作品摄制成电视、电影、录像等影视作品的权利。

(8) 演绎权,指作者或其他著作权人享有的以其作品为蓝本进行再创作的权利。包括改编权、翻译和注释权、编辑和整理权等。

(9) 出租权,是指有偿许可他人临时使用电影作品和类似摄制电影的方法创作的作品及计算机软件的权利。

(10) 信息网络传播权,是以有线或无线方式向公众提供作品,使公众可在其个人选定的时间和地点获得作品的权利。

(11) 摄制权,是以摄制电影或以类似摄制电影的方法将作品固定在载体上的权利。

人身权和财产权是著作权人的两项基本权能。这两项权能既相互关系又相互独立,是可以分别行使的权利。

四、邻接权

邻接权又称作品传播者权,是指作品的传播者在传播作品过程中产生的权利。表演者对其表演、录音制作者对其制作的录音、广播电视组织对其播放的广播电视节目所享有的专有权利,通称为"邻接权"。邻接权与著作权关系密切但又独立于著作权。

（一）出版者权

出版者权是指出版者对其出版的作品所享有的一系列权利的统称。出版者一般为图书、报刊、期刊等出版单位。出版者与著作权人及其他当事人之间在出版问题上的权利义务关系的调整属于邻接权的范畴。

（二）表演者权

表演者权是指表演者依法对其表演所享有的权利。表演者使用他人作品演出,应取得著作权人许可,并支付报酬。演出组织者组织演出,应取得著作权人许可,并支付报酬。著作权人表演自己的作品不在邻接权的范畴之内。

（三）录音、录像制作者权

录音制品是指任何声音的原始录制品;录像制品是指电影、电视、录像作品以外的任何有伴音或者无伴音的连续相关形象的原始录制品。录音、录像制作者的权利主要是对其制作的录音、录像制品的复制发行权和许可他人复制发行权。

（四）广播组织权

广播组织权是指电台、电视等广播组织对其编制的广播电视节目依法享有的权利。广播电台、电视台使用作品需要支付著作权人报酬;对已经发表的作品,可以不经著作权人许可,但应支付报酬。广播电视组织对其制作的广播、电视节目享有以下权利:

(1) 播放,即对本电台节目的直接播放权。

(2) 许可他人播放,并获得报酬,是一种转播权。

(3) 许可他人复制发行其制作的广播、电视节目,并获得报酬的权利。

广播电台、电视台有权禁止未经其许可的下列行为:

(1) 将其播放的广播、电视转播。

(2) 将其播放的广播、电视录制在音像载体上以及复制音像载体。

以上权利保护期为 50 年,截止于该广播、电视首次播放后第 50 年的 12 月 31 日。

五、著作权的期限、许可与转让

（一）著作权的期限

(1) 作者的署名权、修改权、保护作品完整权的保护期不受限制,具有永恒性。

(2) 公民的作品,其发表权（著作人身权）、使用权和获得报酬权（著作财产权）的保护期为作者终生及其死亡后 50 年,截止于作者死亡后第 50 年的 12 月 31 日。

(3) 法人或者非法人单位享有的职务作品,著作权（署名权除外）由法人或者非法人单位享有的职务作品,其发表权、使用权和获得报酬的保护期为 50 年,截止于作品首次发表后的第 50 年的 12 月 31 日,其作品自创作完成后 50 年内未发表的,《著作权法》将不再保护。

电影、电视、录像和摄影作品的发表权、使用权和获得报酬权的保护期,同样如此。

（二）著作权的许可使用

著作权的许可使用,是指著作权人将自己的作品以一定方式、在一定地域和期限内许可他人使用的行为。《著作权法》规定,当事人可订立许可使用合同,法律规定可以不经许可的除外。

（三）著作权的转让

著作权转让,只著作权人将其作品使用权的一部分或全部在法定有效期限内或无期限地转移给他人的法律行为。转让,是著作权中财产权的转让,著作权中的人身权因与作者人格利益相关,不能分割或转让。著作权转让的当事人也应订立转让合同,以此确认各方的权利与义务。

六、著作权的保护

按法律规定,侵犯著作权、邻接权的,侵权行为者视情节可承担民事责任、行政责任和刑事责任。

1. 侵犯著作权利行为的必备要件

侵犯著作权的行为必须具备两个要件：① 没有法律依据或未经著作权人的许可；② 使用的是受著作权法保护的作品。

2. 侵犯著作权的行为

侵犯著作权的行为包括：

（1）未经他人许可,发表其作品。

（2）未经合作者许可,将与他人合作创作的作品当作自己的单独创作的作品发表。

（3）没有参与创作,为谋取个人名利,在他人作品上署名的。

（4）歪曲、篡改他人作品；使用他人作品,未按规定支付报酬。

（5）剽窃他人作品。

（6）未经著作权人许可,以展览电影和类似摄制电影的方法使用作品,或者以改编、翻译、注释等方式使用作品的。法律另有规定的除外。

（7）使用他人作品,应当支付报酬而未支付的。

（8）未经电影作品和以类似摄制电影的方法创作的作品、计算机软件、录音、录像制品的著作权人或者与著作权有关的权利人的许可,出租其作品的。

（9）未经出版者许可,使用其已出版的图书、期刊的版式设计等等。

（10）未经表演者许可,从现场直播或者公开传送其现场表演,或者录制其表演的。

（11）其他侵犯著作权以及与著作权有关的权益的行为。

3. 法律责任

侵犯著作权的行为人承担的法律责任主要包括：

（1）民事责任,其形式主要有：停止侵害、消除影响,公开赔礼道歉,赔偿损失。

（2）行政责任,其形式主要有：没收非法收入和罚款。

（3）刑事责任,其形式包括有期徒刑、拘役和罚金。刑法规定,侵犯他人著作权以营利为目的,违法所得数额较大或者有其他严重情节的,构成犯罪行为,应承担刑事法律责任。

第 四 编

市场管理法律制度

第十二章　竞　争　法

第一节　竞争法概述

物竞天择，优胜劣汰。竞争是市场经济最本质的特征。改革开放以来，随着市场主体的多元化，主体经济利益的独立化，各市场主体为追求自身利益而展开激烈的竞争，已不可避免地、普遍作用于几乎所有的经济领域和环节。经营者为了使自己能够在市场中生存和发展，利用各种手段参与竞争。有竞争就会有不正当竞争，两者相伴相随。

竞争是市场经济运行机制，竞争对经济发展的作用具有双重性。一方面，竞争给经营者以压力和动力，促进生产技术水平的提高和社会经济的发展；另一方面，经营者的种种不正当竞争行为，包括过度竞争、限制竞争的垄断行为，损害其竞争对手和消费者的正当利益。竞争在一定条件下会走向垄断。而垄断排除竞争，抑制竞争，甚至以消灭竞争为目的。竞争与垄断是相悖的市场行为，都能导致整个市场秩序的紊乱，妨害经济的发展和技术进步。因此，反不正当竞争和反垄断都成为竞争法调整的法律关系的范畴，都需要"看得见的手"，通过法制和规制，来排除危害竞争的行为。这在市场经济国家已形成共识。世界各国都十分重视借助国家强制力来规范、引导竞争机制发挥其积极作用。许多国家都制定反不正当竞争法。比如，美国的《谢尔曼反托拉斯法》《联邦贸易委员会法》《克莱顿反托拉斯法》。在国际领域内，反不正当竞争的法律制度也在不断发展。例如，《保护工业产权巴黎公约》《关贸总协定》《欧洲经济共同体条约》等，都有对不正当竞争行为的法律规定。国际反不正当竞争会议等活动对推进全球范围的反不正当竞争，保护正当的公平竞争均有积极的意义。

调整竞争关系的法律规范即竞争法。竞争法从立法上包括两大部分，即反不正当竞争法和反垄断法。世界各国因不同的社会制度和立法传统，经过一百多年的发展，其竞争立法模式已基本定型。反不正当竞争法与反垄断法调整的都是竞争关系，竞争关系的主体和客体相同，法律所规范的均为经营者在市场中的竞争关系，同时，垄断和不正当竞争都是竞争的消极行为，无论是滥用而引发不正当竞争，还是限制竞争而引发垄断，其结果也都会形成竞争的消极后果。因此，反不正当竞争法和反垄断法两者都强调市场经济应遵循的平等、自愿、公平、诚信等原则，都禁止损害竞争对手和消费者的正当权益。反不正当竞争法与反垄断法之间有着密切的关系，但是在立法思想、调整角度及调整关系等方面也存在着差异。

首先，是立法思想上的差异。在我国经济领域里，不正当竞争行为的普遍存在，这些竞争机制本身所无法克服的消极后果，要求国家以强制力对竞争秩序进行必要的干预，以排除妨害竞争的不正当行为。《反不正当竞争法》正是在促进和保障竞争的同时，起到了抑制竞争中产生的消极影响的作用。竞争的过程也是自然垄断形成的过程。反垄断法的宗旨在于保障企业自由,打击垄断,消除企业间的差别待遇,实现企业间在公正、自由、平等基础上的竞争。

其次,是维护市场秩序的角度差异。反不正当竞争法与反垄断法都是保护公平竞争的重要法律,它们分别从不同的角度来保障和促进公平。反不正当竞争法是从界定各类不正当竞争行为入手,通过制止和制裁不正当竞争行为,避免有失诚信的不正当竞争行为对经营者和消费者的危害,营造自由、公正的竞争秩序,体现的是国家运用法律手段对市场进行微观调控。而反垄断法则是从规范和限制竞争的状态和行为出发,通过对垄断行为的界定,防止少数经营者控制和操纵市场,限制竞争,从而维护经济的自由、民主和公正的竞争秩序,体现国家对市场的宏观调控。

最后,调整对象的差异。竞争法保护对象是所有参与市场竞争的主体。但反不正当竞争法的保护对象更为广泛。经营者无论经济实力强弱、市场份额多少,都可能成为不正当竞争行为的主体。而反垄断所调整的则往往是经济实力强、市场份额大的经营者,通常只有他们才有可能凭借其市场支配地位或交易优势地位实施垄断行为。

我国的竞争法体系主要由《反不正当竞争法》和《反垄断法》构成。早在1987年,我国就已经开始准备将反垄断法和反不正当竞争法作为一部法律来颁布,但是,1993年只颁布了《反不正当竞争法》。当时,一些典型的被各国竞争立法所规范的垄断行为在我国表现得尚不够明显,还没有反垄断的急切性。进入21世纪后,国内外的一系列事件加速了有关部门反垄断法案的起草工作,反垄断法在实践中的迫切性日益明显。《反垄断法》终于在2007年8月30日颁布,并于2008年8月1日起正式实施。至此,我国竞争法体系基本构成。

第二节　反不正当竞争法

一、反不正当竞争法概述

反不正当竞争法,是调整在制止不正当竞争行为过程中发生的法律关系的法律规范的总称。1993年9月2日第八届全国人民代表大会常务委员会第三次会议通过了《中华人民共和国反不正当竞争法》(以下简称《反不正当竞争法》),并于1993年12月1日起施行。这是我国第一部竞争法范畴的法律。

反不正当竞争法颁布之后的20多年里,相关立法相继出台,如1993年《产品质量法》和《消费者权益保护法》颁布。其次是相关行政法规的颁布。1993年国务院、国家工商管理局为实施反不正当竞争法颁布了《关于禁止有奖销售活动中不正当竞争行为的若干规定》;1995年《关于禁止侵犯商业秘密的不正当竞争行为》。各地方政府结合本地情况制定了地方性竞争法规,如1994年《北京市反不正当竞争条例》等。于1993年颁布的《反不正当竞争法》以及相关法律和法规,尽管在实施之初对当时抑制不正当竞争行为起到了积极作用。但改革开放30多年中,我国经济市场化程度大幅提高,经济总量、市场规模、市场竞争程度和竞争状况都发生了极为广泛而深刻的变化。现行的《反不正当竞争法》滞后性逐渐显现。2007年《反垄断法》颁布及2013年、2014年《中华人民共和国商标法》《中华人民共和国广告法》的修订,使现行法律一些问题,诸如内容狭窄陈旧、法律空白点多、行政执法分散、执法标准不统一、处罚力度过弱等问题更为突出,现行法修订已势在必行。2016年4月《反不正当竞争法》修订草案送审,修法已列入全国人大常委会立法计划。作为竞争法的主体法律新的《反不正当竞争法》将有望在近年面世。

二、不正当竞争竞争行为

《反不正当竞争法》的立法宗旨为:"保障社会主义市场经济健康发展,鼓励和保护公平竞争,制止不正当竞争行为,保护经营者和消费者的合法权益"。

不正当竞争行为,是指经营或参与商品生产、经营提供服务的自然人、法人和其他组织,违反《反不正当竞争法》规定,损害其他经营者的合法权益,扰乱社会经济秩序的行为。在我国的经济活动中,各种不正当竞争行为尤以制造销售假冒商品、制作发布虚假广告、商业贿赂行为最为突出。不正当竞争行为直接或间接地侵害其他经营者的财产权、知识产权、公平竞争权和经营权等合法权益,不仅严重阻碍了市场功能的正常发挥,而且破坏了健康的市场机制的形成甚至毒化社会风气。我国《反不正当竞争法》借鉴各国普遍予以禁止的不正当竞争行为,结合国情,对经济活动中危害严重的不正当竞争行为作出了界定。

（一）假冒或仿冒

假冒或仿冒行为,是指经营者违背诚实信用的原则,采用假冒或仿冒等手段使其商品与他人商品发生混淆,损害竞争对手的行为。根据《反不正当竞争法》第5条规定,属于这类不正当竞争行为主要表现为以下四类情况。

1. 假冒他人注册商标

商标是商品和商业服务的标记。它是商品生产者或经营者用以标明自己所生产或销售的商品和商业服务者用以标明自己提供的服务,与他人生产或销售的同类商品和提供的同类服务相区别的标记。经商标局核准注册并刊登在商标公告上的商标称为注册商标。商标注册人对已经注册的商标享有法律保护的专用权,未经其许可,任何人都不得在同一种商品、同一种服务或者类似商品、类似服务上使用与其注册商标相同或近似的商标。假冒他人注册商标行为不仅侵害注册商标所有人的权益,也损害消费者和社会公众的利益,不仅是一种典型的不正当竞争行为,而且违反《商标法》规定的侵犯注册商标专用权,即商标侵权行为。

2. 仿冒知名商品特有的名称、包装、装潢

擅自使用知名商品特有的名称、包装、装潢,或者使用与知名商品近似的名称、包装、装潢,造成与他人的知名商品相混淆,使购买者误认为是该知名商品。商品的名称、包装、装潢是该商品特有的外表特征,是区别于其他商品的重要标志,同时也在一定程度上反映经营者的商业信誉和商品声誉,对知名商品则伤害更甚。

根据《反不正当竞争法》的规定构成这一行为,必须同时具备以下条件:

（1）知名商品的界定。被擅自使用的名称、包装、装潢既是非普通商品的,也是知名商品所特有的,否则,不构成不正当竞争行为。所谓知名商品,是指在社会公众的相关群体中享有一定知名度的商品。判断商品是否为知名商品不是以全社会所有人是否知晓该商品为依据,而是从该商品在相关的市场领域及相关公众群体中有较高的知名度为依据。

（2）该商品的名称、包装、装潢必须为知名商品所特有。所谓特有的名称、包装、装潢,是指经营者为自己的商品独创的有显著特点的名称、包装、装潢是该商品与其他商品相区别的标志。

（3）该不正当竞争行为的具体表现既可以作相同使用，即使用与他人知名商品相同的名称、包装、装潢，也可以类似使用，即使用与该知名商品类似的名称、包装、装潢。

3. 擅自使用他人的企业名称或者姓名，引人误认为是他人的商品

企业名称或者姓名是经营者的营业标志，是显示经营者的营业或服务活动的外在特征，反映了企业的商业信誉和商品声誉。根据有关法规规定，企业名称或姓名属于经营者的无形资产，企业对其名称依法享有专用权，受到法律保护。任何单位和个人未经许可不得擅自使用，否则就构成侵权。盗用他人的商业信誉是典型的不正当竞争行为。

4. 虚假质量标识行为

虚假质量标识行为，是在商品上伪造或冒用认证标志等质量标志，伪造产地，对商品作引人误解的虚假表示，欺骗购买者的不正当竞争行为。根据反不正当竞争行为法的规定，这类行为有以下三种情况：

（1）在商品上伪造或冒用认证标志等质量标志。认证标志是质量认证机构准许经其认证产品质量合格的企业在产品或者包装上使用的质量标志。

（2）伪造产地。产地是指商品的加工、制造或商品生产者的所在地。

（3）对商品质量作引人误解的虚假表示。这是指对反映商品质量的各种因素不作标注或作不真实的标注，使消费者无法了解商品的真实情况，从而发生误认、误购的行为。这一不正当竞争行为是凭借伪造或冒用认证标志、名优标志、伪造产地等手段，以假乱真，趁机推销其商品，损害其他经营者和购买者的合法权益，扰乱正常的社会秩序。

这些假冒行为的共同之处是，假冒者通过虚假手段，误导消费者将其产品当作名优产品而购买，从而违背了经营者应当遵循的诚实信用原则。在实践中，由于知名商品的名称、包装、装潢对消费者有着很强的引导作用，有些企业就将假冒作为首选的不正当竞争手段。假冒行为一方面是对经营者权利的侵犯，因为企业的名称和注册商标，知名商品的名称、包装、装潢等都是企业的无形资产，一旦被他人假冒使用，权利人便失去了竞争优势，影响了市场销售。此外，假冒产品一般都是劣质产品，从而严重败坏被侵权人的商业信誉和产品声誉。另一方面，假冒是对消费者的欺诈，它会误导一大片消费者，影响范围大，是对消费者危害最甚的行为，从而被称为社会公害。对于假冒行为，我国的《商标法》《专利法》《产品质量法》等也有相应规定，对注册商标专用权的侵权行为作了处罚规定。

（二）商业贿赂

商业贿赂是指经营者在市场交易活动中，通过暗中给付财物或采取其他手段收买交易对象或有关人员，以获得交易机会或占据市场优势的行为。凡诱使其为经营者谋取交易机会或者竞争优势，给付或者承诺给付经济利益的，是商业行贿。收受或者同意收受经济利益的，是商业受贿。

商业贿赂行为通常同时具备以下三个要件：

第一，商业贿赂的行为人采用财物或者其他手段实施贿赂，在主观上是出自故意和自愿而进行的行为。不是故意的过失行为不可能构成商业贿赂。

第二，商业贿赂的目的是为了销售或购买商品。

第三，行贿人是经营者。

商业贿赂往往通过秘密方式进行，向有关人员支付的款项或提供的优惠，既不向有关的领导或其他人员报告，又违反国家有关财务、会计及廉政等方面的法律规定。其形式除

了金钱回扣外,还包括提供出国考察、免费旅游或度假、房屋装修、高档宴席、色情服务、赠送昂贵礼品,以及解决子女或亲属入学、就业等多种方式。

商业贿赂行为使其他经营者失去了公平竞争的机会,还是贪污和经济犯罪分子的温床,败坏社会的风气。以贿赂推销的商品大多是假冒伪劣商品,严重损害了消费者的利益。为此,法律规定,经营者不得实施下列商业贿赂行为:在公共服务中或者依靠公共服务谋取本单位、部门或个人经济利益;经营者之间未在合同及会计凭证中如实记载而给付经济利益;给付或者承诺给付对交易有影响的第三方以经济利益,损害其他经营者或消费者合法权益。

以暗中给回扣的方式进行商业贿赂与经济活动中的佣金不同。所谓回扣,是指在市场交易过程中,经营一方从交易所得的价款中提取一定比例的现金或额外以定额的酬金支付给对方单位或个人的金钱或有价证券。回扣一般有以下基本特征:

(1) 回扣发生在交易双方当事人之间。

(2) 回扣是在账外暗中支付的。

(3) 回扣的形式是支付酬金,包括货币和有价证券,并且支付方和收受方都不入账。

(4) 回扣的目的是为了获取不正当利益。

《反不正当竞争法》第8条规定,经营者不得采取财物或者其他手段进行贿赂以销售或者购买商品。在账外暗中给予对方单位或者个人回扣的,以行贿论处,对方单位或者个人在账外暗中收受回扣的,以受贿论处。但是,经营者销售或者购买商品,可以以明示方式给对方折扣,可以给中间人佣金。经营者给对方折扣、给中间人佣金的,必须如实入账,接受折扣、佣金的经营者必须如实入账。可见,《反不正当竞争法》是将秘密给付对方好处,来获取竞争优势的行为列为不正当竞争行为,并予以禁止。

(三) 虚假宣传

虚假宣传行为是指经营者利用广告或其他方法,对商品的质量、制作成分、性能、用途、生产者、有效期限、产地等进行引人误解的虚假宣传的行为。

引人误解的虚假宣传,既包括虚假宣传,也包括引人误解的宣传。虚假宣传是指商品的宣传内容与商品的真实情况不符。而引人误解的宣传则是指可能使宣传对象或受宣传影响的人对商品的真实情况产生错误的理解,从而影响其购买决策的商品宣传。一般情况下,对虚假宣传的认定较容易,即视其宣传的内容是否与商品的真实情况相一致。但对引人误解的宣传的认定就不容易了。有些宣传从表面上看是真实的,却可能产生引人误解的后果。所以,认定引人误解的宣传要以一般的社会公认的合理判断为依据。

引人误解的虚假宣传与在商品上对商品质量作引人误解的虚假表示这两种不正当竞争行为,在内容上有许多相似之处,所不同的是前者利用广告或者其他类似方法作虚假宣传,而后者则在商品或其包装、标签上作引人误解的虚假表示。

广告是商业竞争的重要手段,内容上夸大失真、无中生有、引人误解的广告不仅会误导消费者,严重损害消费者的利益,而且还会影响其他经营者的销售,使他们失去公平竞争的机会,因而也是不正当的竞争行为。

《反不正当竞争法》第9条规定,"经营者不得利用广告或者其他方法,对商品的质量、制作成分、性能、用途、生产者、有效期限、产地等作引人误解的虚假宣称。广告的经营者不得在明知或应知的情况下,代理、设计、制作、发布虚假广告"。我国1994年10月颁布的《中华人民共和国广告法》(以下简称《广告法》)也是以维护公平竞争和保护消费者的合法权益为宗旨,如《广告法》第 4 条规定,"广告不得含有虚假的内容,不得欺骗和误导消费者";第 12 条规定:"广告不得贬低其他市场经营者的商品或服务";第 21 条规定:"广告主、广告经营者、广告发布者不得在广告活动中进行任何形式的不正当竞争"。

(四)侵犯商业秘密

所谓"商业秘密",是指不为公众所知悉,能为权利人带来经济利益,具有实用性并经权利人采取保密措施的技术、信息和经营信息。在我国,商业秘密既包括技术信息业,又包括经营信息。其内容较为广泛,前者如投资计划、财务计划、销售渠道等,后者如经营者的生产工艺、配方或技术诀窍等。称为商业秘密的技术信息和经营信息必须具备三个基本条件:

(1)秘密性,是指技术信息和经营信息未经公开或不为公众所知晓,秘密性是商业秘密的本质特征。

(2)实用性,是指技术信息和经营信息能给权利人带来实际的或潜在的经济利益和竞争优势。实用性是商业秘密的价值所在。

(3)保密性,是指权利人对技术信息和经营信息采取了保密措施。权利人是否采取保密措施,不仅是某项信息能否成为商业秘密的条件,也是寻求法律保护的前提。

商业秘密对权利人的生产或经营活动有着极其重要的意义,代表着权利人在生产和经营活动中的竞争优势和竞争潜力。因此,侵犯商业秘密是严重不正当竞争行为。

《反不正当竞争法》第 10 条规定的侵犯商业秘密行为包括:

(1)以盗窃、利诱、胁迫或者其他不正当手段获取权利人的商业秘密。

(2)披露、使用或者允许他人使用以前项手段获得的权利人的商业秘密。

(3)违反约定或者违反权利人有关保守商业秘密的要求,披露、使用或者允许他人使用其所掌握的商业秘密。第三人明知或者应知前款所列违法行为,获取、使用或者披露他人的商业秘密,视为侵犯商业秘密。

一些发达国家对侵犯商业秘密的不正当竞争行为予以高度重视,其立法也较为完善,如美国就有比较完善的商业秘密立法。

(五)倾销

倾销是指经营者以排挤竞争对手为目的的,以低于成本的价格销售商品的行为。价格竞争是市场竞争的主要方式,是经营者经营自主权的体现。然而,如果经营者以排挤竞争对手为目的,将商品价格降到成本之下,则构成不正当竞争行为。该不正当竞争行为的要件有:

(1)行为的主体是处于卖方地位的经营者。

(2)该行为具有明显的主观目的性,即为了将竞争对手挤出一定的市场,或者是为了阻止其他新的竞争对手进入市场。

(3)其行为的表现,就是以低于成本的价格销售商品。

在有些情况下,经营者实施了以低于成本的价格销售商品的行为,但目的不是为了排挤竞争对手,而是为了解决自己的一些困难,则不能视为不正当竞争行为。《反不正当竞争法》第 11 条规定,有下列情形之一的,不属于不正当竞争行为:

(1)销售鲜活商品。

(2)处理有效期限即将到期的商品或者其他积压的商品。

（3）季节性降价。

（4）因清偿债务、转产、歇业降价销售商品。

（六）搭售或附加不合理条件交易

所谓搭售商品或者附加不合理条件，通常是指经营者利用其经济优势或便利条件违背购买者的意愿，在销售某种商品或提供某种服务时，要求购买者购买另一种商品或接受另一种服务，或者就商品或服务的价格、销售条件、销售地区等进行不合理的限制。

《反不正当竞争法》第12条规定，经营者销售商品不得违背购买者的意愿搭售商品或附加其他不合理的条件。搭售是指经营者出售商品时，强迫对方同时购买另一商品，或接受某种服务。附条件交易如限制向第三方销售或者限制转销价格。

搭售或附条件交易之所以构成不正当竞争行为，是因为当事人利用相对优势地位，没有正当理由实施不公平交易行为。比如在交易过程中，交易一方在资金、技术、市场准入、销售渠道和原材料采购等方面处于优势地位，交易相对方对其具有依赖性，难以转向其他经营者。它们限制了买方或者消费者的自主权，违反了商业交易应遵循的自愿和平等的原则，这不仅损害了买方和消费者的权益，同时也妨碍了其他经营者的公平竞争。

搭售商品或者附加不合理条件的行为只有在违背购买者意愿的情况下才构成不正当竞争行为。构成这一行为一般应具备以下条件：

（1）交易所附加的条件违背购买者意愿，如限定交易相对方购买其指定的商品。

（2）限定交易相对方与其他经营者的交易条件；滥收费用或者不合理地要求交易相对方提供其他经济利益，附加其他不合理的交易条件该搭配销售或所附加的其他条件不合理。

（3）行为人主观上出于故意。

（4）行为人具有并利用了优势。

（七）不正当有奖销售

不正当有奖销售行为，是指经营者利用金钱、物质或其他利益引诱购买者与之交易，以排挤竞争对手的行为，主要包括附赠式有奖销售和抽奖式有奖销售两种形式。

有奖销售有正当和不正当之分。前者符合惯例和商业道德且限定在一定范围内，其商品质量可靠，价格合格，可以起到活跃市场、促进公平竞争的积极作用；特别是在企业初创阶段，有奖销售可提高经营者的知名度，扩大市场占有率。但是，违背商业道德或超过一定范围采取不正当手段进行有奖销售，不仅会损害其他经营者的合法权益，损害消费者的利益，而且会造成对竞争秩序的破坏。所以，我国《反不正当竞争法》并没有简单地全部否定有奖销售，而是禁止以下三种形式的有奖销售：

（1）欺骗性的有奖销售行为，即采用谎称有奖销售或者故意让内定人员中奖的欺骗方式进行有奖销售。

（2）利用有奖销售的手段推销质次价高商品的行为，即采用有奖销售的目的，是为了推销质次价高的商品。简言之，名为有奖销售，实为变相涨价。至于所推销的商品是否属于质次价高，应由有关主管机关根据相应的规定加以认定。

（3）巨奖销售行为。根据《反不正当竞争法》的规定，抽奖式的有奖销售最高奖的金额超过5 000元的行为，即为巨奖销售行为。《反不正当竞争法》之所以对抽奖式有奖销售的最高奖的金额作出限制，是因为巨奖销售会引发消费者的暴利心理、传递错误的市场信息、妨碍市场机能的正常发挥、破坏正常的市场竞争秩序。

（八）商业诋毁

商业诋毁行为是指经营者捏造、散布虚伪事实，损害竞争对手的商业信誉或商品声誉的行为。商业信誉主要包括经营者的信用、资产、经营能力和经营作风等，商业声誉则是指商品的质量、性能、效用等。良好的商业信誉和商品声誉有利于经营者开拓市场，扩大交易，提高市场占有率。因为商业信誉和商品声誉对经营者至关重要，那些为抬高自己，以造谣、诽谤为手段损害竞争对手的商业信誉和商品声誉的做法，削弱了竞争对手的竞争能力，破坏了竞争对手的正常经营活动，甚至导致竞争对手一时处于绝境。这种严重违反商业道德的不正当竞争行为的关键，是违法者"捏造和散布虚伪事实"，即散布有损竞争对手的言词。

（九）串通招标、投标

串通招标、投标是指投标过程中，投标人私下恶意串通、抬高标价或压低标价，或者投标人与招标人之间相互勾结以排挤竞争对手的不公平竞争行为。

招标、投标是招标人在规定的时间、地点、发出征询最佳报价和最优承包人的招标通告，投标人根据自己的经营能力，按招标条件提出投标书，再由招标人开标、认标、决标，择定最优中标者的交易方式。招投标是一项竞争性很强的活动，招标人与投标人串通勾结，排挤竞争对手，便会扼杀经济活动中的公平竞争。

《反不正当竞争法》第15条规定，投标者不得串通投标，抬高标价或者压低标价。投标者和招标者不得相互勾结，以排挤竞争对手的公平竞争。由此可见，我国法律禁止的串通招投标行为主要有：

（1）投标者之间相互串通，或联合抬高标价以损害招标者利益，或共同故意压低标价以排挤侵害其他投标者。

（2）投标者与招标者相互勾结，采取垄断招标、歧视其他投标者，或以泄漏标底、明招暗定等方式进行排挤竞争对手的不公正招标。

（十）公用企业或其他依法具有独立地位的经营者强制交易

由于《反不正当竞争法》颁布实施时，反垄断尚处酝酿阶段，因此在《反不正当竞争法》的法律条文中对情况严重的公用企业垄断和行政垄断进行了规定。公用企业或其他独占地位的经营者，限定他人购买其指定的经营者的商品，排挤其他经营者公平竞争的行为违法行为。所谓公用企业，主要是指电力、自来水、煤气、通讯、公共交通运输等领域的企业。所谓"依法具有独占地位的经营者"，是指在特定领域及特定市场上，经营者处于无竞争状态或取得了压倒性的排除竞争的能力。例如，有关部门通过制定规范性文件来规定某一特定领域的特定商品只能由某一经营者生产经营，该经营者即具有了独占的地位。所以，享有独占地位的经营者实施这一行为就限制了用户、消费者的自由选择权，将生产同类商品的其他经营者完全排斥在特定的市场之外，妨碍了市场的公平竞争机制的正常运行，因此为《反不正当竞争法》所禁止。

（十一）政府及其所属部门滥用行政权力限制竞争

行政性垄断是我国经济生活中比较明显的问题，根据《反不正当竞争法》第7条规定，政府及其所属部门滥用行政权力限制竞争的行为是：

（1）限定他人购买其指定的经营者的商品。

(2)限制其他经营者正当的经营活动。

(3)限制外地商品进入本地市场。

(4)限制本地商品流向外地市场。

滥用行政权力限制竞争行为的主体不是经营者,而是政府机关,包括政府及其所属部门。这种行为的客体,是指在市场上自主经营的经营者的商品,而不是政府及其所属部门的管理活动。比如,政府及所属部门明文规定或公开要求他人购买自己指定的经营者的产品。这是一种滥用行政权力,限制其他经营者的不正当竞争。然而,如果是专营、专卖品,政府或其职能部门所作的销售限定就是合法行使职权,不属于滥用行政权力限制竞争的活动。

其中,前两类限制竞争行为属于超经济强制交易行为;后两类限制竞争行为通常被称为地区封锁。滥用行政权力限制竞争行为,阻碍市场竞争机制正常地发挥调节作用,以致阻碍全国统一市场的形成,而且使市场自身的运行规则屈从于行政干预,影响经济健康发展,还易产生权钱交易、官商勾结等腐败现象。因此,《反不正当竞争法》从我国国情出发,将滥用行政权力限制竞争行为定性为不正当竞争行为予以制止。

在《反不正当竞争法》修改草案中,把利用软件等技术手段在互联网领域干扰、限制、影响其他经营者及用户的行为,纳入了反不正当竞争法规制的范围。对利用互联网技术侵权行为作出了规定。提出了经营者不得利用网络技术或者应用服务实施下列影响用户选择、干扰其他经营者正常经营的行为:未经用户同意,通过技术手段阻止用户正常使用其他经营者的网络应用服务;未经许可或者授权,在其他经营者提供的网络应用服务中插入链接,强制进行目标跳转;误导、欺骗、强迫用户修改、关闭、卸载或者不能正常使用他人合法提供的网络应用服务;未经许可或者授权,干扰或者破坏他人合法提供的网络应用服务的正常运行。

三、不正当竞争行为的监督检查

对不正当竞争行为的监督检查,是指依据《反不正当竞争法》规定的主体,采用行政、经济、法律等手段,制止不正当竞争行为。《反不正当竞争法》确认了工商行政管理部门对不正当竞争行为的一般管辖权,同时规定了相关部门也可以依照法律、行政法规的规定对属于不正当竞争性质的违法行为进行监督检查。根据我国《反不正当竞争法》规定,监督检查部门在监督检查不正当竞争行为时,有权行使下列职权。

1. 询问权

按照规定程序询问被检查的经营者、利害关系人、证明人,并要求提供证明材料或者与不正当竞争行为有关的其他资料。

2. 查询、复制权

查询、复制与不正当竞争行为有关的协议、账册、单据、文件、记录、业务函电和其他资料。

检查与商标侵权或者相关的其他侵权的不正当竞争行为有关的财物,必要时可以责令被检查的经营者说明该商品的来源和数量,暂停销售,听候检查,不得转移、隐匿、销毁该财物。

同时,法律规定,监督检查部门工作人员在监督检查不正当竞争行为时,应当出示检查证件;被检查的经营者、利害关系人和证明人应当如实提供有关资料或情况。

检察机关获取不正当竞争行为信息及线索的渠道或途径主要包括四个方面:① 日常监管;② 群众举报;③ 受害人申请;④ 上级机关交办或有关部门移送。

法律规定监督检查部门在调查不正当竞争行为时,被调查的经营者、利害关系人或者其他有关单位、个人应当如实提供有关资料或者情况,配合监督检查部门依法履行职责,不得拒绝、阻碍监督检查。根据《反不正当竞争法》修订稿,对监督检查部门依法实施的调查,非因法定事由拒绝提供有关资料、情况,提供虚假资料、情况,隐匿、销毁、转移证据,或者有其他拒绝、阻碍调查行为的,由监督检查部门责令改正,处以 2 万元以上 20 万元以下的罚款。实施过罚相当的原则,加重了对违法行为的处罚力度。

国家鼓励、支持和保护一切组织和个人对不正当竞争行为进行社会监督,鼓励人民群众、社会团体及媒体对不正当竞争行为的监督,以及对行政执法机关及其工作人员履行职责情况的监督。任何国家工作人员都不得支持、包庇不正当竞争行为。

四、法律责任

违反《反不正当竞争法》、实施不正当竞争行为应当承担相应的法律责任。不正当竞争行为的法律责任,主要包括民事责任、行政责任和刑事责任。

1. 民事责任

不正当竞争行为首先侵犯的是他人的民事权益,因此,我国《反不正当竞争法》第 20 条规定:"经营者违反本法规定,给被侵害的经营者造成损害的,应当承担损害赔偿责任,被侵害的经营者的损失难以计算的,赔偿额为侵权人在侵权期间因侵权所获得的利润;并应当承担被侵害的经营者因调查该经营者侵害其合法权益的不正当竞争行为所支付的合理费用。被侵害的经营者的合法权益受到不正当竞争行为损害的,可以向人民法院提起诉讼。"民事责任突出了保护合法经营者受到实际损害时的补偿。

2. 行政责任

行政责任在《反不正当竞争法》中具有重要意义,它体现了政府对市场竞争活动的干预以及对竞争中涉及的社会公共利益的保护。行政责任的形式主要包括警告、罚款、责令停止违法行为、没收违法所得、没收非法财物、责令停产停业暂扣或吊销营业执照、行政拘留等。但《反不正当竞争法》最常用的是责令停止违法行为、罚款等。

根据法律规定,经营者因违法承担行政法律责任的情况有:

(1) 经营者假冒他人注册商标,擅自使用他人的企业名称或者姓名的,伪造或冒用认证标志、名优标志等质量标志,伪造产地,对产品质量作引人误解的虚假表示的,依照《中华人民共和国商标法》和《中华人民共和国产品质量法》的规定处罚。行政责任主要包括责令停止违法行为,责令改正、消除影响、没收违法所得、罚款,以及吊销营业执照等形式。还规定了对有关国家机关工作人员违法行为的行政处分。

经营者擅自使用知名商品特有的名称、包装、装潢,或者使用与知名商品相混淆,使购买者误认为是该知名商品的,监督检查部门应当责令停止违法行为,没收违法所得,可以根据情节处以违法所得 1 倍以上 3 倍以下的罚款;情节严重的,可以吊销营业执照。

(2) 经营者采用财物或者其他手段进行贿赂以销售或者购买商品的,监督检查部门可以根据情节处以 1 万元以上 20 万元以下的罚款。有违法所得的,予以没收。

（3）公用企业或者其他依法具有独占地位的经营者限定他人购买其指定的经营者的商品，以排除其他经营者的公平竞争的，省级或者设区的市的监督检查部门应当责令其停止违法行为，可以根据情节处以 5 万元以上 50 万元以下的罚款；被指定的经营者借此销售质次价高的商品或者滥收费用的，监督检查部门应当没收非法所得，可以根据情节处以违法所得 1 倍以上 3 倍以下的罚款。

（4）经营者利用广告或者其他方法，对商品作虚假宣传，监督检查部门应当责令其停止违法行为，消除影响，可以根据情节处以 1 万元以上 20 万元以下的罚款。

广告经营者，在明知或应当知道的情况下，代理、设计、制作、发布虚假广告的，监督检查部门应当责令其停止违法行为，没收违法所得，并依法处以罚款。

（5）侵犯他人商标秘密的，监督检查部门应责令其停止违法行为，可以根据情节处以 1 万元以上 10 万元以下的罚款。

（6）投标者串通投标、抬高标价或者压低标价；投标者和招标者相互勾结，以排挤竞争对手公平竞争的，其中标无效。监督检查部门可以根据情节处以 1 万元以上 20 万元以下的罚款。

（7）公用企业或其他依法具有独占地位的经营者限定他人购买其指定的经营者的商品、限制其他经营者正当的经营活动，或者限定商品在地区之间正常流通的，由上级机关责令其改正；情节严重的，由同级或者上级机关对直接责任人员给予行政处分。被指定的经营者借此销售质次价高商品或者滥收费用的，监督检查部门应当没收违法所得，可以根据情节处以违法所得 1 倍以上 3 倍以下的罚款。

（8）经营者进行不正当有奖销售的，监督检查部门应当责令停止违法行为，可以根据情节处以 1 万元以上 10 万元以下的罚款。

（9）经营者因违反被责令暂停销售，不得转移、隐匿、销毁与不正当竞争行为有关的财物的行为的，监督检查部门可以根据情节处以被销售、转移、隐匿、销毁财物的价格的 1 倍以上 3 倍以下的罚款。

以上当事人对监督检查部门作出的处罚决定不服的，可以自收到处罚决定之日起 15 日内向上一级主管机关申请复议；对复议决定不服的，可以自收到复议决定书之日起 15 日内向人民法院提起诉讼，也可以直接向人民法院提起诉讼。

政府及其所属部门违反法律规定，限定他人购买其指定的经营者的商品，限制其他经营者正当的经营活动，或者限制商品在地区之间正常流通的，由上级机关责令其改正；情节严重的，由同级或上级机关对直接责任人员给予行政处分。被指定的经营者借此销售质次价高商品或者滥收费用的，监督检查部门应当没收违法所得，可以根据情节处以违法所得 1 倍以上 3 倍以下罚款。

3. 刑事责任

销售伪劣商品，以及采用财物或者其他手段进行贿赂以销售或者购买商品，构成犯罪的，依法追究刑事责任。根据《反不正当竞争法》和我国《刑法》的规定，对下列不正当竞争行为追究刑事责任：

（1）贿赂。为谋取不正当利益，向公司、企业的工作人员行贿数额较大的，处 3 年以下有期徒刑，并处罚金。公司、企业工作人员利用职务之便，收受他人回扣或财物的，依收受金额大小可处 5 年以下（数额较大）有期徒刑或者拘役或 5 年以上（数额巨大）有期徒刑，可以并处没收财产。依《刑法》第 385 条和第 386 条的规定,国有企业工作人员受贿从重处罚。

(2) 假冒商标。侵犯商标权或销售明知是假冒商标的商品,情节严重的,处以 3 年以下有期徒刑或者拘役,并处或单处罚金;情节特别严重的,处 3 年以上 7 年以下有期徒刑,并处罚金。

(3) 假冒专利。假冒他人专利,情节严重的,处 3 年以下有期徒刑,并处或者单处罚金。

(4) 侵犯著作权。以营利为目的的侵犯他人著作权或者销售侵权复制品,如果违法数额较大或者有其他严重情节的,处 3 年以下有期徒刑或者拘役,并处或单处罚金;违法所得数额巨大或者有其他特别严重情节的,处 3 年以上 7 年以下有期徒刑,并处罚金。

(5) 侵犯商业秘密。因侵犯商业秘密给权利人造成重大损失的,处 3 年以下有期徒刑或者拘役,并处或者单处罚金;造成特别严重后果的,处 3 年以上 7 年以下有期徒刑,并处罚金。

(6) 虚假广告。广告主、广告经营者、广告发布者利用广告做虚假宣传,情节严重的,处 3 年以下有期徒刑或者拘役,并处或者单处罚金。

国家机关工作人员在监督检查不正当竞争行为时滥用职权、玩忽职守,构成犯罪的,依法追究刑事责任;不构成犯罪的,给予行政处分。

国家机关人员在监督检查不正当竞争行为时徇私舞弊的,对明知有违反《反不正当竞争法》规定构成犯罪的经营者故意包庇不使其受追诉的,依法追究刑事责任。

第三节　反垄断法

一、反垄断法概述

1. 垄断

垄断(Monopoly)一词源于《孟子》:"必求垄断而登之,以左右望而网市利"。原指站在市集的高地上操纵贸易,后来泛指把持和独占。在经济学的语境下,垄断指少数大企业,通过协定、同盟、联合、参股等方法,操纵与控制一个或几个部门的商品生产或流通和价格,以获取高额利润。法律意义上的垄断是与反垄断法的产生相随。根据美国《布莱克法律词典》的界定,垄断是指:"一个或几个私人或公司享有特权,或市场优势,对某一特定市场或贸易实施的排他性控制,或对某一特定产品的生产、销售、供应的全部控制"。"垄断还表现为一个或少数几个企业支配产品或服务的销售市场的结构状态。"世界各国对垄断的定义并不一致。

垄断导致市场由于缺少竞争压力和发展动力,加之缺乏有力的外部制约监督机制,垄断性行业的服务质量往往令人难以满意,经常会违背市场法则、侵犯消费者公平交易权和选择权。反垄断是禁止垄断和贸易限制的行为,是当一个公司的营销呈现垄断或有垄断趋势的时候,国家政府或国际组织的一种干预手段。在 19 世纪末期,反垄断成为了各国规制的对象,一些国家均采取严厉的立法来进行反垄断的法律规制。中国自加入 WTO 以后也积极担负起反垄断的责任。

2. 反垄断法

依据我国反垄断法,垄断行为是指排除、限制竞争以及可能排除、限制竞争的行为。反垄断法是反对垄断和保护竞争的法律制度。它是市场经济国家基本的法律制度。反垄断法的使命就是防止市场上出现垄断，以及对具有垄断地位企业进行监督，防止它们滥用市场优势地位。美国早在一百多年前已经颁布了这类法律。1865 年美国南北战争结束后，随着全国铁路网的建立和扩大，原来地方性和区域性的市场迅速融为全国统一的大市场。大市场的建立推动了经济的迅速发展，同时也推动了垄断组织，即托拉斯的产生和发展。1879 年，美孚石油公司即美国石油业第一个托拉斯建立，托拉斯由此在美国成为不受控制的经济势力。过度经济集中使垄断组织滥用市场势力，也使市场普遍失去了活力。在这一背景下，1890 年《谢尔曼法》(Sherman Act)诞生。这是世界上最早的反垄断法。

从《谢尔曼法》问世到第二次世界大战结束期间，美国在 1914 年颁布了《克莱顿法》和《联邦贸易委员会法》。第二次世界大战结束后，在美国的督促和引导下，日本 1947 年颁布了《禁止私人垄断和确保公正交易法》，德国于 1957 年颁布了《反对限制竞争法》。1958 年生效的《欧洲经济共同体条约》等规则把控制企业合并作为欧共体竞争法的重要内容。1990 年意大利颁布了反垄断法。

我国反垄断法从 1994 年被列入第八届全国人大常委会立法规划到法律出台，经历了漫长的 13 年。这是由于我国正处于经济转轨时期，对建立一种崇尚竞争和反对垄断的法律制度有认知上的过程，再则反垄断法的制定还涉及多方利益博弈。当下的市场竞争是全球经济背景下的竞争，中国反垄断法的制定不仅要面对国内市场的竞争，还要面对全球市场的竞争，既要借鉴国外立法经验和吸收国际惯例，又要适合国情。虽经历艰难历程，2007 年 8 月《中华人民共和国反垄断法》(以下简称《反垄断法》)终于颁布，并于 2008 年 8 月 1 日正式实施。《反垄断法》的颁布与实施，标志着以《反不正当竞争法》和《反垄断法》为主体的竞争法律制度的基本形成，我国社会主义市场机制得到进一步完善。

2012 年 5 月，最高人民法院发布了《关于审理因垄断行为引发的民事纠纷案件应用法律若干问题的规定》，这是最高人民法院在反垄断审判领域出台的第一部司法解释，于同年 6 月 1 日开始正式实施。这部司法解释明确了起诉、案件受理、管辖、举证责任分配、诉讼证据、民事责任及诉讼时效等问题。对于司法实践具有重要的指导意义。

3.《反垄断法》的适用

任何一部法律都有特定的适用范围。《反垄断法》规定："中华人民共和国境内经济活动中的垄断行为，适用本法。"通常，一国的法律适用仅限于本国境内。但我国《反垄断法》的适用背景在于经济全球化，在我国逐渐成为世界第二大经济体的过程中，与各国经济交往和涉外经济活动日益频繁。所面临的已不仅仅是国内的反垄断问题。为此，我国《反垄断法》第 3 条规定："中华人民共和国境外的垄断行为，对境内市场产生排除、限制影响的，适用本法。"这便是反垄断域外效力的法律依据。

世界各国通常在反垄断立法中会特别规定，对某些领域和情形不适用反垄断法。对此，我国的规定是，对知识产权和农业生产领域不适用反垄断法。例如专利权，它是一种具有公开性的独占权，独占使用是其本身的基本属性。从这个意义上说，知识产权不构成垄断。《反垄断法》规定："经营者依据有关知识产权法律、行政法规行使知识产权的行为，不适用本法。"对于农业来说，《反垄断法》规定："农业生产者及农村经济组织在农产品生产、加工、销售、运输、储存等经营活动中实施的联合或者协同行为，不适用本法。"

域外效力和对知识产权、农业的适用限制，是反垄断法在法律适用范围上的特点明显。

二、垄断行为与法律规制

《反垄断法》界定的垄断行为包括:经营者达成垄断协议、经营者滥用市场支配地位、具有或者可能具有排除、限制竞争效果的经营者集中。

(一)垄断协议

垄断协议是指两个或者两个以上的经营者(包括行业协会等经营者团体),通过协议或者其他协同一致的行为,实施固定价格、划分市场、限制产量、排挤其他竞争对手等排除、限制竞争的行为。《反垄断法》规定:"本法所称垄断协议,是指排除、限制竞争的协议、决定或者其他协同行为。"垄断协议由经营者之间对价格达成协议,对市场作出划分,对其他经营者的市场进入设置障碍,限制了市场竞争,破坏开放、竞争、有序的市场体系。正因为此,各国反垄断法均禁止垄断者协议行为。

经营者可以通过公平竞争、自愿联合,依法实施集中,扩大经营规模,提高市场竞争能力,但不能实施垄断协议。

1. 横向垄断协议

《反垄断法》禁止具有竞争关系的经营者达成下列垄断协议:

(1) 固定或者变更商品价格。

(2) 限制商品的生产数量或者销售数量。

(3) 分割销售市场或者原材料采购市场。

(4) 限制购买新技术、新设备或者限制开发新技术、新产品。

(5) 联合抵制交易。

(6) 国务院反垄断执法机构认定的其他垄断协议。

2. 纵向垄断协议

《反垄断法》第14条对经营者纵向垄断协议作出了如下界定:禁止经营者与交易相对人达成下列垄断协议:

(1) 固定向第三人转售商品的价格。

(2) 限定向第三人转售商品的最低价格。

(3) 国务院反垄断执法机构认定的其他垄断协议。

3. 垄断协议的豁免

《反垄断法》设定了垄断协议的豁免制度。规定经营者能够证明所达成的协议属于下列情形之一的,不适用《反垄断法》第13条、第14条的规定:

(1) 为改进技术、研究开发新产品的。

(2) 为提高产品质量、降低成本、增进效率,统一产品规格、标准或者实行专业化分工的。

(3) 为提高中小经营者经营效率,增强中小经营者竞争力的。

(4) 为实现节约能源、保护环境、救灾救助等社会公共利益的。

(5) 因经济不景气,为缓解销售量严重下降或者生产明显过剩的。

(6) 为保障对外贸易和对外经济合作中的正当利益的。

(7) 法律和国务院规定的其他情形。

属于上述第1项至第5项情形,不适用《反垄断法》第13条、第14条规定的,经营者还应当证明所达成的协议不会严重限制相关市场的竞争,并且能够使消费者分享由此产生的利益。

行业协会作为本行业的自律性组织,不得组织本行业的经营者从事法律禁止的垄断行为。

（二）经营者滥用市场支配地位

拥有市场支配地位的经营者,有条件因而也很容易实施滥用市场支配地位,来排除和限制竞争的行为。《反垄断法》对这一行为的两个要件,即市场支配地位和滥用市场支配地位的行为作出了界定。

1. 市场支配地位界定

《反垄断法》所称市场支配地位,是指经营者在相关市场内具有能够控制商品价格、数量或者其他交易条件,或者能够阻碍、影响其他经营者进入相关市场能力的市场地位。《反垄断法》第 18 条规定,认定经营者具有市场支配地位,应当依据下列因素:

（1）经营者在相关市场的市场份额,以及相关市场的竞争状况。市场份额可以直接反映出经营者在市场中的地位。按照《反垄断法》第 19 条的规定,① 1 个经营者在相关市场的市场份额达到 1/2;② 2 个经营者在相关市场的市场份额合计达到 2/3;③ 3 个经营者在相关市场的市场份额合计达到 3/4。达到上述情形之一的经营者可推断为拥有市场支配地位。有上述第 2 项第 3 项规定的情形,其中有的经营者市场份额不足 1/10 的,不应当推定该经营者具有市场支配地位。被推定具有市场支配地位的经营者,有证据证明不具有市场支配地位的。

（2）经营者控制销售市场或者原材料采购市场的能力。这种能力可表现为对原材料的供应渠道和价格的影响,对产品销售诸方面的影响。

（3）经营者的财力和技术条件。经营者的财力包括企业所拥有的资产,以及企业所具备的融资能力。技术条件主要表现为经营者的技术装备和其应用;表现为经营者在知识产权方面的实力、研发能力、创新能力等。

（4）其他经营者对该经营者在交易上的依赖程度。

（5）其他经营者进入相关市场的难易程度。其他市场进入的门槛是个综合性的问题,既与上述四项因素有关,也与市场准入的政策相连。

（6）与认定该经营者市场支配地位有关的其他因素。

2. 滥用市场支配地位行为

《反垄断法》规定,禁止具有市场支配地位的经营者从事滥用市场支配地位的行为。对滥用市场支配地位行为,《反垄断法》作出以下界定:

（1）以不公平的高价销售商品或者以不公平的低价购买商品。

（2）没有正当理由,以低于成本的价格销售商品。

（3）没有正当理由,拒绝与交易相对人进行交易。

（4）没有正当理由,限定交易相对人只能与其进行交易或者只能与其指定的经营者进行交易。

（5）没有正当理由搭售商品,或者在交易时附加其他不合理的交易条件。

（6）没有正当理由,对条件相通的交易相对人在交易价格等交易条件上实行差别待遇。

（7）国务院反垄断执法机构认定的其他滥用市场支配地位的行为。

《反垄断法》禁止滥用市场支配地位,但并不禁止经营者具有一定的市场支配地位。而一旦被认定为经营者滥用市场支配地位的,由垄断执法机构责令停止违法行为,没收违法所得,并处1年以上一年度销售额1%以上10%以下的罚款。

（三）经营者集中

具有或者可能具有排除、限制竞争效果的经营者集中,是各国反垄断法列入调整的范围。

1. 经营者集中方式

经营者集中是指通过合并、资产购买、股份购买、合同约定,包括联营、合营、人事安排、技术控制等方式取得对其他经营者的控制权,或者能够对其他经营者施加决定性影响的情形。其中,企业合并是最重要和最常见的一种经营者集中形式。《反垄断法》第20条规定,经营者集中是指下列情形:

（1）经营者合并。

（2）经营者通过取得股权或者资产的方式取得对其他经营者的控制权。

（3）经营者通过合同等方式取得对其他经营者的控制权或者能够对其他经营者施加决定性影响。

由此可见,经营者合并可以是收购目标公司的资产,也可以是收购目标公司的股权,获得对其控股权的掌控。经营者集中可以通过与目标公司的协商一致,而得到对其控制权,或者对其他经营者施加决定性影响。

无论是《公司法》意义上的合并,还是《反垄断法》意义上的经营者集中,都是市场经济发展过程中必然会出现的市场现象。法律并不禁止正常的经营者之间的竞争和公司合并。所阻止的是经营者集中有可能直接后果,即导致同一竞争领域的经营者的减少,而相关市场的竞争程度降低,形成排除竞争、限制竞争进而损害消费者利益的后果产生。因此,《反垄断法》规定了经营者集中的申报制度和审查制度。

2. 申报制度

《反垄断法》第21条规定:经营者集中达到国务院规定的申报标准的,经营者应当事先向国务院反垄断执法机构申报,未申报的不得实施集中。

经营者向国务院反垄断执法机构申报集中,应当提交下列文件、资料:

（1）申报书。

（2）集中对相关市场竞争状况影响的说明。

（3）集中协议。

（4）参与集中的经营者经会计师事务所审计的上一会计年度财务会计报告。

（5）国务院反垄断执法机构规定的其他文件、资料。

《反垄断法》要求,申报书应当载明参与集中的经营者的名称、住所、经营范围、预定实施集中的日期和国务院反垄断执法机构规定的其他事项。如果经营者提交的文件、资料不完备的,应当在国务院反垄断执法机构规定的期限内补交文件、资料。经营者逾期未补交文件、资料的,视为未申报。

3. 申报豁免

经营者申报豁免制度是指在法定条件下,经营者可以免除其申报手续。《反垄断法》第22条规定,经营者集中有下列情形之一的,可以不向国务院反垄断执法机构申报:

(1) 参与集中的一个经营者拥有其他每个经营者 50% 以上有表决权的股份或者资产的。

(2) 参与集中的每个经营者 50% 以上有表决权的股份或者资产被同一个未参与集中的经营者拥有的。

4. 审查制度

国务院反垄断执法机构负责对经营者集中申报的审查。审查经营者集中,应当考虑下列因素:

(1) 参与集中的经营者在相关市场的市场份额及其对市场的控制力。

(2) 相关市场的市场集中度。

(3) 经营者集中对市场进入、技术进步的影响。

(4) 经营者集中对消费者和其他有关经营者的影响。

(5) 经营者集中对国民经济发展的影响。

(6) 国务院反垄断执法机构认为应当考虑的影响市场竞争的其他因素。

国务院反垄断执法机构对经营者集中的实质性内容的审查,还需遵循法定程序进行。《反垄断法》规定,国务院反垄断执法机构应当自收到经营者提交的符合《反垄断法》第 23 条规定的文件、资料之日起 30 日内,对申报的经营者集中进行初步审查,作出是否实施进一步审查的决定,并书面通知经营者。国务院反垄断执法机构作出决定前,经营者不得实施集中。国务院反垄断执法机构决定实施进一步审查的,应当自决定之日起 90 日内审查完毕,作出是否禁止经营者集中的决定,并书面通知经营者。作出禁止经营者集中的决定,应当说明理由。审查期间,经营者不得实施集中。

有下列情形之一的,国务院反垄断执法机构经书面通知经营者,可以延长前款规定的审查期限,但最长不得超过 60 日:

(1) 经营者同意延长审查期限的。

(2) 经营者提交的文件、资料不准确,需要进一步核实的。

(3) 经营者申报后有关情况发生重大变化的。

国务院反垄断执法机构逾期未作出决定的,经营者可以实施集中。

5. 审查结果

国务院反垄断执法机构经审查可能出现三种结果:第一,作出不实施进一步审查的决定或者逾期未作出决定的。在这种结果下,经营者可以实施集中行为。第二,国务院反垄断执法机构经审查认为,经营者集中具有或者可能具有排除、限制竞争效果,作出禁止经营者集中的决定。国务院反垄断执法机构应当将禁止经营者集中的决定或者对经营者集中附加限制性条件的决定,及时向社会公布。第三,经营者能够证明该集中对竞争产生的有利影响明显大于不利影响,或者符合社会公共利益的,国务院反垄断执法机构可以作出对经营者集中不予禁止的决定。对不予禁止的经营者集中,国务院反垄断执法机构可以决定附加减少集中对竞争产生不利影响的限制性条件。

对外资并购境内企业或者以其他方式参与经营者集中,涉及国家安全的,除依照《反垄断法》规定进行经营者集中审查外,还应当按照国家有关规定进行国家安全审查。

(四) 行政性垄断

行政性垄断是行政机关或其授权的组织滥用行政权力,限制竞争的行为,主要表现为地区行政性市场垄断、行政强制交易、行政部门干涉企业经营行为、行政性公司滥用优势行为等。行政性垄断行为不属于政府为维护社会经济秩序而进行的正常经济管理,也不属于政府为实现对国民经济的宏观调控而采取的产业政策、财政政策等经济和社会政策。行政性垄断是我国的一个特有现象,是与传统的计划经济密切联系的。其产生是由高度集中的计划经济体制下的行业性垄断、地域分割走向竞争性的市场经济为背景的客观存在。我国《反垄断法》并未就行政性垄断作出定义。但对行政性垄断行为作出了界定:

(1) 行政机关和法律、法规授权的具有管理公共事务职能的组织不得滥用行政权力,限定或者变相限定单位或者个人经营、购买、使用其指定的经营者提供的商品。

(2) 行政机关和法律、法规授权的具有管理公共事务职能的组织不得滥用行政权力,实施下列行为,妨碍商品在地区之间的自由流通:① 对外地商品设定歧视性收费项目、实行歧视性收费标准,或者规定歧视性价格;② 对外地商品规定与本地同类商品不同的技术要求、检验标准,或者对外地商品采取重复检验、重复认证等歧视性技术措施,限制外地商品进入本地市场;③ 采取专门针对外地商品的行政许可,限制外地商品进入本地市场;④ 设置关卡或者采取其他手段,阻碍外地商品进入或者本地商品运出;⑤ 妨碍商品在地区之间自由流通的其他行为。

(3) 行政机关和法律、法规授权的具有管理公共事务职能的组织不得滥用行政权力,以设定歧视性资质要求、评审标准或者不依法发布信息等方式,排斥或者限制外地经营者参加本地的招标投标活动。

(4) 行政机关和法律、法规授权的具有管理公共事务职能的组织不得滥用行政权力,采取与本地经营者不平等待遇等方式,排斥或者限制外地经营者在本地投资或者设立分支机构。

(5) 行政机关和法律、法规授权的具有管理公共事务职能的组织不得滥用行政权力,强制经营者从事本法规定的垄断行为。

(6) 行政机关不得滥用行政权力,制定含有排除、限制竞争内容的规定。

三、反垄断机构

1. 反垄断机构与职责

《反垄断法》明确规定:国务院设立反垄断委员会,负责组织、协调、指导反垄断工作。国务院所属反垄断执法机构负责承担反垄断执法职责(以下统称反垄断执法机构),依照《反垄断法》规定,负责反垄断执法工作。反垄断执法机构根据工作需要,可以授权省、自治区、直辖市人民政府相应的机构,依照本法规定负责有关反垄断执法工作。

垄断委员会的组成和工作规则由国务院规定。反垄断执法机构主要职能包括:

(1) 研究拟订有关竞争政策。

(2) 组织调查、评估市场总体竞争状况,并发布评估报告。

(3) 制定、发布反垄断指南。

(4) 协调反垄断行政执法工作。

(5) 国务院规定的其他职责。

2. 反垄断执法机构执法程序

反垄断执法机构的行政执法程序为:立案、调查、处罚、救济等。

（1）立案。反垄断执法机构依法对涉嫌垄断行为进行调查。对涉嫌垄断行为,任何单位和个人有权向反垄断执法机构举报。反垄断执法机构应当为举报人保密。举报采用书面形式并提供相关事实和证据的,反垄断执法机构应当进行必要的调查。

（2）调查。反垄断执法机构调查涉嫌垄断行为,可以采取下列措施:① 进入被调查的经营者的营业场所或者其他有关场所进行检查;② 询问被调查的经营者、利害关系人或者其他有关单位或者个人,要求其说明有关情况;③ 查阅、复制被调查的经营者、利害关系人或者其他有关单位或者个人的有关单证、协议、会计账簿、业务函电、电子数据等文件、资料;④ 查封、扣押相关证据;⑤ 查询经营者的银行账户。采取这一措施,应当向反垄断执法机构主要负责人书面报告,并经批准。

（3）处罚。处罚反垄断执法机构对涉嫌垄断行为调查核实后,认为构成垄断行为的,应当依法作出处理决定,并可以向社会公布。

（4）救济。被调查的经营者、利害关系人有权陈述意见。反垄断执法机构应当对被调查的经营者、利害关系人提出的事实、理由和证据进行核实。经营者对作出的决定不服的,可以先依法申请行政复议,对行政复议决定不服的,可以依法提起行政诉讼。

但被调查的经营者、利害关系人或者其他有关单位或者个人有义务配合反垄断执法机构依法履行职责,不得拒绝、阻碍反垄断执法机构的调查。

（5）调查中止与经营者承诺。对反垄断执法机构调查的涉嫌垄断行为,被调查的经营者承诺在反垄断执法机构认可的期限内采取具体措施消除该行为后果的,反垄断执法机构可以决定中止调查。中止调查的决定应当载明被调查的经营者承诺的具体内容。反垄断执法机构决定中止调查的,应当对经营者履行承诺的情况进行监督。在此过程中,有下列情形之一的,反垄断执法机构应当恢复调查:① 经营者未履行承诺的;② 作出中止调查决定所依据的事实发生重大变化的;③ 中止调查的决定是基于经营者提供的不完整或者不真实的信息作出的。

经营者履行承诺的,反垄断执法机构可以决定终止调查。

调查涉嫌垄断行为,执法人员必须遵守规则。首先执法人员不得少于二人,并应当出示执法证件。执法人员进行询问和调查,应当制作笔录,并由被询问人或者被调查人签字。反垄断执法机构及其工作人员对执法过程中知悉的商业秘密负有保密义务。

四、法律责任

经营者实施垄断行为应依法承担相应的法律责任。

（1）实施垄断协议的法律责任。经营者违反法律规定,达成并实施垄断协议的,由反垄断执法机构责令停止违法行为,没收违法所得,并处上一年度销售额1%以上10%以下的罚款;尚未实施所达成的垄断协议的,可以处50万元以下的罚款。经营者主动向反垄断执法机构报告达成垄断协议的有关情况并提供重要证据的,反垄断执法机构可以酌情减轻或者免除对该经营者的处罚。

行业协会违反法律规定,组织本行业的经营者达成垄断协议的,反垄断执法机构可以处50万元以下的罚款;情节严重的,社会团体登记管理机关可以依法撤销登记。

（2）经营者违反法律规定,滥用市场支配地位的,由反垄断执法机构责令停止违法行为,没收违法所得,并处上一年度销售额1%以上10%以下的罚款。

（3）经营者违反法律规定实施集中的,由国务院反垄断执法机构责令停止实施集中、限期处分股份或者资产、限期转让营业以及采取其他必要措施恢复到集中前的状态,可以处50万元以下的罚款。

反垄断执法机构确定具体行政罚款数额时,应当考虑违法行为的性质、程度和持续的时间等因素。对反垄断执法机构依法实施的审查和调查,拒绝提供有关材料、信息,或者提供虚假材料、信息,或者隐匿、销毁、转移证据,或者有其他拒绝、阻碍调查行为的,由反垄断执法机构责令改正,对个人可以处万元以下的罚款,对单位可以处20万元以下的罚款;情节严重的,对个人处2万元以上10万元以下的罚款,对单位处20万元以上100万元以下的罚款;构成犯罪的,依法追究刑事责任。经营者实施垄断行为,给他人造成损失的,依法承担民事责任。

（4）行政机关和法律、法规授权的具有管理公共事务职能的组织滥用行政权力,实施排除、限制竞争行为的,由上级机关责令改正;对直接负责的主管人员和其他直接责任人员依法给予处分。反垄断执法机构可以向有关上级机关提出依法处理的建议。

（5）反垄断执法机构工作人员滥用职权、玩忽职守、徇私舞弊或者泄露执法过程中知悉的商业秘密,构成犯罪的,依法追究刑事责任;尚不构成犯罪的,依法给予处分。

第十三章 产品质量法

第一节 产品质量法概述

一、产品与产品质量

1. 产品

产品这个概念在经济生活中和法律领域里被大量使用。在产品质量法律关系中,产品概念的界定具有重要意义,它直接关系到产品质量法的具体适用范围。根据《中华人民共和国产品质量法》(以下简称《产品质量法》)的规定,产品是指经过加工、制作,用于销售的产品。这里的加工,既包括工业加工,也包括手工加工。

构成产品有两个重要标准:

(1) 产品是经过加工、制作的物品。它主要是指经过工业和手工业加工制作的工业产品、工艺品以及经过加工的农副产品等,这一要求排除了初级农产品,未经加工的天然形成的物品。

(2) 必须是用于销售,即投入流通的产品。这里的销售应作广义的解释,比如作为福利将其产品发给员工、捐赠给希望工程等,均应包括在内。

可见,经过加工制作和投入流通领域是构成《产品质量法》中产品的必备条件,排除了未经过加工、制作的天然农产品、矿产品,也排除了表现为知识产权的精神产品。此外,《产品质量法》中规定:"建设工程不适用本法规定。但是建筑工程使用的建筑材料、建筑构配件和设备,属于前款规定的产品范围,适用本法规定。""军工产品质量监督管理办法,由国务院、中央军事委员会另行制定。"由此可以得出,产品不包括建设工程。但是,建设工程使用的建筑材料、建筑构配件和设备,属于产品。

2. 产品质量

产品质量是指产品性能在正常使用条件下,满足合理使用用途要求所具备的符合人们需要的特征的总和。根据国际标准化颁布的 ISO8402—86 标准,产品质量的含义是指"产品或服务满足规定或潜在需要的特征的总和"。该定义中所称的"需要"往往随时间、空间的变化而变化,与科学技术的不断进步有着密不可分的关系。"需要"可以转化为具有具体指标的特性和特征。

在现代社会经济中,必须全面理解产品质量应具有的特征。这些特征包括:

(1) 可用性,指产品应当具备的使用性能和外观性能。

(2) 安全性,指产品在操作或使用过程中,保证安全的程度。

(3) 可靠性,指产品在规定的条件和时间内,完成规定功能的能力。它一般表现为可靠度、平均寿命、平均无故障工作时间和可靠寿命等。

（4）可维修性，指产品在规定的条件和时间内，按规定的程序和方法进行维修时，保持或恢复到规定状态的能力。它表现为消除故障的速度、售后服务等。

（5）经济性，指产品的结构用料、用工等生产费用以及它在使用中动力、燃料的消耗等运转维持费用。它包括产品适当的价格和企业质量成本，也就是消费者要求的物美价廉。

《产品质量法》第 14 条规定：产品质量应当符合三项要求，即不存在危及人身、财产安全的不合理的危险，有保障人体健康、人身、财产安全的国家标准、行业标准的，应当符合该标准；具备产品应当具备的使用性能，但是，对产品存在使用性能的瑕疵做出说明的除外；符合在产品或者包装上注明采用的产品标准，符合以产品说明、实物样品等方式表明的质量状况。

二、产品质量法律

（一）产品质量立法

产品质量法是调整在产品生产、流通、交换、消费以及监督管理过程中，因产品质量而发生的各种经济关系的法律规范总称。

产品质量问题在现代各国立法中受到极大重视。各国产品立法模式大致有三种：民法（主要是侵权法、合同法）规范的扩展；专门的产品责任法，如德国的《产品责任法》、日本的《制造物责任法》、英国的《消费者保护法》（第一章"产品责任"）以及美国的《统一产品责任法》（商务部公布的专家建议文本）等；与产品质量相关的立法和特殊产品责任的立法。中国属第三种立法模式。

我国对产品质量立法给予了高度的关注。国务院于 1986 年 4 月 5 日发布了《工业产品质量责任条例》，全国人民代表大会常务委员会于 1993 年 2 月 22 日通过了《产品质量法》。2000 年 7 月 22 日第九届全国人民代表大会常务委员会通过了修改《产品质量法》的决定，对 1993 年施行的《产品质量法》进行了修正。

（二）产品质量法的调整对象

依据我国《产品质量法》的规定，其调整对象是产品质量关系。现如下。

1. 产品质量的监督管理关系

产品质量的监督管理关系，即各级产品质量监督管理部门与生产者、销售者之间在产品质量监督管理活动中产生的管理与被管理的关系。这是一种行政关系。

2. 产品质量责任关系

产品质量责任关系，即生产者、销售者与用户或消费者之间在产品质量方面的权利义务，以及由此产生的法律责任方面的关系。

以上所调整的社会关系决定了产品质量法具有以下特点：

（1）《产品质量法》的法律规范具有多样性。因《产品质量法》既调整产品质量监督管理关系，也调整产品质量关系，所以，《产品质量法》中既有行政法律规范，也有经济民事法律规范，还有刑事法律规范。

（2）技术性法律规范在《产品质量法》中占有重要地位。首先，体现在《产品质量法》中有许多技术性法律规范；其次，体现在《产品质量法》中的社会性法律规范的贯彻实施，要以技术性法律规范为基础。

（3）行政规章在《产品质量法》的贯彻实施中具有重要意义。大量的产品质量法律规范要由行政规章进一步加以明确,要靠行政规章协助实施。这主要体现在有关产品质量监督管理的法律规范上。

（三）产品质量法的宗旨和适用范围

《产品质量法》第 1 条规定,该法的立法宗旨为"加强对产品质量的监督管理,提高产品质量水平,明确产品质量责任,保护消费者的合法权益,维护社会经济秩序"。

从空间上说,在中华人民共和国境内从事产品生产、销售活动,包括从销售进口商品,都必须遵守《产品质量法》;从客体上说,该法只适用于生产、流通的产品,即各种动产,而不包括不动产;从主体上说,该法适用于生产者、销售者用户和消费者以及产品质量监督管理机构。运输者、仓储者也有可能成为责任主体,不过它们对产品制造者、销售者或者是收货方、寄存方承担的责任,属于合同法的范围。

第二节　产品质量的监督管理

一、产品质量监督管理体制

产品质量监督管理体制是有关产品质量监督管理的主体、职责、权限、方式、方法等问题的规范的总和。

《产品质量法》根据我国管理实际,在总结过去立法经验的基础上,确立了统一管理、分工负责的产品质量管理体制。国家根据行政机关的各自职能,授予其不同的产品质量监督管理权限。

《产品质量法》第 6 条作了原则规定:国务院产品质量监督管理部门负责全国产品质量监督管理工作。国务院有关部门在各自的职责范围内负责产品质量监督管理工作。县级以上地方人民政府管理产品质量监督工作的部门,负责本行政区域内的产品质量监督管理工作。县级以上地方人民政府有关部门在各自的职责范围内负责产品质量监督管理工作。

工商行政管理部门对产品质量管理也有一定职责。

行业协会、部门、企业的质量监督管理机构,其广泛的质量监督活动属于内部监督,属于自律性质。

二、产品质量监督管理制度

产品质量监督管理制度是产品质量法的重要内容之一。根据《产品质量法》及其他有关法律的规定,目前,关于产品质量的监督管理有三项制度,即产品质量检验合格制度、质量认证制度和产品质量监督检查制度。

（一）产品质量检验合格制度

《产品质量法》规定:产品质量应当检验合格,不得以不合格的产品冒充合格产品。这是指任何产品在出厂前都必须经过检验,只有经过检验质量合格的产品才能出厂销售。检验产品可以由企业自行设立检验机构,也可以委托其他检验机构进行。

产品标准按照层次可以分为国家标准、行业标准、企业标准也可以按照是否强制实行分为强制性标准和一般性标准,或者推荐性标准。除此以外,交易双方还可以实行约定标准。有关产品质量标准的具体问题,应按照《标准化法》规定进行。

根据《产品质量法》第 8 条规定,可能危及人体健康和人身、财产安全的工业产品,必须符合保障人体健康、人身财产安全的国家标准、行业标准。未制定国家标准、行业标准的必须符合保障人体健康、人身财产安全的要求。

《产品质量法》对产品标准进行规定的目的正是为了保障消费者和其他使用者人体健康和人身、财产安全。由此,只要涉及这些方面的产品,国家实行强制性标准,企业一旦在商品上或者其他包装上标明采用哪种标准,也就是为自己设定了产品质量的担保条件。如果达不到这一标准,就要承担产品质量责任。

(二) 质量认证制度

质量认证制度分为企业质量体系认证制度和产品质量认证制度。

企业质量体系认证制度是指依据国际通用的"质量管理"和"质量保证"系列标准,认证机构对企业的质量体系进行审查、评定,并通过对符合标准的企业颁发认证证书的形式来证明企业的质量体系和质量保证能力符合相应要求的活动。

企业质量体系认证是目前国际上通行的一种产品质量监督管理制度。其对象是企业,因而企业质量体系认证的效力仅及于企业,而非企业的产品。也就是说,获得质量体系认证证书的企业无权在其产品上使用该质量认证标志。企业要想在其产品上使用产品质量认证标志,需要申请产品质量认证并获批准。

为了促进企业建立、健全质量体系,以使企业具备生产稳定质量产品的条件,从而提高企业的市场竞争能力,《产品质量法》规定:"国家根据国际通用的质量管理标准,推行企业质量体系认证制度。""企业根据自愿申请原则可以向国务院产品质量监督部门认可的或者国务院产品质量监督部门授权认可的认证机构申请企业质量体系认证。经认证合格的,由认证机构颁发企业质量体系的认证证书。"

企业质量体系认证的依据是采用国际标准组织 ISO9000 的中国国家产品质量管理和质量保证系列标准。当现行标准不能满足认证需要的,法律规定认证机构可以组织制定补充要求,经国务院产品质量监督管理部门确认后实施。

产品质量认证制度是指依据产品标准和相应的技术要求,认证机构对申请认证的产品进行检查、测试,确认并通过颁发认证证书和准许使用认证标志的方式来证明某产品符合要求的活动。

《产品质量法》规定:"国家参照国际先进的产品标准和技术要求,推行产品质量认证制度。企业根据自愿原则可以向国务院产品质量监督部门认可的或者国务院产品质量监督部门授权的部门认可的认证机构申请产品质量认证。经认证合格的,由认证机构颁发产品质量认证证书,准许企业在产品或者其包装上使用产品质量认证标志。"

产品质量认证制度是国际通行的一项质量监督制度。产品质量认证可以促进企业改善经营管理,提高产品质量和经济效益。产品质量认证与企业质量体系认证不同,后者认证的对象是企业生产经营的职权、职责、生产过程、目标和企业的组织系统;另外,产品质量认证标志可以在产品及其包装上使用;企业质量体系认证标志只能在企业使用。

(三) 产品质量监督检查制度

产品质量监督检查制度是指国务院以及地方各级管理产品质量监督部门依法对生产领域、流通领域的产品质量所进行的强制性监督检查活动。《产品质量法》明确规定:"国家对产品质量实行以抽样为主要方式的监督检查制度。"

产品质量监督检查是一项强制性的行政措施,是以监督抽查为主要方式。监督检查的重点是三类产品:

(1) 可能危及人体健康和人身、财产安全的产品,如食品、药品、医疗器械、压力容器、易燃易爆产品等。

(2) 影响国计民生的重要工业产品,如农药、化肥、建筑钢筋、水泥、计量器具等。

(3) 用户、消费者、有关组织反映有质量问题的产品,如掺杂假产品、以假充真产品等。

按照现行法律规定,第一,凡是中央部门对同一企业的同一产品已组织了抽查的,地方部门不得再组织抽查;上级监督抽查的产品,下级不得另行重复抽查,从而避免重复抽查。第二,为了防止重复抽查乱收费的问题,减轻企业负担,规定抽查检验费用按照国务院规定列支,向企业收取检验抽取样品的数量不得超过检验的合理需要。第三,生产者、消费者对抽查检验的结果有异议的,可以自收到检验结果之日起 15 日内向实施监督抽查的产品质量监督部门或者上级产品质量监督部门申请复验,由受理复验的产品质量监督部门作出复验结论。第四,依法进行的产品质量监督检查,生产者、消费者不得拒绝。产品质量抽查的结果应当由国家指定的报刊负责公布。

《产品质量法》第 17 条规定:"依照本法规定进行监督抽查的产品质量不合格的,由实施监督抽查的产品质量监督部门责令其生产者、销售者限期改正。逾期不改正的,由省级以上人民政府产品质量监督部门予以公告;公告后经复查仍不合格的,责令停业,限期整顿;整顿期满后经复查产品质量仍不合格的,吊销营业执照。""监督抽查的产品有严重质量问题的,依照本法第五章的有关规定处罚。"

第三节　产品质量义务

产品质量义务是产品质量法律关系的主体在产品质量方面应为一定行为或不应为一定行为承担的责任。

一、生产者的产品质量义务

生产者是产品质量义务的重要主体,是《产品质量法》重点规划的对象,生产者是否履行产品质量义务,直接关系到产品质量的优劣,进而关系着用户和消费者的财产安全和人体健康,故各国都将生产者列为产品质量责任的核心主体,我国立法则加重了生产者的产品质量责任。根据《产品质量法》规定,生产者必须履行以下义务。

1. 保证产品的内在质量

产品质量应当符合下列三方面的要求:

(1) 产品不存在危及人身、财产安全的危险。有保障人体健康、人身财产安全的国家标准、行业标准的,应当符合该标准。

(2) 保证产品具备应有的使用性能。但是对产品存在使用性能的瑕疵作出说明的除外。

(3) 产品质量应当符合在产品或者包装上注明采用的产品标准,符合以产品说明等方式表明的质量状况。

《产品质量法》规定,生产者不得生产国家明令淘汰的产品,不得掺杂、掺假,不得以假充真,以次充好,不得以不合格产品冒充合格产品。

2. 保证符合产品标识的要求

《产品质量法》第15条规定,产品或包装上的标识应当符合下列要求:

(1) 有产品质量检验合格证明。

(2) 有中文标明的产品名称、生产厂商厂名和厂址。

(3) 根据产品的特点和使用要求,需要标明产品规格、等级、所含主要成分的名称和含量的,相应予以标明。

(4) 限期使用的产品,标明生产日期和安全使用期或者失效日期。

(5) 使用不当,容易造成产品本身损坏或者有可能危及人身、财产安全的产品,应有警示标志或者中文警示说明。另外,如果生产者生产的产品是裸装的食品和其他根据产品的特点难以附加标识的裸装产品,可以不附加产品标识。

生产者在提供必要的产品标识的同时,必须保证产品标识真实、明确。对此,产品质量法规定:"生产者不得伪造产地,不得伪造或冒用他人的厂名、厂址。""生产者不得伪造或冒用认证标志,名优标志等。"

3. 符合产品包装的要求

对于生产者的产品包装,法律没有明确规定。但是《产品质量法》第16条规定了特殊产品生产者在包装方面的义务:"剧毒、危险、易碎、储运中不能倒置以及有其他特殊要求的产品,其包装必须符合相应要求,有警示标志或者中文警示说明、标明储运注意事项。"

除了上述义务外,生产者还不得违反一些禁止性规定,如不得生产国家明令淘汰的产品等。

二、销售者的产品质量义务

销售者是产品流转过程中的重要主体,其产品质量义务主要有以下三方面。

1. 进货质量验收义务

销售者进货时通过产品质量验收,可以确定产品流转过程中产品质量状况,保证销售产品的质量,便于及时发现问题,分清责任。因此,《产品质量法》第21条明确规定:"销售者应当执行进货检查验收制度,验明产品合格证和其他标识。"

2. 质量保持义务

销售者在进货后至向用户、消费者出售产品之前的一段时间内,应当根据产品的性质、特点采取必要的措施,保持销售产品的质量。如果进货时产品质量符合要求,而销售时出现缺陷,销售者就要承担相应的责任。

3. 销售符合质量要求的产品

销售者最重要的义务是保证所销售的产品符合规定的质量要求。对此,《产品质量法》规定:

(1) 销售者不得销售失效、变质,以及国家明令淘汰和停止销售的产品。

(2) 销售者所销售产品的标识应符合下述规定的要求:不得伪造产地,伪造或冒用他人厂名、厂址;不得伪造或冒用认证标志、名优标志等质量标志。

(3) 销售产品不得掺杂、掺假,不得以假充真、以次充好,不得以不合格产品冒充合格产品。

第四节　产品责任法律制度

一、产品责任法概述

产品责任法在发达国家特别是美国已经有比较完善的法律制度。它通过完善的立法界定产品责任,通过对责任者重罚的威慑力来规范其对产品质量的高度重视,并有效地保护消费者使用者的权益。这种机制的建立对美国、欧洲等及其他发达国家产生了非常积极的、有效的和重大的影响,值得我们借鉴。

产品责任同产品质量责任有密切联系,但又是不同的两个概念。其主要的区别是:首先,两者的法律性质不同。产品责任法属于民事侵权性质的范畴,产品质量责任主要是经济行政性质的法律范畴。其次,由此而导致的法律责任也不同。产品责任法是以保护消费者不受到缺陷产品的损害作为其立法的出发点,并以严格产品责任为特征;产品质量责任是以明确工业产品质量责任,并以强制性的产品质量要求和质量责任为特征,从对影响产品质量的生产、储运、销售等各个环节,加强产品质量责任,以期从根本上最大限度地消除不合格产品对用户和消费者造成的损失。由于是从产品质量这一角度全面规范生产者、储运者、销售者的法律责任,因此违反产品责任法所承担的法律责任也是有区别的。即惩罚不是其主要部分。而作为侵权法范畴的产品责任,则由赔偿特别是惩罚作为其追究责任方产品责任的重要方式。

我国《产品质量法》中有部分产品责任法律制度的相关规定,这些规定主要有两个特点:一是对一些重要概念的界定与美国产品责任法比较接近,而与欧盟的差距大一些;二是对于产品责任的法律规定总体上只是《产品质量法》一个方面,或主要属于经济行政责任范畴性质,还未上升至侵权责任法范畴。而全球范围内对消费者权益的保护力度的增强,企业社会责任强化的趋势,表明产品责任立法的建立和完善是势在必行。

二、产品责任法律制度的基本内容

(一) 产品责任

按照美国《产品责任法》的规定,产品责任是指制造者、销售者违反《产品质量法》规定的产品质量义务,因产品有缺陷造成消费者和使用者人身伤害和财产损失,当事人依法向法院对生产者和销售者提起诉讼,请求其承担的法律责任。

可见,对产品以及产品缺陷的界定什么是产品、什么是产品缺陷直接关系到制造者、销售者的法律责任。

我国《产品质量法》对产品的界定十分明确,是指经过加工、制作,用于销售的产品。而产品责任则是指产品存在危及人身及产品安全的不合理危险,不符合保障人体健康、人身财产安全的国家标准、行业标准。如几乎年年发生的啤酒瓶爆炸致人伤残事件,这实质上是因产品存在不合理危险而导致的产品责任案件,而不是一般的产品质量事故。

(二) 产品缺陷

对于产品缺陷的情况我国法律并无更具体的界定。美国产品责任法一般把产品缺陷分为以下几种类型:

（1）产品制造的缺陷，是指该产品的制造商没有按照法律和各种规章制度规定的标准去制造，而导致了产品的缺陷。

（2）产品设计的缺陷，是指由于设计方面缺乏合理性或有不当之处，造成产品瑕疵。例如，结构设计不合理，材料选择不当，有关参数计算失误，安全参数考虑不充分等。设计上的瑕疵，影响的不是某一个产品，而是成批产品。

（3）装配上的缺陷，是指产品本身无缺陷，但装配不当，造成人身伤害与财产损失。

（4）指示上的缺陷，是指某项产品的使用说明书、标志或产品有关的书面资料没有给销售者以足够的说明，没有对其产品的安全使用方法进行各种详细的说明，或者没有给予对不正当使用方法予以足够的警告，而造成的对产品的瑕疵。有指示瑕疵的产品，其产品本身质量可能没有任何问题，但由于未作充分、适当、正确的说明或未提出应有的警告，以致该产品构成不合理危险，这种产品，仍是缺陷产品。

（5）原材料的缺陷。原材料的好坏对产品质量影响很大，尤其在食品、药品等方面常引起副作用，甚至影响人身健康和生命安全。例如，食品中加入防腐剂、色素；电器产品材料绝缘性能差而漏电等，这些问题常引起损害赔偿。

（6）科学技术水平尚不能发现的缺陷。对此是否承担法律责任是有争议的。

一般而言，产品存在上述缺陷，应承担产品责任。

（三）产品责任的归责原则

归责原则是指确定行为人承担民事责任的理由和根据。

产品责任的严格责任原则，是指只要产品存在缺陷，对使用或消费者具有不合理的危险，而使其受到人身伤害或财产损失，该产品的制造者和销售者无论是否有过错，都应承担赔偿责任。

按照这种原则，原告只要证明某种产品有瑕疵并且引起了损失，就可向法院起诉追究销售者或制造者的责任。原告无须证明被告主观上的过错。尽管销售者和制造者已经对于加强质量的条款作了努力，他们仍有责任对他们出售的产品所造成的损失承担法律责任。在适用严格责任制度的场合下，从产品制造一直到最后零售，每一环节上的销售者、批发者、零售业者和制造者，都有可能为其经营的产品承担责任。

因此，严格责任原则，对保护消费者是最为有利的。我国《产品质量法》采用疏忽责任和严格责任并存的立法模式。我国的《产品质量法》规定，如果生产者生产的产品不具备产品应当具备的使用性能而事先未作说明的；不符合在产品或其包装上注明采用的产品标准的；不符合以产品说明、实物样品等方式表明的质量状况的，即制造者生产的产品存在生产缺陷、设计缺陷或说明缺陷的，制造者必须承担赔偿责任。销售者由于过错使产品存在缺陷，造成人身、财产损害的，销售者应当承担赔偿责任。销售者不能指明缺陷产品的制造者，也不能指明缺陷产品的供货者的，销售者应当承担赔偿责任。

根据《民法通则》第122条规定："因产品质量不合格造成他人财产、人身损害的，产品制造者、销售者应当依法承担民事责任。"以及最高人民法院《关于贯彻执行〈中华人民共和国民法通则〉若干问题的意见（执行）》第153条规定："消费者、用户应为使用质量不合格的产品造成本人或者第三人人身伤害、财产损失的，受害人可以向产品制造者或者销售者要求赔偿。因此提起的诉讼，由被告所在地或侵权行为地人民法院管辖。"据此，可以认为我国的现行法律视产品责任为民事侵权责任，还可以推定产品责任归责原则，主要是严格责任原则。

严格责任原则不仅可以使受到损害的消费者得到应有的赔偿，制造者和销售者无法逃避其应当承担的责任，更重要的是巨额的赔偿金使制造者和销售者在产品质量的各个环节上都不敢掉以轻心，这种威慑作用有利于防范产品质量事故的频频发生。

第五节　法律责任

产品质量的法律责任是指生产者、销售者违反《产品质量法》的有关规定应当承担的法律后果。只有产品给用户、消费者或第三人造成了实际损害，才能承担损害赔偿责任。如果产品存在缺陷，但使用时没有造成损害的，或发现缺陷后停止使用该产品而避免了损害，则不存在损害赔偿问题，即"无损害，无责任"。并且产品缺陷与损害事实之间要有因果关系。损害事实是由产品缺陷造成的，而不是由其他原因造成的，包括用户、消费者的人身伤害和缺陷产品以外的其他财产损害。在实践中，产品造成人身、财产损害，除了由于产品本身的缺陷外，还可能有其他原因。如外力的破坏、受害人的故意等，而由这些原因造成的损害不应归结到制造者、销售者身上。

法律规定，制造者能够证明有下列情形之一的，不承担赔偿责任：

（1）未将产品投入流通的。制造者若能证明他未将产品投入流通或未以缺陷产品投入流通或未出厂销售等，则他不承担责任。如果罪犯将某种未投入流通的缺陷产品盗走、销赃而流入社会，在使用过程中造成损害的，制造者不承担赔偿责任。

（2）产品投入流通时，引起损害的缺陷尚不存在。产品出厂时没有缺陷，但在运输、储存、销售中，由于种种原因会导致产品缺陷，造成损害事实，对此，制造者也可不负责。

（3）制造者将产品投入流通时的科学技术水平尚不能发现缺陷存在的，即产品的生产虽已符合当时的科学技术标准，产品质量亦与当时的科学技术相适应，也符合国家有关规定，产品从制造到销售完全没有违反国家对产品质量的监督，但产品仍有现有工艺技术无法解决的潜在的不足和危险。对于这种危险，制造者不承担责任。

民事责任的主要目的在于对受害人的补救，而行政责任和刑事责任的中心在于对施害人的惩戒。对于受害人而言，并不能因此得到直接的补偿。而在产品质量事故中受害人最关心的是如何获得补偿，挽回经济损失。由此可见，民事责任是产品质量责任中的主要责任形式。

一、产品质量的民事责任

因产品质量不合格造成人身、财产损害，受害人有权提起诉讼。《产品质量法》第33条规定，因产品存在缺陷造成损害赔偿的请求权，在造成损害的缺陷产品最初交付用户、消费者满10年后丧失；但是，尚未超过说明书的安全使用期的除外。

因产品存在缺陷造成人身、他人财产损害的，受害人可以向产品的制造者或销售者要求赔偿。属于产品制造者的责任、产品的销售者予以赔偿的，销售者有权向制造者追偿；反之，属于产品销售者的责任、产品的制造者赔偿的，制造者有权向销售者追偿。我国《产品质量法》第32条规定："因产品存在缺陷造成受害人人身伤害的，侵害人应当赔偿医药费、因误工减少的收入、残废者生活补助等费用；造成受害人死亡的，并应当支付丧葬费、抚恤费、死者生前抚养的人必要的生活费等费用。因产品存在缺陷造成受害人财产损失的,侵害人应当恢复原状或者折价赔偿。受害人因此遭受其他重大损失,侵害人应当赔偿损失。"另外,关于产品责任诉讼时效,《产品质量法》的规定为 2 年,自当事人知道或应当知道其权益受到损害时起计算。

二、产品质量的行政责任

从承担产品责任的角度看,我国现行的相关立法以及司法对于违法者的威慑力较发达国家还有较大的差距。有待从立法、执法等诸多方面加以完善。行政责任是指行政主体及行政相对人有一般违法行为所应承担的行政法上的责任。我国《产品质量法》中规定:对于制造者不符合保障人体健康、人身、财产安全的国家标准、行业标准的产品的以及生产国家明令淘汰的产品的,责令停止生产、没收违法所得,并处违法所得 1 倍以上 5 倍以下的罚款,可以吊销营业执照。制造者、销售者在产品中掺杂、掺假,以假充真、以次充好,或者以不合格产品冒充合格产品的,以及销售失效、变质产品的,责令停止生产、销售,没收违法销售和违法所得,并处违法所得 1 倍以上 5 倍以下罚款,可以吊销营业执照。

制造者、销售者伪造产品的产地的,伪造或者冒用他人的厂名、厂址的,伪造、冒用认证标志、名优标志等质量标志的,责令公开更正,没收非法所得,可以并处罚款。产品标示不符合法律规定的,责令改正;特殊产品的标识不符合法律规定的,责令改正;特殊产品的标识不符合法律规定、情节严重的,可以责令停止生产、销售,并可以处以违法所得 15%~20%的罚款。

三、产品质量的刑事责任

我国的《产品质量法》对违反该法,并性质严重构成犯罪的行为规定了其应当承担的刑事责任。具体有:

(1) 制造者、销售者在产品中掺杂、掺假,以假充真、以次充好或者以不合格产品冒充合格产品,销售金额较大的。

(2) 生产不符合保障人身、财产安全的国家标准、行业标准的电器、电力容器、易燃易爆产品或者其他不符合保障人身、财产安全的国家标准、行业标准的产品,或者销售明知以上不符合保障人身、财产安全的国家标准、行业标准的产品,造成严重后果的。

(3) 生产、销售不符合卫生标准的食品,足以造成严重失误中毒事故或者其他严重食源性疾病的。

(4) 产品质量检验、认证机构伪造检验结果或出示虚假证明,情节严重的。

第十四章　消费者权益保护法

第一节　消费者权益保护法概述

一、消费者权益保护法概念

消费者权益保护法是指为保护消费者的合法权益而制定的调整人们在消费过程中所发生的社会关系的法律规范的总称。消费者权益保护法有狭义和广义之分。狭义的消费者权益法又称消费者权益保护基本法，是指专门的消费者权益保护法律，在我国就是指1993年10月颁布的《中华人民共和国消费者权益保护法》（以下简称《消费者权益保护法》）。广义的消费者权益保护是所有关于消费者权益的法律规范的总称，通常泛指与保护消费者合法权益有关的法律和法规。其内容包括物价、质量、标准、计量、安全、商标、广告，以及化工、食品、药品等方面的法律、法规中有关保护消费者合法权利的规定。《消费者权益保护法》在实施近16年后于2009年8月27日进行了第二次修订，又于2013年10月25日进行了第二次修订，并于2014年3月15日起实施。现行《消费者权益保护法》从强化经营者义务，规范网络购物建立消费公益诉讼制度等方面完善了消费者权益保护制度，为保护消费者权益提供了强有力的法律依据。

消费者权利的保护是一个全球性的问题，受到世界各国的广泛关注。经济全球化的推进和国际经济贸易的不断扩大，使消费品的生产和销售超越国界，与之相应的消费者权益的保护问题日益突出。在世界范围内更好地保护消费者的利益，客观上要求国际社会的关注和各国消费者组织的合作。1960年，由美国、英国、澳大利亚、比利时和荷兰等国消费者组织联合发起，成立了国际消费者组织联盟，并提出了消费者的8项权利。该组织联盟现有170多个成员组织，分布在60多个国家和地区。中国消费者协会于1987年被接纳为正式会员。它在维护国际范围的消费者权益方面，发挥着倡导、协调、咨询和促进作用。1985年联合国通过了《保护消费者准则》，规定了消费者享有的6项权利，并对各国政府和企业在保护消费者利益方面所承担的责任提出了严格的要求。

国际标准化组织消费者权益委员会（ISO/CO-POICO）于1978年5月10日在日内瓦召开的第1届年会上，把消费者定义为："为个人目的购买或者使用商品和接受服务的个体社会成员。"我国《消费者权益保护法》第2条规定："消费者为生活需要购买、使用商品或者接受服务，其权益受本法保护。"

消费者具有以下法律特征：

（1）消费者从事的消费活动属于生活消费，在特殊情况下也指生产资料的消费者，如农民的生产型消费活动。

（2）消费者主要包括个人消费者，但也不排除单位用户或团体。

（3）消费者的消费活动表现为购买、使用商品或接受服务。

消费者权益是指公民或单位以消费为目的，购买、使用商品或者接受服务的权利以及该权利受到保护时给消费者带来的利益。其核心是消费者的权利。由于消费者购买、使用的商品或接受的服务都是由经营者提供的，因此，在消费者权益的保护上，经营者负有不得推卸的义务。而对于消费者权利的实现直接提供法律保障的，则是消费者权益保护法。当然，没有消费者及消费者权益，消费者权益保护法也就失去了其赖以存在的基础。

二、消费者权益保护法的立法宗旨和原则

《消费者权益保护法》第1条明确规定："为保护消费者的合法权益，维护社会经济秩序，促进社会主义市场经济健康发展，制定本法。"这一条开宗明义地阐述了我国消费者权益保护法的立法宗旨。

消费者权益保护法的基本原则是指经营者和消费者进行交易应遵循的基本原则，它既是对经营者行为的原则规范，也是对市场交易基本规律的抽象和概括。我国《消费者权益保护法》规定了三项基本原则。

（一）自愿平等、公平、诚实信用原则

按照这一原则，经营者与消费者之间所进行的交易行为必须是出于双方当事人自己的意愿，不可强买强卖、欺行霸市、硬性搭售；双方当事人在进行交易中的法律地位是平等的，不可以以大欺小、以强凌弱，而应公平交易，按照价值规律、等价交换的原则，相互兼顾对方的权益。双方当事人在交易过程中，各自所享有的权利和应尽的义务是平等的。任何人不得无偿占有他人财产，也不得哄抬物价或压低压价；要相互尊重和理解；平等协商，讲诚实、守信用，遵守法律法规、职业道德和社会公德，文明经商，文明消费，以善意方式履行各自义务，不得侵犯对方利益，也不得逃避法律和合同的规定。

（二）国家保护的原则

国家保护原则的实质，是将消费者及其权益放到一个特殊的法律地位上加以保护。这是因为在现实经济生活中，消费者客观上处于弱者地位，其合法权益极易受到不法侵害，但却没有足够的力量充分保护自己。首先，消费者是分散的无组织的个人，而经营者大多是有组织的法人或其他经济组织。有些经营者还拥有专营权，一些消费合同是由经营者事先确定条件的格式合同。对此消费者别无选择。其次，消费者通常受到专业知识、消费经验和时间、精力、财力、场合等诸多限制，较难主张和实现自己的消费权利，较易受到经营者不法行为的侵害。这种侵害不仅对消费者自身，而且对社会的公平的维护，对社会经济的有效运行，对社会秩序的稳定都有极大的危害。

（三）全社会共同保护的原则

全社会共同保护原则就是在国家保护的基础上将消费者权益保护扩大到全社会范围，动用一切社会舆论，对经营者及其他可能或实际侵害消费者的行为进行预防、控制、规范和监督。保护消费者合法权益是全社会的共同责任，只有全社会的参与，消费者的权益才能得到真正的保护。国家鼓励、支持一切组织和个人对损害消费者合法权益的行为进行监督。各政党、社会团体、企业事业单位、新闻舆论工具及城乡基层群众性消费自治组织，都应依法积极履行监督职能，广大人民群众也应积极开展监督，相互配合，形成保护消费者利益的网络体系。

第二节 消费者的权利

一、消费者权利的概念

所谓消费者权利,就是国家法律规定或确认的公民为生活消费而购买、使用商品或接受服务时享有的权利。法律必须保障消费者的权利,以使消费者的基本人权从应然的权力转化为法定的权利。消费者享有多少权利,意味着消费者在多大程度上得到国家法律的保护。消费者权利的具体内容,在不同的时期和不同的国家有所不同,但其基本内容和精神是一致的。

1. 早期提出的消费者权利

一般认为,世界上最早明确提出消费者权利的是美国总统约翰·肯尼迪。他针对当时美国消费者问题日益严重的情况,于 1962 年 3 月 15 日向国会提出了"关于保护消费者利益的特别国情咨文",即《保护消费者利益的总统特别命令》或称《总统关于消费者利益的白皮书》,指出消费者应享有的 4 项权利:

(1)获得商品的安全保障权利,即应当保障消费者的健康和生命安全。

(2)获得正确的商品信息资料的权利,即不得有虚假广告和假冒商标。

(3)对商品有自由选择的权利,即应提供多种同质商品供消费者选购。

(4)自由表达意见的权利,即消费者有权向政府和立法机关及制造厂商表达自己的意见。

肯尼迪所提出的消费者的上述 4 项权利,很快被国际社会所接受和公认,每年的 3 月 15 日被规定为"国际消费者权益日"。

2. 国际消费者组织提出的消费者权利

国际消费者组织联名主张和提出,消费者应享有如下 8 项权利:

(1)得到必需的物质和服务,借以生存的权利。

(2)享有公平的价格待遇和选择的权利。

(3)安全保障权。

(4)获得足够资料的权利。

(5)寻求咨询的权利。

(6)获得公平赔偿和法律帮助的权利。

(7)获得消费者教育的权利。

(8)享受健康环境的权利。

虽然各国法律所规定和确认的消费者的权利内容并不完全相同,但是一些最基本权利一般都会被确认。例如,保障安全的权利;知悉商品真实情况的权利;自由选择的权利;质量和价格公平交易的权利;受到损害获得赔偿的权利;成立消费者团体或组织的权利等。充分和全面保护消费者的权利是现代社会文明的要求,也是衡量一个国家和地区法制是否健全的重要标志。

二、消费者的权利

我国《消费者权益保护法》第二章专门规定了消费者的权利,依据该法的规定,消费者权利主要包括以下内容。

（一）安全权

安全权是指消费者在购买、使用商品或接受服务时,享有人身和财产安全不受损害的权利。这是消费者最基本的一项权利。由于消费者取得商品和服务是用于生活消费的,安全可靠是最起码的期待,经营者必须保证商品和服务的质量不会损害消费者的生命与健康。根据《消费者权益保护法》的规定,消费者有权要求经营者提供的商品和服务,符合保障人身、财产安全的要求。

消费者的安全包括财产权和人身安全两个方面的权利。按照法律规定,为行使其安全权,消费者可以要求经营者修理不合格的商品;修理后仍不合格的,可以要求更换;更换后仍不合格的,可以要求退货。消费者因不合格商品受到人身伤害和财产损害的,可以要求损害赔偿。这还涉及另一个法律制度,即产品责任制度的适用。

现行法律增加了涉及安全权的具体条款:宾馆、商场、餐馆、银行、机场、车站、港口、影院等经营场所的经营者,应当对消费者尽到安全保障义务。

（二）知情权

知情权又称知悉真情权,是指消费者享有知悉其购买、使用的商品或者接受服务的真实情况的权利。知悉权是消费者是否购买某一商品,接受某项服务的前提条件。根据《消费者权益保护法》规定,消费者有权根据商品或者服务的不同情况,要求经营者提供商品的价格、产地、生产者、用途、性能、规格、等级、主要成分、生产日期、有效期限、检验合格证明、使用方法说明书、售后服务或者服务的内容、规格、费用等情况。唯有如此,才能保障消费者与经营者签约时做到知己知彼,并表达真实的意思。经营者提供虚假情况、隐瞒真实情况或者拒绝提供上述有关情况,都会造成对消费者合法权益的损害,构成对消费者的欺诈,消费者可以依法主张权利。法律明确规定:经营者向消费者提供有关商品或服务的质量、性能、用途,有效期限等信息应当真实、全面,不得弄虚作假。

（三）选择权

选择权是指消费者享有的自主选择商品或者服务的权利。该权利包括以下几方面:

（1）自主选择提供商品或者服务的经营者的权利。

（2）自主选择商品品种或者服务方式的权利。

（3）自主决定购买或者不购买任何一种商品、接受或者不接受任何一项服务的权利。

（4）在自主选择商品或服务时所享有的进行比较、鉴别和挑选的权利。

消费者作为消费品市场的主体和交易一方,享有充分的意思自治权利。市场中出现的搭售行为、强买强卖行为、限定购买行为等,都是对消费者自主选择权的侵害。而且,市场经济要求经营者为消费者提供各种质优价廉的服务。

（四）公平交易权

公平交易权是指消费者为生活消费购买商品、接受服务时,与经营者之间的一种平等主体之间的民事法律关系。但是,在实际生活中,消费者往往受到不公平的对待。为此,法律规定,消费者的公平交易权内容主要有两个:

　　(1) 消费者在购买商品或者接受服务时,有权获得质量有保证、价格合理、计量正确等公平交易条件。

　　(2) 消费者在购买商品和接受服务时有权拒绝经营者的强制交易行为。如利用格式合同免除自己的责任,利用店堂告示等强迫消费者接受不公平的交易条件等行为。法律规定,经营者向消费者提供商品或者服务,应当恪守社会公德、诚信经营,不得设定不公平、不合理的交易条件,不得强制交易。

　　(五) 求偿权

　　求偿权是指消费者在因购买、使用商品或者接受服务受到人身、财产损害时,依法享有的要求并获得赔偿的权利,也是消费者享有人身、财产安全不受损害的权利的应有之意和自然与合理延伸。否则,这种权利就没有什么价值和实际意义,只有当其人身、财产受到损害时,能够依法获得相应的合理的经济赔偿,其人身、财产安全才是真实可靠的。消费者的民事求偿权由于倾斜保护的原则,要比一般的民事赔偿更为周全。

　　(六) 结社权

　　结社权是指消费者享有的依法成立维护自身合法权益的社会团体的权利。政府对合法的消费者团体不应加以限制,并且,在制定有关消费者方面的政策和法律时,还应向消费者团体征求意见,以求更好地保护消费者权利。消费者权益保护法赋予消费者以依法成立维护自身合法权益团体的权利,旨在使得消费者能够从分散、弱小走向集中和强大,并通过一个合法存在的代表消费者全体利益的强有力的组织与实力雄厚的经营者相抗衡。

　　同时,法律赋予消费者组织在保护消费者合法权益方面对商品和服务进行社会监督的权利,授权消费者组织向消费者提供消费信息和咨询服务,受理消费者的投诉,支持受损害的消费者提起诉讼等。消费者社会团体的形成,有助于消费者学习和获取消费知识。同时,在消费争议的处理过程中,消费者社会团体可以支持消费者就商品或服务的质量及损害与经营者交涉,帮助消费者实现正当的权益要求。

　　消费者结社权是一项法定的权利,其行使也得依法定程序进行,要制定团体章程,并向法定机关登记。我国的消费者社会团体形式是消费者协会。

　　(七) 求教获知权

　　求教获知权又称受教育权或获取知识权,是从知情权中引申出来的一种消费者权利,是消费者和消费者权益保护方面的知识的权利。保障这一权利的目的是使消费者更好地掌握所需商品或服务的知识和使用技能,以使其正确使用商品、提高自我保护意识。

　　消费者具备必要的消费知识和保护自身权益的法律知识,才能正确和及时行使法律赋予消费者的各种权利。各级人民政府及其有关行政部门和消费者组织,应在各自的职责范围内,通过一定的形式,加强对消费者的宣传、教育和培训工作。这是保障消费者获得有关知识和行使这项权利的重要措施。

　　(八) 维护尊严权

　　维护尊严权是指消费者在购买、使用商品和接受服务时,享有其人格尊严、民族风俗习惯得到尊重的权利。尊重消费者的人格尊严和民族习俗,是消费者和经营者地位平等的体现,是尊重和保障人权的体现,是我国宪法保护民族利益的体现,也是社会文明进步的体现。

　　人格权是人身权的重要内容。根据各国宪法和民法的规定,人格权是指姓名权、肖像权、名誉权等方面的权利。在消费领域中,对消费者人格权的侵害主要表现为对消费者名誉和人身自由的侵犯,如经营者怀疑消费者偷盗了商品就无端指责消费者,甚至强行搜身、非法拘禁等。

我国是一个多民族的国家,因历史、文化、民族传统、经济、法律等因素的差异,各民族的风俗习惯也不同,市场中也不乏外国消费者。因此,经营者必须充分重视消费者的尊严问题。此外,消费者还享有个人信息依法得到保护的权利。

（九）监督权

依据我国《消费者权益保护法》的规定,批评监督权是指消费者享有对商品和服务以及保护消费者权益工作进行监督的权利。此外,消费者有权检查、控告侵害消费者权益的行为和国家机关及其工作人员在保护消费者权益工作中的违法失职行为,有权对保护消费者权益工作提出批评、建议。

消费者是商品的直接购买者、使用者和服务的受用者,也是商品和服务质量的直接检验者,对商品和服务质量的控告、批评和评价是作为消费者的权利,同时这种来自消费者的监督权是社会监督的重要组成部分。

第三节　经营者的义务

经营者是指从事商品销售和营业性服务,为消费者提供商品和服务的企业和自然人。在消费法律关系中,经营者的义务是指经营者在与消费者的商品交换关系中应承担的义务。消费法律关系中的消费者与经营者是两个相对应的主体。这两个主体间的权利义务是互为前提、相互依存的。由于经营者是为消费者提供其生产、销售的商品或服务的市场主体,只有经营者依法切实履行其义务,消费者的权利才能得以实现,即消费者权利的实现有赖于经营者义务的履行。

根据法律规定,消费者有义务本着对消费者负责,坚持公平、诚实信用、文明服务的原则从事经营活动,遵守职业道德,努力提高服务质量。

根据我国《消费者权益保护法》第三章的规定,在保护消费者权益方面,经营者负有下列义务。

一、履行法定或约定质量标准的义务

经营者向消费者提供商品或服务,应当依照《产品质量法》和其他有关法律、法规的规定履行义务。此外,经营者和消费者就质量标准有约定的,应当按照约定履行义务,但双方的约定不得违背法律、法规的规定。这是与消费者的公平交易权相对应的经营者的义务。

二、听取意见和接受监督的义务

经营者应当听取消费者对其提供的商品或服务的意见,接受消费者的监督。这是与消费者的批评监督权相对应的经营者的义务。

三、保障消费者人身和财产安全的义务

经营者应当保证其提供的商品或者服务符合保障人身财产安全的要求。对可能危及

人身、财产安全的商品和服务，应当向消费者作出真实的说明和明确的警示，并说明和标明正确使用商品或者服务的方法以及防止危害发生的方法。经营者发现其提供的商品或服务存在严重缺陷，即使正确使用商品或者接受服务仍然可能对人身、财产安全造成危害的，应当立即向有关行政部门报告和告知消费者，并采取防止危害发生的措施。这是与消费者的安全权相对应的经营者的义务。

四、提供真实信息的义务

提供真实信息的义务又称不作虚假宣传的义务，是指经营者应当向消费者提供有关商品或者服务的真实信息，不得作引人误解的虚假宣传；经营者对消费者就其提供的商品或者服务的质量和使用方法等问题提出的询问，应当作出真实、明确的答复；商店提供商品应当明码标价；经营者应当标明其真实名称和标记，租赁他人柜台或者场地的经营者，应当标明真实名称和标记。这是与消费者的知情权相对应的经营者的义务。

五、标明真实名称和标记的义务

经营者应当标明真实名称和标记。真实名称指企业名称，个体工商户及合法投资者在交易市场中使用的个人姓名。标记是指企业在营业活动中使用的特殊标记。

六、出具相应凭证和单据的义务

经营者提供商品或者服务，应当按照国家有关规定或者商业惯例向消费者出具购货凭证或者服务单据；消费者索要购货凭证或者服务单据的，经营者必须出具。购货凭证和服务单据对于界定消费者和经营者的权利义务具有特别重要的意义。这是消费者实现其依法求偿权的前提。

七、提供符合要求的商品或服务的义务

经营者应当保证在正常使用商品或者接受服务的情况下，其提供的商品或服务应当具有的质量、性能、用途和有效期限。但消费者在购买该商品或者接受该服务前已经知道其存在瑕疵的除外。此外，经营者以广告、产品说明、实物样品或者服务的质量状况来表明质量的，应当保证其提供的商品或者服务的实际质量和标明的质量状况相符。这是与消费者的公平交易权相对应的经营者的义务。

八、承担"三包"或者其他责任义务

经营者提供商品或者服务，按照国家规定或者与消费者的约定，承担包修、包换、包退或者其他责任的，应当按照国家规定或者约定履行，不得故意拖延或者无理拒绝。这是与消费者的公平交易权相对应的经营者的义务。

九、不得作出不公平、不合理规定的义务

为了保障消费者的公平交易权，经营者不得以格式合同、通知、声明、店堂告示等方式作出对消费者不公平、不合理的规定，或者减轻、免除其损害消费者权益应当承担的民事责任。凡是格式合同、通知、声明、店堂告示等含有对消费者作出的不公平、不合理的规定，或

者减轻、免除经营者应当承担的民事责任等内容的,其内容无效。

十、不得侵犯消费者的人身权的义务

人身权是《宪法》赋予公民的基本权利,消费者的人身自由、人格尊严不受侵犯。经营者不得对消费者进行侮辱、诽谤,不得搜查消费者的身体及其携带的物品,不得侵犯消费者的人身自由。人身权是《宪法》赋予公民的基本权利,消费者的人身自由、人格尊严不受侵犯。

十一、保密义务

现行《消费者权益保护法》规定经营者收集、使用消费者个人信息,应当遵循合法、正当、必要的原则,明示目的、方式和范围,并经消费者同意。不得违反法律、法规和双方的约定收集、使用信息。经营者及工作人员对收集的消费者个人信息必须严格保密,不得泄露、出售或者非法向他人提供。而且应当采取技术措施和其他必要措施,确保信息安全。在发生或者可能发生信息泄露、丢掉情况时,应当立即采取补救措施。

经营者严格履行上述各项义务,是消费者享有的行使有关权利的条件和前提。如果经营者不履行或者不完全履行法定的义务,必须承担相应的法律责任。

第四节　消费者权益的保护

一、国家保护

国家保护是消费者权益保护法中的一项基本原则。国家采取各种措施保障消费者依法行使权力,维护消费者的合法权益。根据我国《消费者权益保护法》第四章的规定,国家对消费者合法权益的保护主要体现在以下几个方面。

（一）立法保护

国家立法机关通过制定有关保护消费者利益的法律、法规,规范经营者的行为。建立和完善保护消费者权益的法制环境和运行机制。

（二）行政保护

各级人民政府负责领导、组织、协调、督促有关行政部门做好保护消费者合法权益的工作;各级人民政府负责监督,预防危害消费者人身、财产安全行为的发生,及时制止危害消费者人身、财产安全的行为;各级人民政府工商行政管理部门和其他有关行政部门应当依照法律、法规的规定,在各自的职责范围内,采取措施,保护消费者的合法权益;有关行政部门应当听取消费者及其社会团体对经营者交易行为、商品和服务质量问题的意见,及时调查处理。

各有关行政部门应按照法律规定,在各自的职责范围内采取必要的措施,保护消费者的合法权益。

1. 工商行政管理机关及其职责

根据《消费者权益保护法》的规定,各级人民政府工商行政管理部门是对消费者权益提供保护的主要部门。工商行政管理部门保护消费者权益体现在履行其各项基本职能方面。

（1）通过企业登记管理维护消费者的合法权益。

（2）通过市场监督管理维护消费者的合法权益。

（3）通过商标管理维护消费者的合法权益。

（4）通过广告管理维护消费者的合法权益。

（5）通过个体私营经济管理维护消费者的合法权益。

（6）通过经济监督维护消费者的合法权益。

2. 技术监督行政机关及其职责

根据消费者权益保护法及有关法律、法规的规定，技术监督管理机关是仅次于工商行政管理机关的保护消费者权益的机构，在保护消费者合法权益方面负有重要职责，主要表现为：

（1）制定有关保护消费者人身、财产安全的标准，为维护消费者的人身、财产安全提供良好的条件。

（2）对各种违反技术监督法律、法规的行为进行监督检查，并对确认违法的行为进行行政处罚，从而维护消费者的合法权益。

3. 卫生监督管理机关的职责

（1）对食品进行监督管理，保证食品卫生，从而维护消费者的合法权益。

（2）对药品进行监督管理，保证药品的疗效、安全，从而维护消费者的合法权益。

（3）对化妆品进行监督管理，保证化妆品的卫生，从而维护消费者的合法权益。

4. 进出口商品检验机关的职责

进出口商品检验机关保护消费者权益的职责，主要表现为根据国家授权，依法对进出口商品实施检验，防止伪劣商品流入市场，保证进出口商品的质量，从而维护消费者的合法权益。

5. 行业主管部门的职责

根据《消费者权益保护法》及有关法律的规定，行业主管部门保护消费者权益的职责，主要体现在其负有对经营者加强管理，防止发生损害消费者合法权益的行为，对出现的问题积极进行查处，以及加强有关消费者权益的服务等职能上。

对违法犯罪行为有惩处权力的有关国家机关，应当依据法律、法规的规定，惩处经营者在提供商品和服务中侵害消费者合法权益的违法犯罪行为，以切实保护消费者的合法权益。

（三）司法保护

国家司法机关依法惩处经营者侵害消费者合法权益的违法犯罪行为。人民法院应当采取措施，方便消费者提起诉讼。对符合《民事诉讼法》规定的起诉条件的消费者权益争议，必须受理，及时审理。依法在 7 天内立案，并通知有关当事人。

二、消费者保护组织

保护消费者的合法权益是全社会的共同责任。一切组织和个人都有权对损害消费者合法权益的行为进行社会监督。在保护消费者合法权益方面，各种消费者组织起着至关重要的作用。目前，消费者组织主要是消费者协会及其他消费者组织，通常称消费者自我保护组织，又称消费者组织，是指依法成立的对商品和服务进行社会监督的保护消费者合法权益的社会团体。

《消费者权益保护法》明确规定，消费者协会和其他消费者组织是依法成立的对商品和服务进行社会监督的保护消费者合法权益的社会团体。它具体履行以下职能：

（1）向消费者提供消费信息和咨询服务。

（2）参与有关行政部门对商品和服务的监督、检查。

（3）就有关消费者合法权益问题，向有关行政部门反映、查询、提出建议。

（4）受理消费者的投诉，并对投诉事项进行调查、调解。

（5）投诉事项涉及商品和服务质量问题的，可以提请鉴定部门鉴定，鉴定部门应当告知鉴定结论。

（6）就损害消费者合法权益的行为，支持受损害的消费者提起诉讼。

（7）对损害消费者合法权益的行为，通过大众传播媒介予以揭露、批评。

消费者协会的职能，主要在于履行公益性职责，对损害消费者合法权益的行为，支持受损害方提起诉讼。对于群体性消费事件，消费者可以请求消费者协会提起公益诉讼。现行《消费者权益保护法》明确了消费者协会的诉讼主体地位。

三、解决消费者权益争议的途径

消费者权益争议可简称为消费争议，是指在消费领域中消费者与经营者之间因其间的权利义务关系而产生的争议。

1. 消费者争议

从争议的内容看，消费争议主要有两类：① 经营者不履行法定或约定义务而损害消费者权益而产生的争议；② 经营者和消费者对经营者提供的商品或服务存在不同看法而产生的争议。

2. 争议的解决途径

根据我国《消费者权益保护法》的规定，消费者和经营者发生消费者权益争议的，可以通过下列途径解决：

（1）与经营者协商和解。

（2）请求消费者协会调解。

（3）向有关行政部门申诉。

（4）根据与经营者达成的仲裁协议提请仲裁机构仲裁。

（5）向人民法院提起诉讼。

消费者权益争议的当事人可以选择任何一种方式解决彼此间的争议。解决途径的多元化有利于消费者及时、有效地保护自己的正当权益。在一般情况下，当消费者认为其合法权益受到损害时，通常有先向经营者进行交涉，希望通过协商和解，在协商不能解决的情况下，消费者常常会选择向消费者协会投诉，或者向有关工商行政、物价、卫生、技术监督、商品检验等行政管理部门申诉的途径。最后才选择仲裁或者诉讼的方式。但是，这并不是解决争议的法定步骤。事实上，消费者认为合法权益受到损害时，完全有权在上述五种解决争议的途径中选一种对自己最为有利的途径。

3. 争议的解决方法

消费者合法权益受到损害后，有权要求经营者承担赔偿责任。具体包括如下内容：

（1）消费者在购买、使用商品时，其合法权益受到损害的，可以向销售者要求赔偿，而不必深究造成损害的责任具体应由谁来负。因为生产者或者其他销售者可能在外地，也可能在国外,如果要求消费者向直接责任者追偿,这对保护消费者权益是十分不利的。销售者赔偿后,属于生产者的责任或者属于向销售者提供商品的其他销售者的责任的,销售者有权向生产者或者其他销售者追偿。

(2)消费者或其他受害人因产品缺陷造成人身、财产损害的,可向销售者要求赔偿,也可以向生产者要求赔偿。属于生产者责任的,销售者赔偿后,有权向生产者追偿。属于销售者责任的,生产者赔偿后,有权向销售者追偿。这样加大了消费者求偿保障系数。消费者无需证明谁是造成其损害的直接责任者。当然属于生产者责任的,销售者在赔偿消费者或者其他受害人的损害后,有权向生产者追偿;属于销售者责任的,生产者赔偿后,同样有权向销售者赔偿。

(3)消费者在接受服务时,若其合法权益受到损害,消费者可以向服务者要求赔偿。

(4)消费者在购买、使用商品或者接受服务时,其合法权益受到损害,因原企业分立、合并的,可以向变更后承受其权利义务的企业要求赔偿。

(5)使用他人营业执照的违法经营者提供的商品或者服务,损害消费者合法权益的,消费者可以向其要求赔偿,也可以向营业执照的持有人要求赔偿。

(6)消费者在展销会、租赁柜台购买商品或者接受服务,其合法权益受到损害的,可以向销售者或者服务者要求赔偿。展销会结束或者租赁柜台期满后,也可以向展销会的举办者、柜台的出租者要求赔偿。展销会的举办者、柜台的出租者赔偿后,有权向销售者或者服务者追偿。

(7)消费者因经营者利用虚假广告提供商品或者服务,其合法权益受到损害的,可以向经营者要求赔偿,广告的经营者发布虚假广告的,消费者可以请求行政主管部门予以惩处。广告的经营者不能提供经营者的真实名称、地址的,应当承担赔偿责任。

法律对上述特殊情况作出的规定,给公正执法提供了依据,授予受损害的消费者及时、目标明确地实现获得赔偿的权利。使消费者因众多经营者相互推诿而难以求偿的状况得以改善。

第五节　法律责任

由于侵犯消费者合法权益的行为的性质、情节、社会危害性等情况不同,侵害者应当承担法律责任的形式也有所不同。根据《消费者权益保护法》的规定,承担法律责任的形式为民事责任、行政责任和刑事责任。

一、民事责任

1. 应承担民事责任的情形

经营者提供商品或者服务有下列情形之一的,除《消费者权益保护法》另有规定外,应当按照《产品质量法》和其他有关法律、法规的规定,承担民事责任。

(1)商品存在缺陷的。

(2)不具备商品应当具备的使用性能而出售时未作说明的。

(3)不符合在商品或者其包装上注明采用的商品标准的。

(4)不符合商品说明、实物样品等方式表明的质量状况。

（5）生产国家明令淘汰的商品或者销售失效、变质的商品的。

（6）销售的商品数量不足的。

（7）服务的内容和费用违反约定的。

（8）对消费者提出的修理、重做、更换、退货、补足商品数量、退还货款和服务费用或者赔偿损失的要求，故意拖延或者无理拒绝的。

（9）法律、法规规定的其他损害消费者权益的情形。

2. 赔偿

《消费者权益保护法》规定，经营者有上述 9 种行为之一的，受侵害的消费者可依据相应的法律、法规，要求经营者承担相应的民事责任，也可以向经营者要求进行如下赔偿：

（1）经营者提供商品或者服务，造成消费者或者其他受害人人身伤害的，应当支付医疗费、治疗期间的护理费、因误工减少的收入等费用，造成残疾的，还应当支付残疾者生活自助费、生产补助费、残疾赔偿金以及由其抚养的人所必需的生活费等费用。

（2）经营者提供商品或者服务，造成消费者或者其他受害人死亡的，应当支付丧葬费、死亡赔偿金以及由死者生前抚养的人所必需的生活费等费用。

（3）经营者对消费者进行侮辱、诽谤，或者搜查消费者的身体及其携带的物品，侵害消费者的人格尊严或者侵犯消费者人身自由的，应当停止侵害、恢复名誉、消除影响、赔礼道歉，并赔偿损失。值得一提的是，消费者作为一名公民，其人身权受到国家宪法、法律的保护、任何经营者均不得以任何理由，自行决定搜查消费者的身体及其携带的物品。如果经营者发现其商品失窃，应当按照法定程序，由有关机关依法对嫌疑人的身体及其携带物品进行必要的搜查。

（4）经营者提供的商品或者服务，造成消费者财产损害的，应当按照消费者的要求，以修理、重做、更换、退货、补足商品数量、退还货款和服务费用或者赔偿损失等方式承担民事责任。消费者与经营者另有约定的，按照约定进行。

（5）依法经有关行政部门认定为不合格的商品，消费者要求退货的，经营者应当负责退货。

（6）对国家规定或者经营者约定包修、包换、包退的商品，经营者应当负责修理、更换或者退货。在保修期内两次修理仍不能正常使用的，经营者应当负责更换或者退货。对包修、包换、包退的大件商品，消费者要求经营者修理、更换、退货的，经营者应当承担运输等合理费用。

（7）经营者以邮购方式提供商品的，应当按照约定提供。未按照约定提供的，应当按照消费者的要求履行约定或者退回货款；并应当承担消费者必须支付的合理费用。

（8）经营者以预售方式提供商品或者服务的，应当按照约定提供。未按照约定提供的，应当按照消费者的要求履行约定或者退回预付款；并应当承担预付款的利息和消费者必须支付的合理费用。

（9）经营者提供商品或服务有欺诈行为的，应当按照消费者的要求增加赔偿其受到的损失，增加赔偿的金额为消费者购买商品的价款或者接受服务的费用的 1 倍。

惩罚性赔偿金适用于经营者提供商品或服务时存在欺诈的场合。经营者实施欺诈的行为主要有以下几个方面：在商品或服务的广告宣传中，制作、发布虚假的、引人误解的广告；对商品价格作虚假表示；冒用他人的注册商标，冒用质量认证标志、名优标志，伪造商品的产地,冒用他人商品特有的名称、包装、装潢;商品存在瑕疵而不予告知;在商品上对商品的质量作引人误解的虚假表示等等。总之,凡是以故意使消费者产生错误认识而购买商品、接受服务作为目的的行为,都属于欺诈行为。

二、行政责任

根据《消费者权益保护法》的规定,经营者有下列情形之一,《产品质量法》和其他有关法律、法规对处罚机关和处罚方式有规定的,依照法律、法规的规定执行;法律、法规未作规定的,由工商行政管理部门责令改正,可以根据情节单处或者并处警告、没收违法所得、处以违法所得1倍以上5倍以下的罚款,没有违法所得的,处以1万元以下的罚款;情节严重的,责令停业整顿、吊销营业执照。

(1)生产、销售的商品不符合保障人身、财产安全要求的。

(2)在商品中掺杂、掺假、以假充真、以次充好,或者以不合格商品冒充合格商品的。

(3)生产国家明令淘汰的商品或者销售失效、变质的商品的。

(4)伪造商品的产地,伪造或者冒用他人的厂名、厂址,伪造或者冒用认证标志、名优标志等质量标志的。

(5)销售的商品应当检验、检疫而未检验、检疫或者伪造检验、检疫结果的。

(6)对商品或者服务作引人误解的虚假宣传的。

(7)对消费者提出的修理、重做、更做、更换、退货、补足商品数量、退还货款和服务费用或者赔偿损失的要求,故意拖延或者无理拒绝的。

(8)侵害消费者人格尊严或者侵犯消费者人身自由的。

(9)法律、法规规定的对损害消费者权益应当予以处罚的其他情形。

经营者对行政处罚决定不服的,可以自收到处罚决定之日起15日内向上一级行政机关申请复议,对复议决议不服,可以自收到复议决定书之日起15日内向人民法院提起诉讼;也可以直接向人民法院提起诉讼。

三、刑事责任

对于经营者侵害消费者合法权益的刑事责任,《消费者权益保护法》规定了三种情形:

(1)经营者提供商品或者服务,造成消费者或者其他受害人人身伤害或死亡,情节严重,构成犯罪的。

(2)经营者以暴力、威胁等方法阻碍有关行政部门工作人员依法执行职务,情节严重,构成犯罪的。

(3)国家机关工作人员玩忽职守或者包庇经营者侵害消费者合法权益的行为,情节严重,构成犯罪的。

上述规定,具有较强的针对性。如果经营者犯有上述三种情形之外的其他侵害消费者合法权益的犯罪行为,当然,也应当受到刑事制裁。

第 五 编

金融法律制度

第十五章 商业银行法

第一节 银行法概述

一、我国的银行体系

我国银行体系由中央银行、监管机构、自律组织和银行业金融机构组成。

1. 中国人民银行

中国人民银行是国家的中央银行,在国务院的领导下,负责制定和执行货币政策,防范和化解金融风险,维护金融稳定的职责。中国人民银行作为中央银行,既是一个国家机关法人,又是特殊的金融机构。《中华人民共和国中国人民银行法》(以下简称《人民银行法》)确定了其法律地位和权能上的相对独立。通常,人们把中央银行的职能归纳为"发行的银行、政府的银行、银行的银行、金融调控的银行和金融监管的银行"。

2. 中国银行业监督管理委员会

中国银行业监督管理委员会简称银监会,负责对全国银行业金融机构及其业务活动实施监管。2003 年 4 月 25 日正式成立的银监会为国务院直属事业单位,负责统一监管银行、金融资产管理公司、信托投资公司以及其他存款类金融机构。2003 年 12 月通过,2006 年 10 月修改的《中华人民共和国银行监督管理法》规定了银监会的监督管理职责和行政执法职能。

3. 中国银行业协会

中国银行业协会是在民政部登记注册的全国性非营利社会团体,是中国银行业的自律组织。2000 年成立,是由我国境内注册的各商业银行、政策性银行自愿结成。该协会及其业务接受中国银监会的指导、监督和管理。

4. 银行金融机构

中国的银行业金融机构包括属于政策性银行的国家开发银行、中国进出口银行和中国农业发展银行。大型商业银行包括农村金融机构,以及中国邮政储蓄银行和外资银行。作为银监会监管的非银行金融机构包括金融资产管理公司、信托公司、企业集团财务公司、金融租赁公司、汽车金融公司和货币经纪公司。

二、商业银行法

银行法是指调整各类银行的组织及其业务经营的法律规范的总称。我国银行法体系由 1995 年颁布的《中华人民共和国中国人民银行法》《中华人民共和国银行监督管理法》《中华人民共和国商业银行法》,由国务院、中国人民银行颁布的《中华人民共和国外资银行管理条例》等行政法规构成。商业银行是我国金融体系中的重要主体,本章以《商业银行法》

作为主要内容。

《中华人民共和国商业银行法》(以下简称《商业银行法》)于 1995 年 5 月 10 日第八届全国人民代表大会常务委员会第十三次会议通过。《商业银行法》颁布以来的 20 多年中,中国金融业得到迅速发展和繁荣,《商业银行法》也因此两次修订。根据 2003 年 12 月 27 日第十届全国人民代表大会常务委员会第六次会议《关于修改〈中华人民共和国商业银行法〉的决定》第一次修正,自 2004 年 2 月 1 日起施行。根据 2015 年 8 月 29 日第十二届全国人民代表大会常务委员会第十六次会议《关于修改〈中华人民共和国商业银行法〉的决定》第二次修正自 2015 年 10 月 1 日施行。

商业银行是指依法设立的从事吸收公众存款、发放贷款、办理结算等业务的企业法人。《商业银行法》第 2 条规定:"本法所称的商业银行是指依照本法和《中华人民共和国公司法》设立的吸收公众存款、发放贷款、办理结算等业务的企业法人"。《商业银行法》的立法宗旨,是为了保护商业银行、存款人和其他客户的合法权益,规范商业银行的行为,提高信贷资产质量,加强监督管理,保障商业银行的稳健运行,维护金融秩序,促进社会主义市场经济的发展。

第二节　商业银行的设立

商业银行作为金融机构,它的设立应当符合法定条件,并经国务院银行业监督管理机构审查批准。未经国务院银行业监督管理机构批准。任何单位和个人不得从事商业银行业务。

一、商业银行的设立条件

根据《商业银行法》第 12 条设立商业银行,应当具备下列条件:

(1) 有符合《商业银行法》和《中华人民共和国公司法》规定的章程。

(2) 有符合《商业银行法》规定的注册资本最低限额。设立全国性商业银行的注册资本最低限额为 10 亿元人民币。设立城市商业银行的注册资本最低限额为 1 亿元人民币,设立农村商业银行的注册资本最低限额为 5 000 万元人民币。注册资本应当是实缴资本。国务院银行业监督管理机构根据审慎监管的要求可以调整注册资本最低限额,但不得少于前款规定的限额。

(3) 有具备任职专业知识和业务工作经验的董事、高级管理人员。有下列情形之一的,不得担任商业银行的董事、高级管理人员:① 因犯有贪污、贿赂、侵占财产、挪用财产罪或者破坏社会经济秩序罪,被判处刑罚,或者因犯罪被剥夺政治权利的;② 担任因经营不善破产清算的公司、企业的董事或者厂长、经理,并对该公司、企业的破产负有个人责任的;③ 担任因违法被吊销营业执照的公司、企业的法定代表人,并负有个人责任的;④ 个人所负数额较大的债务到期未清偿的。

(4) 有健全的组织机构和管理制度。

(5) 有符合要求的营业场所、安全防范措施和与业务有关的其他设施。

二、商业银行设立的程序

设立商业银行除具备上述条件,申请人还应当向国务院银行业监督管理机构提交下列文件和资料：

(1) 申请文件。申请书应当载明拟设立的商业银行的名称、所在地、注册资本、业务范围等。

(2) 可行性研究报告。

(3) 章程草案。

(4) 拟任职的董事、高级管理人员的资格证明。

(5) 法定验资机构出具的验资证明。

(6) 股东名册及其出资额、股份。

(7) 持有注册资本5%以上的股东的资信证明和有关资料。

(8) 经营方针和计划。

(9) 营业场所、安全防范措施和与业务有关的其他设施的资料。

(10) 国务院银行业监督管理机构规定的其他文件、资料。

经批准设立的商业银行，由国务院银行业监督管理机构颁发经营许可证，并凭该许可证向工商行政管理部门办理登记，领取营业执照。商业银行应当依照法律、行政法规的规定使用经营许可证。禁止伪造、变造、转让、出租、出借经营许可证。

商业银行的组织形式、组织机构适用《中华人民共和国公司法》的规定。经批准设立的商业银行分支机构，由国务院银行业监督管理机构颁发经营许可证，并凭该许可证向工商行政管理部门办理登记，领取营业执照。商业银行对其分支机构实行全行统一核算，统一调度资金，分级管理的财务制度。商业银行分支机构不具有法人资格，在总行授权范围内依法开展业务，其民事责任由总行承担。经批准设立的商业银行及其分支机构，由国务院银行业监督管理机构予以公告。商业银行及其分支机构自取得营业执照之日起无正当理由超过6个月未开业的，或者开业后自行停业连续6个月以上的，由国务院银行业监督管理机构吊销其经营许可证，并予以公告。

商业银行以安全性、流动性、效益性为经营原则，实行自主经营、自担风险、自负盈亏、自我约束。商业银行依法开展业务，不受任何单位和个人的干涉。作为独立的企业法人，商业银行以其全部法人财产独立承担民事责任。

第三节　商业银行的业务与规制

一、商业银行的业务范围

根据《商业银行法》的规定，商业银行可以经营下列部分或者全部业务：

(1) 吸收公众存款。

(2) 发放短期、中期和长期贷款。

(3) 办理国内外结算。

(4) 办理票据承兑与贴现。

(5) 发行金融债券。

(6) 代理发行、代理兑付、承销政府债券。

(7) 买卖政府债券、金融债券。

（8）从事同业拆借。

（9）买卖、代理买卖外汇。

（10）从事银行卡业务。

（11）提供信用证服务及担保。

（12）代理收付款项及代理保险业务。

（13）提供保管箱服务。

（14）经国务院银行业监督管理机构批准的其他业务。

商业银行的经营范围由章程规定，经中国人民银行批准，可以经营结汇、售汇业务。任何单位和个人不得从事吸收公众存款等商业银行业务，任何单位不得在名称中使用"银行"字样。

二、商业银行的业务规则

在商业银行的诸多业务中，存贷款业务是商业银行的核心业务之一。商业银行应当保障存款人的合法权益不受任何单位和个人的侵犯。《商业银行法》制定了如下业务规则。

1. 吸收公众存款业务规则

（1）商业银行办理个人储蓄存款业务，应当遵循存款自愿、取款自由、存款有息、为存款人保密的原则。对个人储蓄存款，商业银行有权拒绝任何单位或者个人查询、冻结、扣划，但法律另有规定的除外。

（2）对单位存款，商业银行有权拒绝任何单位或者个人查询，有权拒绝任何单位或者个人冻结、扣划，但法律另有规定的除外。

（3）商业银行应当按照中国人民银行规定的存款利率的上下限，确定存款利率，并予以公告。

（4）商业银行应当按照中国人民银行的规定，向中国人民银行交存存款准备金，留足备付金。

（5）商业银行应当保证存款本金和利息的支付，不得拖延、拒绝支付存款本金和利息。

2. 发放贷款业务规则

发放贷款是商业银行作为债权人将货币贷给借款人，在约定期届满后借款人还本付息的业务。商业银行应本着安全、效益、流动的原则，严格审查制度，审核对借款人的资信状况，贷款项目的贷用途、偿还能力、还款方式等。

（1）商业银行开展信贷业务，应当严格审查借款人的资信，实行担保，保障按期收回贷款。

（2）商业银行依法向借款人收回到期贷款的本金和利息，受法律保护。

（3）任何单位和个人不得强令商业银行发放贷款或者提供担保。商业银行有权拒绝任何单位和个人强令要求其发放贷款或者提供担保。

（4）商业银行不得向关系人发放信用贷款；向关系人发放担保贷款的条件不得优于其他借款人同类贷款的条件。所称关系人，是指商业银行的董事、监事、管理人员、信贷业务人员及其近亲属。

3. 非借贷业务

（1）信托与票据业务。商业银行在中华人民共和国境内不得从事信托投资和证券经营业务,不得向非自用不动产投资或者向非银行金融机构和企业投资,但国家另有规定的除外。

(2)票据结算业务。商业银行办理票据承兑、汇兑、委托收款等结算业务,应当按照规定的期限兑现,收付入账,不得压单、压票或者违反规定退票。有关兑现、收付入账期限的规定应当公布。

(3)债券与境外借款业务。商业银行发行金融债券或者到境外借款,应当依照法律、行政法规的规定报经批准。

(4)同业拆借业务。应当遵守中国人民银行的规定,禁止利用拆入资金发放固定资产贷款或者用于投资。拆出资金限于交足存款准备金、留足备付金和归还中国人民银行到期贷款之后的闲置资金。拆入资金用于弥补票据结算、联行汇差头寸的不足和解决临时性周转资金的需要。

第四节 商业银行的监督与管理

一、商业银行的法定义务

商业银行应当按照有关规定,制定本行的业务规则,建立、健全本行的风险管理和内部控制制度。应当建立、健全本行对存款、贷款、结算、呆账等各项情况的稽核、检查制度。《商业银行法》规定:

(1)商业银行应当按照国家有关规定保存财务会计报表、业务合同以及其他资料。商业银行办理业务,提供服务,按照规定收取手续费。收费项目和标准由国务院银行业监督管理机构、中国人民银行根据职责分工,分别会同国务院价格主管部门制定。

(2)商业银行应当依照法律和国家统一的会计制度以及国务院银行业监督管理机构的有关规定,建立、健全本行的财务、会计制度。

(3)商业银行应当按照国家有关规定,真实记录并全面反映其业务活动和财务状况,编制年度财务会计报告,及时向国务院银行业监督管理机构、中国人民银行和国务院财政部门报送。商业银行不得在法定的会计账册外另立会计账册。

(4)商业银行应当于每一会计年度终了三个月内,按照国务院银行业监督管理机构的规定,公布其上一年度的经营业绩和审计报告。应当按照国家有关规定,提取呆账准备金,冲销呆账。对分支机构应当进行经常性的稽核和检查监督。

(5)商业银行应当按照规定向国务院银行业监督管理机构、中国人民银行报送资产负债表、利润表以及其他财务会计、统计报表和资料。

(6)商业银行不得违反规定提高或者降低利率以及采用其他不正当手段,吸收存款,发放贷款。

(7)商业银行的营业时间应当方便客户,并予以公告。商业银行应当在公告的营业时间内营业,不得擅自停止营业或者缩短营业时间。

国务院银行业监督管理机构有权依法,随时对商业银行的存款、贷款、结算、呆账等情况进行检查监督。检查监督时,检查监督人员应当出示合法的证件。商业银行应当按照国务院银行业监督管理机构的要求,提供财务会计资料、业务合同和有关经营管理方面的其他信息。中国人民银行有权依照《中华人民共和国中国人民银行法》第 32 条、第 34 条的规定对商业银行进行检查监督。商业银行应当依法接受审计机关的审计监督。

二、商业银行工作人员的法定义务

《商业银行法》规定,商业银行的工作人员应当遵守法律、行政法规和其他各项业务管理的规定,不得有下列行为:

(1) 利用职务上的便利,索取、收受贿赂或者违反国家规定收受各种名义的回扣、手续费。

(2) 利用职务上的便利,贪污、挪用、侵占本行或者客户的资金。

(3) 违反规定徇私向亲属、朋友发放贷款或者提供担保。

(4) 在其他经济组织兼职。

(5) 商业银行的工作人员不得泄露其在任职期间知悉的国家秘密、商业秘密。

(6) 违反法律、行政法规和业务管理规定的其他行为。

《商业银行法》规定:"商业银行违反本法规定的,国务院银行业监督管理机构可以区别不同情形,取消其直接负责的董事、高级管理人员一定期限直至终身的任职资格,禁止直接负责的董事、高级管理人员和其他直接责任人员一定期限直至终身从事银行业工作。商业银行的行为尚不构成犯罪的,对直接负责的董事、高级管理人员和其他直接责任人员,给予警告,处 5 万元以上 50 万元以下罚款。"

商业银行的工作人员违反法律、法规,实施违法违规行为所应承担的行政责任和民事责任,当事人或直接责任人员如触犯刑法的应承担刑事责任。

第五节　商业银行的变更与终止

一、商业银行的变更

商业银行有下列变更事项之一的,应当经国务院银行业监督管理机构批准。

(一) 登记事项的变更

登记事项的变更包括:① 变更名称;② 变更注册资本;③ 变更总行或者分支行所在地;④ 调整业务范围;⑤ 变更持有资本总额或者股份总额 5% 以上的股东;⑥ 修改章程;⑦ 国务院银行业监督管理机构规定的其他变更事项。

(二) 合并与分立

企业合并、分立等行为是法律意义上的重大变更,《商业银行法》明确规定商业银行的分立、合并,适用《中华人民共和国公司法》的规定。分立、合并,应当经国务院银行业监督管理机构审查批准。

(三) 股份变更

任何单位和个人购买商业银行股份总额 5% 以上的,应当事先经国务院银行业监督管理机构批准。

(四) 人事变更

更换董事、高级管理人员时,应当报经国务院银行业监督管理机构审查其任职资格。

商业银行可能出现的重大的变更还有可能是因为被接管。接管是在法定条件下针对商业银行采用的一种措施。当商业银行已经或者可能发生信用危机,严重影响存款人的利益时,国务院银行业监督管理机构可以对该银行实行接管。接管的后果既有可能使被接管的商业银行恢复正常营业,也可能因无法奏效而不能避免出现合并、破产重大变故。

国务院银行业监督管理机构接管的目的是对被接管的商业银行采取必要措施,以保护存款人的利益,恢复商业银行的正常经营能力。被接管的商业银行的债权债务关系不因接管而变化。接管由国务院银行业监督管理机构决定,并组织实施。国务院银行业监督管理机构的接管决定应当载明下列内容:① 被接管的商业银行名称;② 接管理由;③ 接管组织;④ 接管期限。

接管决定由国务院银行业监督管理机构予以公告。接管自接管决定实施之日起开始。

自接管开始之日起,由接管组织行使商业银行的经营管理权力。接管期限届满,国务院银行业监督管理机构可以决定延期,但接管期限最长不得超过 3 年。接管法定期间届满,当出现了法律设定的情形之一的,接管终止:第一,接管决定规定的期限届满或者国务院银行业监督管理机构决定的接管延期届满。第二,接管期限届满前,该商业银行已恢复正常经营能力。第三,接管期限届满前,该商业银行被合并或者被依法宣告破产。

二、商业银行的终止

《商业银行法》规定了商业银行因解散、被撤销和被宣告破产而终止的相关规则。

(1)解散。商业银行因分立、合并或者出现公司章程规定的解散事由需要解散的,应当向国务院银行业监督管理机构提出申请,并附解散的理由和支付存款的本金和利息等债务清偿计划,经国务院银行业监督管理机构批准后解散。

(2)清算。商业银行解散的,应当依法成立清算组,进行清算,按照清偿计划及时偿还存款本金和利息等债务。国务院银行业监督管理机构监督清算过程。

(3)撤销。商业银行因吊销经营许可证被撤销的,国务院银行业监督管理机构应当依法及时组织成立清算组,进行清算,按照清偿计划及时偿还存款本金和利息等债务。

(4)破产。商业银行不能支付到期债务,经国务院银行业监督管理机构同意,由人民法院依法宣告其破产。商业银行被宣告破产的,由人民法院组织国务院银行业监督管理机构等有关部门和有关人员成立清算组,进行清算。

(5)破产清算。商业银行破产清算时,在支付清算费用、所欠职工工资和劳动保险费用后,应当优先支付个人储蓄存款的本金和利息。

第十六章 证券法

第一节 证券法概述

一、证券及其类型

证券是指具有一定的票面金额,用以表明各类财产的所有权或债权的书面凭证,它是一种证明权,有广义与狭义之分。广义的证券是指证明持有人享有一定经济权益的书面凭证,包括资本证券、货币证券和商品证券。狭义的证券专指资本证券,即股票债券,是指具有一定票面金额,证明持券人享有一定的所有权的债权的书面凭证。

证券一般需具备两个基本特征:法律特征和书面特征。证券的法律特征是指由证券产生的一系列经济行为必须具有合法性,否则不能成为证券。证券的书面特征是指证券内容应以书面形式或与书面形式具有同等效力的形式加以确定,除此以外的其他形式都不能采用。

二、证券类型

按照不同的标准,证券可以分为不同的种类。证券依其是否具有价值,并为持有者带来一定的收益,可分为有价证券和无价证券。

(一) 无价证券

无价证券分为证据证券和占有权证券。证据证券是指单纯证明某一特定事实的书面凭证,如购物发票、收据等。占有权政权是指单纯证明持券人具有某种合法占有权的书面凭证,如进出口许可证、保修单等。

(二) 有价证券

有价证券分为财务证券、货币证券和资本证券。财务证券是指证明某种财务所有权的凭证。拥有财务证券就意味着拥有财务所有权;丧失财务证券就意味着丧失财务所有权,如提单、仓单等。货币证券是指标明持券人具有取得货币索取权的书面凭证,也就是表明对货币的请求权。它的权利标的物是一定的或可以确定的货币额,如汇票、本票等。资本证券是指由资本投资以及与资本投资有直接联系的经济活动而产生的凭证。资本证券的持有者可以因对证券本身的拥有而取得收益,也可以因政权的转让流通而获得收益。资本证券特别是股票和债券,是有价证券的主要形式,也是证券市场上最为活跃的投资对象。资本证券的类型有以下几种。

1. 股票

股票是股份公司发给股东(出资者)证明其投资入股,并有权取得股息收入的凭证,也是股份公司对出资者表示股东权力的证书。股票的拥有者即是股东,是股份公司的所有者。但是,真正有权支配公司的所有者实际上是掌握较多股票份额的大股东。

股票是一种永不偿还的有价证券,股份公司不会对股票的持有者偿还本金。一旦购入股票,就无权向股份公司要求退股,股东的资金只能通过股票的转让来收回,将股票所代表着的股东身份及其各种权益让渡给受让者,而其股价在转让时受到公司收益、公司前景、市场供求关系和经济形势等多种因素的影响。

股票作为一种所有权证书,最初是采取有纸化印刷方式的,如上海的老八股。在这种有纸化方式中,股票纸面通常记载着股票面值、发行公司名称、股票编号、发行公司成立登记的日期、该股票的发行日期、董事长及董事签名、股票性质等事项,随着现代电子技术的发展,电子化股票应运而生,这种股票没有纸面凭证,它一般将有关事项储存于电脑中心,股东只持有一个股东账户卡,通过电脑终端可查到持有的股票品种和数量,这种电子化股票又称为无纸化股票。目前,我国在上海和深圳交易所上市的股票基本采取这种方式。

股票的基本要素包括:面值、市值、股息、分红和股权。股票的基本特征表现为:

第一,无期性。无期性即股票投资者的长期性。一旦买入某一公司的股票,投资者就不能中途向公司退股,抽回投资。但是,由于存在股票交易所,投资者可以通过股票交易所卖出或转让他的股票,收回投资。

第二,权责性。股票投资者具有参与股份公司经营、盈利分配和承担有限责任的权利和义务。

第三,流通性。股票可以随时在股票市场上买卖、转让。它也可以作为一种抵押品,所以,股票持有者可以随时将股票买卖、转让而获得现金。无记名股票的转让只要将股票交付给收让人,即可达到转让的法律效果。记名股票的转让则要在卖出人盖章背书后才可转让。

第四,风险性。即股票投资收益的风险性。股票按不同标准可以划分为若干类型:①以股票票面是否记载票面金额,可分为面额股票和无面额股票;②以股票持有方式,可分为记名股票和不记名股票;③以股东权利享有的内容划分,无记名股票,可分为普通股和优先股等。

2. 债券

债券是政府、金融机构、企业向社会公众筹措资金而发行的载明到期还本付息的一种固定收益的有价证券,债券是一种债务证书,是对借款承担偿付本息义务的凭证。债券,按发行主体的不同分类,可分为:

第一,政府债券。其中因发行主体不同,又可分为国家债券、政府机构债券和地方债券。

第二,金融债券。

第三,企业债券。债券,按偿还期限的长短,可分为短期债券、中期债券和长期债券。

债券按是否记名,可分为记名债券和无记名债券等。

3. 基金券

基金券又称受益凭证,是指证券投资基金法给投资者,用来记载投资者所持基金单位数的凭证。投资者按其所持有基金券在基金中所占的比例来分享基金盈利、分担基金亏损。基金券是一种面额证券,其持有人一般不直接参与对基金的管理。基金的具体业务活动由经理公司来承担,亦称"专家理财"。

4. 认购股权证

认购股权证是指无限期或在一定期限内,股份公司给予持证人的一种权利凭证。持有人持此凭证可以用确定价格购买一定数量的普通股份。这是持证人认购公司股票的一种长期权利,但其本身不是所有权权力证明,其持有人不具备股东资格。认购凭证可以依法转让,给持有人带来收益,因而也是一种有价证券。

二、证券法

(一)证券立法

证券法是调整证券发行、证券交易和证券监管法律关系的总称。20世纪90年代,我国的证券市场开始起步发展,为规范并促进证券市场的健康发展,在总结1990年至1998年证券市场发展之初的这个阶段的实践经验的基础上,借鉴发达国家资本市场发展的经验以及金融危机的教训,起草了《证券法》,并于1998年12月29日第九届全国人民代表大会常务委员会第六次会议通过了《中华人民共和国证券法》,自1999年7月1日起施行。这是新中国成立以来第一部《证券法》。

《证券法》的颁布对于规范我国证券发行与交易行为,维护投资者的合法权益,保障证券市场健康有序的发展起到了非常重要的作用。自实施以来,先后经历过两次重大修改。2003年7月18日,人大财经委成立证券法修改起草工作机构,以此为标志,我国的证券法修改工作正式启动。2005年10月27日,第十届全国人民代表大会常务委员会第十八次会议正式通过《证券法》修订草案,中华人民共和国主席令第四十三号《中华人民共和国证券法》,修订后的《中华人民共和国证券法》自2006年1月1日起施行。自2005年证券法的修订,已经过去10年的时间,资本市场的监管理念和市场环境都发生了巨大变化,其中的一些法律条文已不能适应现实的市场发展需要。加之2013年12月《公司法》对资本制度的重大变革,公司设立由审批制改为注册制、公司出资方式的改变等,均致使《证券法》修改的准备加速进行。正在进展中的《证券法》修改思路主要是:第一,推进市场化,促进市场在证券市场资源配置中发挥决定性作用;第二,放松管制,鼓励创业创新,推动证券行业发展;第三,加强监管执法,强化对投资者,特别是中小投资者合法权益的保护。在股票发行注册制改革方面,对注册程序、发行条件、各方责任、建立公开发行豁免注册和股票转售限制制度等,均已形成了较为成熟的设想。

(二)证券法的基本原则

1. 保护投资者合法权益

《证券法》第一条规定:"为了规范证券发行和交易行为,保护投资者的合法权益,维护社会经济秩序和社会公共利益,促进社会主义市场经济的发展,制定本法。"这是证券法的立法宗旨。实现保护投资者权益、维护资本市场秩序与社会公共利益的一致性,也是监管机构的行政目标。

2. 法律适用性广泛

《证券法》第2条规定:"在中华人民共和国境内,股票、公司债券和国务院依法认定的其他证券的发行和交易,适用本法;本法未规定的,适用《中华人民共和国公司法》和其他法律、行政法规的规定。政府债券、证券投资基金份额的上市交易,适用本法;其他法律、行政法规另有规定的,适用其规定。证券衍生品种发行、交易的管理办法,由国务院依照本法的原则规定。"充分考虑到证券衍生品种的复杂性与差异性,作出此项规定,为资本市场发展创新提供法律依据,为丰富资本市场产品留下空间。

3. 公开、公平、公正原则

证券的发行、交易活动,必须实行公开、公平、公正的"三公"原则。

(1) 公开原则即信息公开制度,是证券发行与交易制度的核心,是指在证券发行和交易过程中,证券发行人和其他有关当事人必须向社会公众公开能够影响投资者作出投资决定的一切信息资料。

(2) 公平原则是指在证券活动中,任何合法的投资者都具有平等的权利,所有的证券投资者都应基于平等的地位和机会参与证券活动,其合法权益均应得到公平保护,任何单位或个人不得享有特权。

(3) 公正原则是指在证券发行和交易活动中,当事人具有平等的法律地位,即平等地享有权利和承担义务,公平地开展竞争,合法权益受到公平的保护。

4. 自愿、有偿、诚实信用

证券发行、交易活动的当事人具有平等的法律地位,应当遵守自愿、有偿、诚实信用的原则。

5. 分业经营、分业管理原则

这是证券市场的基本营运模式。1993 年,国务院明确了我国金融业实行分业经营和管理的思路和框架,更在此后出台的《商业银行法》《保险法》和《证券法》中贯彻了银行、证券和保险分业经营和管理原则。然而,随着金融改革不断深化,严格分业经营的做法在实践中已经开始被突破,出现了其他的经营模式。为满足金融市场需要,我国新《证券法》第 6 条规定:"证券业和银行业、信托业、保险业实行分业经营、分业管理,证券公司与银行、信托、保险业务机构分别设立。国家另有规定的除外。"这为探索金融机构综合经营试点提供法律依据,为证券业和银行业、信托业、保险业的相互融合创造了条件。

在管理体制上,实行政府集中统一监督管理与行业自律性管理相结合原则,国务院证券监督管理机构依法对全国证券市场实行集中统一监督管理。国务院证券监督管理机构根据需要可以设立派出机构,按照授权履行监督管理职责。在国家对证券发行、交易活动实行集中统一监督管理的前提下,依法设立证券业协会,实行自律性管理。

第二节　证券市场主体

对市场主体法律地位的确认和法律关系调整,是《证券法》重要的内容。证券市场的主体主要有以下几方面。

一、证券交易所

(一) 证券交易所的地位与性质

根据我国《证券交易所管理办法》规定,证券交易所是指依法设立的,不以营利为目的,为证券的集中和有组织的交易提供场所、设施,履行国家有关法律、法规、规章、政策规定的职责,实行自律性管理的会员制事业法人。

与证券公司等证券经营机构不同。证券交易所本身并不从事证券买卖业务,只是为证券交易提供场所和各项服务,并履行对证券交易的监管职能,是集中交易制度下证券市场的组织者和一线监管者。《证券法》第 102 条规定:"证券交易所是为证券集中交易提供场所和设施,组织和监督证券交易,实行自律管理的法人。"由此可见,证券交易所的法人地位,以及其不以营利为直接目的的性质,成为其主要特点。

(二) 证券交易所的组织形式

从组织形式上看,国际上的证券交易所可分为会员制证券交易所和公司制证券交易所。我国实施会员制证券交易所,即要求会员才能进场参与交易所的集中交易,由会员自治、自律。会员主要由证券商构成。只有会员及享有特许权的经纪人,才有资格在交易所中进行交易。会员制证券交易所实行会员自治、自律、自我管理。会员制证券交易所的最高权力机构是会员大会,理事会是执行机构,理事会聘请经理人员负责日常事务。目前,我国的上海、深圳证券交易所都实行会员制。也有国家实施公司制,瑞士的日内瓦证券交易所、美国的纽约证券交易所都是公司制。

(三) 证券交易所的设立

证券交易所的设立和解散,由国务院决定。设立证券交易所必须制定章程,其章程的制定和修改,必须经国务院证券监督管理机构批准。证券交易所的积累归会员所有,其权益由会员共同享有,在其存续期间,不得将其积累分配给会员。证券交易所设理事会,设总经理 1 人,由国务院证券监督管理机构任免。

根据规定,有下列情形之一的,不得担任证券交易所的负责人:

(1) 因违法行为或者违纪行为被解除职务的证券交易所、证券登记结算机构的负责人或者证券公司的董事、监事、经理,自被解除职务之日起未逾 5 年。

(2) 因违法行为或者违纪行为被撤销资格的律师、注册会计师或者法定资产评估机构、验证机构的专业人员,自被撤销资格之日起未逾 5 年。

(四) 证券交易所的职责

证券交易所是为证券集中交易提供场所和设施,组织和监督证券交易,实行自律管理的法人。证券交易所的设立和解散由国务院决定。

作为证券交易的组织者,证券交易所的功能和职责主要有以下几方面。

1. 交易保障职责

由于证券交易场所的存在,证券买卖双方有集中的交易场所,交易者可以在规定的时间内随时进行交易活动,保证证券流通持续不断地进行。

2. 公告价格职责

在交易所内完成的证券交易形成了各种证券的价格,由于证券的买卖是集中、公开进行的,采用双边竞价的方式达成交易,其价格在理论水平上是近似公平与合理的,这种价格及时向社会公告,并被作为各种相关经济活动的重要依据。

3. 实时监控职责

证券交易所对在交易所进行的证券交易实行实时监控,并按照国务院证券监督管理机构的要求,对异常的交易情况提出报告。证券交易所应当对上市公司披露信息进行监督,督促上市公司依法及时、准确地披露信息。证券交易所依照法律、行政法规的规定,办理股票、公司债券的暂停上市、恢复上市或者终止上市的事务,其具体办法由国务院证券监督管理机构制定。因突发性事件而影响证券交易的正常进行时,证券交易所可以采取技术性停牌的措施；因不可抗力的突发性事件或者为维护证券交易的正常秩序，证券交易所可以决定临时停市。证券交易所采取技术性停牌或者决定临时停市，必须及时报告国务院证券监督管理机构。

4. 违规处分职责

证券交易所依照证券法律、行政法规制定证券集中竞价交易的具体规则，制定证券交易所的会员管理规章和证券交易所从业人员业务规则，并报证监会批准。在证券交易所内从事证券交易的人员，违反证券交易所有关交易规则的，由证券交易所给予纪律处分；对情节严重的，撤销其资格，禁止其入场进行证券交易。

二、证券清算公司

证券登记结算机构，是指为证券交易提供集中的登记、托管与结算服务的机构，是不以营利为目的的事业法人。证券登记结算系统是整个证券市场的后台核心，是其运行的深层内涵。证券结算的安全性直接制约着证券市场功能的发挥，并影响着整个金融系统健康、稳定运行。证券登记结算机构用于清算和交收的清算备付金，其性质和用途具有特殊性，关系到登记结算体系的安全和整个证券市场的稳定。

（一）证券登记结算机构设立

设立证券登记结算机构必须经证监会的批准。证券登记结算机构申请解散，应当经国务院证券监督管理机构批准。设立证券登记结算机构，应当具备下列条件：

（1）自有资金不少于人民币 2 亿元。

（2）具有证券登记、托管和结算服务所必需的场所和设施。

（3）主要管理人员和业务人员必须具有证券从业资格。

（4）国务院证券监督管理机构规定的其他条件。

（二）证券登记结算机构的职能

证券登记结算机构依法履行下列职能：

（1）证券账户、结算账户的设立。

（2）证券的托管和过户。

（3）证券持有人名册登记。

（4）证券交易所上市证券交易的清算和交收。

（5）受发行人的委托派发证券权益。

（6）办理与上述业务有关的查询。

（7）国务院证券监督管理机构批准的其他业务。

（三）证券登记结算机构的职责

证券登记结算机构应妥善保存登记、托管和结算的原始凭证。重要的原始凭证的保存期不少于 20 年。证券登记结算机构应当设立结算风险基金，并存入指定银行的专门账户。结算风险基金用于因技术故障、操作失误、不可抗力造成的证券登记结算机构的损失。证券登记结算机构以风险基金赔偿后，应当向有关责任人追偿。证券登记结算机构为证券交易提供净额结算服务时，应当要求结算参与人按照货银对付的原则，足额交付证券和资金，并提供交收担保。在交收完成之前，任何人不得动用用于交收的证券、资金和担保物。结算参与人未按时履行交收义务的，证券登记结算机构有权按照业务规则处理相关财产。

三、证券公司

证券公司是证券市场的经营者和经纪人,而非银行金融机构,这决定了它在证券市场中的地位和权利义务。

(一)证券公司类型和设立

证券公司是指依照公司法规定和依国务院证券监督管理机构批准的从事证券经营业务的有限责任公司或者股份有限公司。证券公司是证券市场的重要主体,它依照《公司法》和《证券法》的规定,进行证券业务的处理。国家对证券公司实行分类管理,分为综合类证券公司和经纪类证券公司,并由证监会按照其分类颁发业务许可证。

设立综合类证券公司,必须具备下列条件:

(1)注册资本最低限额为人民币5亿元。

(2)主要管理人员和业务人员必须具有证券从业资格。

(3)有固定的经营场所和合格的交易设施。

(4)有健全的管理制度和规范的自营业务与经纪业务分业管理的体系。

设立经纪类证券公司,必须具备下列条件:

(1)注册资本最低限额为人民币5 000万元。

(2)主要管理人员和业务人员必须具有证券从业资格。

(3)有固定的经营场所和合格的交易设施。

(4)有健全的管理制度。

(二)证券公司的业务规则

《证券法》规定,国务院证券监督管理部门批准,证券公司可经营的业务有:① 证券经纪业务;② 证券投资咨询;③ 与证券交易、证券投资活动有关的财务顾问;④ 证券承销与保荐;⑤ 证券自营;⑥ 证券资产管理;⑦ 其他证券业务。按规定,证券公司经营范围分为经纪类证券公司和综合性证券公司。证券类证券公司的业务范围相对狭窄,只允许专门从事证券经纪业务,不得超出核定的业务范围经营证券业务和其他业务。综合类证券公司则相对宽,但必须按规定将其经纪业务和自营业务分开办理,业务人员、财务账户均应分开,不得混合操作。客户的交易结算资金必须全额存入指定的商业银行,单独立户管理。严禁挪用客户交易结算资金。

证券公司设立或者撤销分支机构、变更业务范围或者注册资本、变更公司章程、合并、分立、变更公司形式或者解散,必须经国务院证券监督管理机构批准。证券公司的对外负债总额不得超过其净资产额的规定倍数,其流动负债总额不得超过其流动资产总额的一定比例;其具体倍数、比例和管理办法,由国务院证券监督管理机构规定。

(三)证券从业人员的消极资格

因违法行为或者违纪行为被解除职务的证券交易所、证券登记结算机构的负责人或者证券公司的董事、监事、经理,自被解除职务之日起未逾5年;因违法行为或者违纪行为被撤销资格的律师、注册会计师或者法定资产评估机构、验证机构的专业人员,自被撤销资格之日起未逾5年。有上述情形之一的,不得担任证券公司的董事、监事或者经理。

因违法行为或者违纪行为被开除的证券交易所、证券登记结算机构、证券公司的从业人员和被开除的国家机关工作人员,不得招聘为证券公司的从业人员。国家机关工作人员和法律、行政法规规定的禁止在公司中兼职的其他人员，不得在证券公司中兼任职务。证券公司的董事、监事、经理和业务人员不得在其他证券公司中兼任职务。证券公司的从业人员在证券交易活动中，按其所属的证券公司的指令或者利用职务违反交易规则的，由所属的证券公司承担全部责任。

（四）证券公司经纪人权利与义务

1. 证券公司经纪人的权利

（1）证券公司经纪人向投资者收取委托买卖保证金或者托买证券的价款或托卖的证券的权利。《证券法》第 142 条规定："证券公司为客户买卖证券提供融资融券服务，应当按照国务院的规定并经国务院证券监督管理机构批准"。《深圳证券交易所业务规则》第 43 条和《上海证券交易所交易市场业务规则》第 41 条至第 43 条对此进行了规定。这一权利对于保证证券买卖成交后的即时交割，维护证券公司的利益和交易市场的秩序具有重要意义。需要注意的是，如果投资者在证券公司处开设的资金账户或证券专户中，仍有足够支付其委托买卖所需的资金和证券，可以不再向证券公司交付资金或证券。

（2）收取佣金的权利。证券公司给投资者移交完证券交易的结果后，有权依法定标准向投资者收取佣金。我国上海、深圳交易所的业务规则都规定了资金专户或交保的资金中扣除。但受托买卖未成交时不得收取佣金。

（3）有权要求投资者及时履行交割证券或交割代价或受领委托买进的证券，如《上海证券交易所交易市场业务规则》第 71 条、第 72 条的相关规定。

（4）解除委托合同，处分委托人所交付的财产的权利。不论在一般的行纪合同中，还是在证券委托买卖合同中，法律都赋予行纪人在委托人不履行合同时单方解除合同权利。对委托人财物的处分权，实质上是证券公司对投资者交付的资金或证券所享有的质权性质的权利。本权利的适用对象是投资者不按期履行交割义务的违约行为。

（5）证券公司经纪人的留置权。证券公司经纪人在投资者逾期不履行债务时，有权对与债务有关的财产予以扣留，经过一定宽限期后，投资者仍不履行债务的，证券公司经纪人有就该项财产折价或卖得价款而优先受偿的权利，这就是证券公司经纪人的留置权。该权利针对投资者的各种违约行为而设置，并且只有在给投资者一定的宽限期之后才可完全行使。《深圳证券交易所业务规则》第 46 条规定了证券商的留置权。

2. 证券公司经纪人的义务。

（1）忠实地履行投资者委托的事项。证券公司经纪人必须根据投资者的要求，为投资者利益考虑，选择对投资者最有利的条件，及时完成受托各项事项。《证券法》第 4 条规定："证券发行、交易活动的当事人具有平等的法律地位，应当遵守自愿、有偿、诚实信用的原则"。《上海证券交易所交易市场业务规则》第 60 条和《深圳交易所业务规则》第 42 条也有此类规定。

（2）向投资者交付为其卖出证券取得的价款或为其购进的证券的义务。

（3）向投资者及时报告交易结果的义务。

（4）对投资者委托的事项保密的义务。《证券法》第 44 条规定："证券交易所、证券公司、证券登记结算机构必须依法为客户所开立的账户保密"。

（5）对委托人交付的资金和证券的保管义务。

四、证券服务机构

证券服务机构包括专业证券投资咨询机构、资信评估机构、会计师事务所及律师事务所等。这些证券服务机构也是活跃在证券市场的主体。证券投资咨询机构、资信评估机构的设立条件、审批程序和业务规则，由国务院证券监督管理机构规定。

专业的证券投资咨询机构、资信评估机构的业务人员，必须具备证券专业知识和从事证券业务2年以上经验。《证券法》规定，证券投资咨询机构的从业人员不得从事下列行为：

（1）代理委托人从事证券投资。

（2）与委托人约定分享证券投资收益或者分担证券投资损失。

（3）买卖本咨询机构提供服务的上市公司股票。

（4）利用传播媒介或者通过其他方式提供、传播虚假或者误导投资者的信息。

（5）法律、行政法规禁止的其他行为。

为证券的发行、上市或者证券交易活动出具审计报告、资产评估报告或者法律意见书等文件的专业机构和人员，必须按照执业规则规定的工作程序出具报告，对其所出具报告内容的真实性、准确性和完整性进行核查和验证，并就其负有责任的部分承担连带责任。

五、证券业协会

证券业协会又称证券同业协会，是证券业的自律性组织，是社会团体法人。证券公司应当加入证券业协会。证券业协会的权力机构为由全体会员组成的会员大会。证券业协会的章程由会员大会制定，并报证监会备案。证券业协会设理事会。

证券业协会履行下列职责：

（1）教育和组织会员遵守证券法律、行政法规。

（2）依法维护会员的合法权益，向证券监督管理机构反映会员的建议和要求。

（3）收集整理证券信息，为会员提供服务。

（4）制定会员应遵守的规则，组织会员单位的从业人员的业务培训，开展会员间的业务交流。

（5）对会员之间、会员与客户之间发生的纠纷进行调解。

（6）组织会员就证券业的发展、运作及有关内容进行研究。

（7）监督、检查会员行为，对违反法律、行政法规或者协会章程的，按照规定给予纪律处分。

（8）证券业协会章程规定的其他职责。

六、证券监管机构

国务院证券监督管理机构简称证监会，是指依法对证券市场实行监督管理，维护证券市场秩序，保障其合法运行的国家证券管理机构。

（一）国务院证券监督管理机构的职能

（1）依法制定有关证券市场监督管理的规章、规则，并依法行使审批或者核准权。

（2）依法对证券的发行、交易、登记、托管、结算，进行监督管理。

（3）依法对证券发行人、上市公司、证券交易所、证券公司、证券登记结算机构、证券投资基金管理机构、证券投资咨询机构、资信评估机构以及从事证券业务的律师事务所、会计师事务所、资产评估机构的证券业务活动,进行监督管理。

(4)依法制定从事证券业务人员的资格标准和行为准则,并监督实施。

(5)依法监督检查证券发行和交易的信息公开情况。

(6)依法对证券业协会的活动进行指导和监督。

(7)依法对违反证券市场监督管理法律、行政法规的行为进行查处。

(8)法律、行政法规规定的其他职责。

(二)国务院证券监督管理机构的执法权限

(1)对证券发行人、上市公司、证券公司、证券投资基金管理公司、证券服务机构、证券交易所、证券登记结算机构进行现场检查。

(2)进入涉嫌违法行为发生场所调查取证。

(3)询问当事人和与被调查事件有关的单位和个人,要求其对与被调查事件有关的事项作出说明。

(4)查阅、复制与被调查事件有关的财产权登记、通讯记录等资料。

(5)查阅、复制当事人和与被调查事件有关的单位和个人的证券交易记录、登记过户记录、财务会计资料及其他相关文件和资料;对可能被转移或者隐匿的文件和资料,可以予以封存。

(6)查询当事人和与被调查事件有关的单位和个人的资金账户、证券账户和银行账户;对有证据证明已经或者可能转移或者隐匿违法资金、证券等涉案财产或者隐匿、伪造、毁损重要证据的,经国务院证券监督管理机构主要负责人批准,可以冻结或者查封。

(7)在调查操纵证券市场、内幕交易等重大证券违法行为时,经国务院证券监督管理机构主要负责人批准,可以限制被调查事件当事人的证券买卖,但限制的期限不得超过 15 个交易日;案情复杂的,可以延长 15 个交易日。

国务院证券监督管理机构依法履行职责进行监督检查或者调查,其监督检查、调查的人员不得少于 2 人,并应当出示合法证件和监督检查、调查通知书。监督检查、调查的人员少于 2 人或者未出示合法证件和监督检查、调查通知书的,被检查、调查的单位有权拒绝。

(三)国务院证券监督管理机构工作人员执业操守

国务院证券监督管理机构工作人员必须忠于职守,依法办事,公正廉洁,不得利用职务便利牟取不正当利益,不得泄露所知悉的有关单位和个人的商业秘密。

第三节 证券发行

一、证券的发行

证券发行是上市公司进入证券市场的第一道门槛。股份有限公司发行股票应当符合《公司法》规定的条件,符合证券法及相关法规规定的具体要求。《证券法》第 10 条规定:公开发行证券,必须符合法律、行政法规规定的条件,并依法报经国务院证券监督管理机构或者国务院授权的部门核准或者审批;未经依法核准或者审批,任何单位和个人不得向社会公开发行证券。

有下列情形之一的为公开发行:向不特定对象发行证券的;向特定对象发行证券累计超过 200 人的;法律、行政法规规定的其他发行行为。凡非公开发行证券,不得采用广告、公开劝诱和变相公开方式。

证券发行市场为一级市场,在我国证券发行包括股票发行与公司债券发行,本章主要阐述股票发行制度。

(一)股票发行制度

股票发行是股份有限公司应符合法定条件并获得国务院证券管理部门的批准。自 20 世纪 90 年代以来,我国的股票发行制度经历了从审批制到核准制,目前正处于向注册制转变的过程之中。1990—2000 年,我国的股票发行制度一直实施的是行政审批制度,即所谓额度制,是由国务院证券监督管理机构根据市场的情况,制定全年的发行额度,企业要先取得上市额度,并经过一系列部门的审批才能得以实行,带有明显的计划经济痕迹。

1999 年 7 月《证券法》颁布,明确规定股票发行实施核准制。从 2001 年 3 月 17 日开始,我国正式付诸实施核准制。核准制是证券监管部门根据法律法规所规定的股票发行条件,对按市场原则推选出的公司的发行资格进行审核,并作出核准与否决定的制度。核准制取消了由行政方法分配指标的做法,改为由主承销商推荐、发行审核委员会表决、证监会核准的办法。核准制最初的实现形式是通道制。

2003 年 1 月,在中国证监会召开的全国证券期货监管工作会议上,逐步建立上市保荐制度被列为工作重点之一。2003 年 7 月 1 日,证监会向国内 10 余家大型券商发放了《公开发行和上市证券保荐管理暂行办法》征求业内意见稿。2004 年 1 月 4 日,中国证监会就实施《证券发行上市保荐制度暂行办法》有关事项发出通知。通知明确规定首批保荐代表人资格,三类人员将有资格参加首次保荐代表人考试。2004 年 2 月 1 日起《证券发行上市保荐制度暂行办法》正式施行。

2006 年 1 月,已修改的《证券法》开始实施发行上市保荐制度。保荐人制度的引入将试图通过连带责任机制把发行人质量和保荐人的利益直接挂钩,使其收益和承担的风险相对应,从而保证证券市场的健康发展。

2013 年 11 月 30 日,《中国证监会关于进一步推进新股发行体制改革的意见》公布,启动了新一轮发行体制的改革,其目标在于由现行的审核制向注册制过渡。注册制的主要目标在于监管转型。新股发行以信息披露为中心,中介机构对发行人信息披露的真实性、准确性、完整性进行把关。监管部门对发行人和中介机构的申请文件进行合规性审核,不判断企业盈利能力,不再对发行人的盈利能力和投资价值作出判断。改变"事前严审核,事后松监管",真正做到"新股发行的过程监管行为监管和事后问责",更好地体现市场在资源配置中起决定性作用。证券发行制度的改变是一个系统工程,需要在宏观经济环境、市场环境相匹配的条件下推进,但目标已经既定。

(二)股票发行的条件

股票发行是指股份有限公司或其承销机构,以同一条件性特定或不特定的公众招募或出售股票的行为。股票发行人必须是具有股票发行资格的股份有限公司,这里包括已经成立的股份有限公司和经批准拟成立的股份有限公司。设立股份有限公司申请公开发行股票,应当具备《公司法》和《证券法》规定的条件:

(1)具备健全且运营行良好的组织机构。

（2）具有持续盈利的能力，财务状况良好。

（3）最近 3 年财务会计文件无虚假记载，无其他重大违法行为。

（4）经国务院批准的国务院证券监管机构规定的其他条件。

已经上市交易的股份有限公司非公开发行新股，应当符合国务院证券监督管理机构规定的条件，并报该机构核准。公司对公开发行股票所募集的资金，必须按照招股说明书所列资金用途适用。如改变资金用途，必须经股东大会作出决议。擅自改变用途而未作纠正的，或未经股东大会认可的，不得公开发行新股，也不得非公开发行新股。

（三）股票发行的程序

1. 申请发行

申请人聘请会计师事务所、资产评估机构、律师事务所等专业性机构，对其资信、资产、财务状况进行审定、评估和就有关事项出具法律意见书后，按照隶属关系，分别向省、自治区、直辖市、计划单列市人民政府或者中央企业主管部门提出公开发行股票的申请。

2. 披露信息

发行人申请首次公开发行股票的，在提交申请文件后，应当按照国务院证券监督管理机构的规定预先披露有关申请文件。

3. 发行审核

国务院证券监督管理机构下设的发行审核委员会依法审核股票发行申请，并以投票方式表决，提出审核意见。

4. 发行公告

证券发行申请一经核准，发行人应当依法在证券公开发行前公告其公开发行募集文件，并将该文件制备于指定场所供公众查阅。

二、证券发行方式

证券发行方式对于及时筹集足够的资金关系重大。发行方式有以下几种。

（一）自营发行

自营发行是指由集资单位本身组织进行直接销售证券。自营发行成本低，节省发行手续费，但发行量小，集资时间长。

（二）委托代理发行

委托代理发行亦称公募发行，即集资企业通过委托银行或其他金融机构，代理发行销售证券。这种方式往往是：① 向众多投资者募集证券，发行工作量大，需要获得承销者协助；② 必须向证券管理机关办理发行注册手续，不得有欺诈行为；③ 发行的证券可转让。对于委托代理，根据委托单位对证券发行责任不同，分为代理发行、承销发行、包销发行和联合发行。

《证券法》规定，证券公司向社会公开发行的证券票面总值超过人民币 5000 万元的，应当由承销团承销。证券承销业务采取代销或者包销方式。证券的代销、包销期最长不得超过 90 日。

股票在上市发行前，上市公司与股票的代理发行证券商签订代理发行合同，确定股票发行的方式，明确各方面的责任。代销期限届满，发行人向投资者出售的股票数量未达到拟公开发行股票数量 70% 的，为发行失败。发行人应当按照发行价并加算银行同期存款利息返还股票认购人。股票代理发行的方式按发行承担的风险不同,一般分为包销发行方式和代销发行方式两种。

1. 包销发行方式

包销发行方式是由代理股票发行的证券商一次性将上市公司新发行的全部或部分股票承购下来,并垫支相当于股票发行价格的全部资本。

由于金融机构一般都有较雄厚的资金,可以预先垫支,以满足上市公司急需大量资金的需要,所以上市公司一般都愿意将其新发行的股票一次性转让给证券商包销。如果上市公司股票发行的数量太大,一家证券公司包销有困难,还可以由几家证券公司联合起来包销。

2. 代销发行方式

代销发行方式是由上市公司自己发行,证券公司只受委托代理发售股票,在承销期结束时,将未售出的股票全部退还给发行人并收取一定的代理手续费的承销方式。

股票上市的包销发行方式,虽然上市公司能够在短期内筹集到大量资金,以应付资金方面的急需。但一般包销出去的证券,证券承销商都只按股票的一级发行价或更低的价格收购,从而不免使上市公司丧失了部分应有的收获。代销发行方式对上市公司来说,虽然相对于包销发行方式能获得更多的资金,但整个筹款时间可能很长,从而不能使上市公司及时得到自己所需的资金。

(三) 担保发行

担保发行是指发行债券企业为了提高债券信誉,增加投资人的安全感和吸引力,采用一定方式保证到期支付债券本息的承诺。其形式有企业实物担保、企业产品担保、证券担保和信用担保。目前,企业发行债券多数采用信用担保方式。

三、股票发行保荐制度

"保荐制"全称是保荐代表人制度,是国务院证券监督管理机构目前正在推行的一种股票发行监管制度。

我国于2004年2月1日起正式施行《证券发行上市保荐制度暂行办法》,并于2004年5月11日公布了第一批保荐机构和保荐代表人名单。保荐制的主体由保荐人和保荐机构两部分组成,满足一定条件和资格的人方可担任企业发行股票的保荐人,凡具有两个以上保荐人的证券公司(或资产管理公司)可成为保荐机构,并具备推荐企业发行上市的资格。保荐制就其本质来说,是希望对证券发行设立一个"第一看门人",即保荐人,凭借其在保荐过程中对拟上市公司的洞察、了解和勤勉尽责,从而达到选择质地优良的公司上市,提高上市公司质量的目的。与通道制相比较,保荐制增加了由保荐人承担发行上市过程中的连带责任的制度内容,这是该制度设计的初衷和核心内容。保荐人的保荐责任期包括发行上市全过程,以及上市后的一段时期(如两个会计年度)。

2006年1月1日,《证券法》修改作出规定正式建立证券发行上市保荐制度。《证券法》第十一条规定:"发行人申请公开发行股票、可转换为股票的公司债券,依法采取承销方式的,或者公开发行法律、行政法规规定实行保荐制度的其他证券的,应当聘请具有保荐资格的机构担任保荐人。保荐人应当遵守业务规则和行业规范,诚实守信,勤勉尽责,对发行人的申请文件和信息披露资料进行审慎核查,督导发行人规范运作。保荐人的资格及其管理办法由国务院证券监督管理机构规定。"

第四节　证券交易

一、证券交易市场

证券交易市场也称二级市场、次级市场,是指对已经发行的证券进行买卖、转让和流通的市场。在二级市场上,销售证券的收入属于出售证券的投资者,而不属于发行该证券的公司。

在一些发达国家,证券交易市场有场内交易市场和场外交易市场两种形式。

（一）场内交易市场

场内交易市场是指由证券交易所组织的集中交易市场,有固定的交易场所和交易活动时间。在多数国家,它还是全国唯一的证券交易场所,因此,是全国最重要、最集中的证券交易市场。证券交易所接受和办理符合有关法令规定的证券上市买卖,投资者则通过证券商在证券交易所进行证券买卖。

证券交易所不仅是买卖双方公开交易的场所,而且为投资者提供多种服务,交易所随时向投资者提供关于在交易所挂牌上市的证券交易情况,如成交价格和数量等;供投资者参考。交易所制定各种规则,对参加交易的经纪人和自营商进行严格管理,对证券交易活动进行监督,防止操纵市场、内幕交易、欺诈客户等违法犯罪行为的发生。交易所还要不断完善各种制度和设施,以保证正常交易活动持续、高效地进行。

（二）场外交易市场

场外交易市场又称柜台交易或店头交易市场,是指在交易所外由证券买卖双方当面议价成交的市场,它没有固定的场所,其交易主要利用电话进行,交易的证券以不在交易所上市的证券为主,在某些情况下也对在证券交易所上市的证券进行场外交易。场外交易市场中的证券商兼具证券自营商和代理商的双重身份。作为自营商,他可以把自己持有的证券卖给顾客或者买进顾客的证券,赚取买卖价差;作为代理商,又可以客户代理人的身份向别的自营商买进卖出证券。近年来,国外一些场外交易市场发生很大变化,它们大量采用先进的电子化交易技术,使市场覆盖面更加广阔,市场效率有很大提高。这方面,以美国的纳斯达克市场为典型代表。

为了满足不同层次的资金需求,拓展中小企业融资渠道,完善股权转让制度,我国《证券法》规定,依法公开发行的股票、公司债券及其他证券,应当在依法设立的证券交易所上市交易或者在国务院批准的其他证券交易场所转让。这项法律规定为建立多层次资本市场留下了空间。

二、证券交易规则

证券交易以现货和国务院规定的其他方式进行,包括股票交易与债券交易两个方面。

（一）股票交易

股票交易是指必须经国务院证券监督管理机构批准发行的股票,在证券交易场所进行的上市交易活动。

1. 股票交易程序

(1) 开设股票账户。由于我国证券市场的快速发展,目前,深、沪两地交易所均实现了交易无纸化、电子化,投资者进入股市必须先到当地证券登记机构分别开立上海、深圳股票账户。开立股票时,投资者必须持本人有效身份证件(一般为身份证),并提供投资者的详细资料,包括姓名、性别身份证号码、家庭住址、联系电话等。

(2) 开设资金账户。投资者办理了股票账户后还需在证券公司办理资金账户,而这个资金账户也仅仅在该证券公司交易有效。投资者如需在别的证券公司交易,需另外开立资金账户,因此,一个投资者可拥有多个资金账户。投资者资金账户的存款,证券公司按银行活期存款利率支付利息。

(3) 委托代理。投资者在办妥股票账户及资金账户后,即可进入市场买卖,客户填写的委托买卖股票的委托单是客户与证券公司之间确定代理关系的文件,具有法律效力。目前,在我国证券公司提供的委托方式除填单委托外,还有自助委托、电话委托、可视电话委托、委托机委托、网上委托等,其委托内容证券公司必须如实受理,如果成交结果与委托内容不符,客户可向证券公司提出交涉,以维护自己的合法权益。证券公司受理客户委托一般先由证券公司的电脑委托系统进行审查,审查无误后,直接进入交易所内计算机主机进行撮合成交。交易所的自动撮合系统按"价格优先、时间优先"原则进行,即在一定价格范围内(昨收盘价的上下10%之间),优先撮合最高买入价或最低卖出价。

(4) 资金清算与股份过户。现在,证券市场的运作是以交易的自动化和股份清算与过户的无纸化为特征的,客户在委托买卖的次交易日必须到证券公司处办理交割,也就是客户与证券公司就成交的买卖办理资金清算与股份过户业务的手续,此手续俗称"一手交钱、一手交货",证券公司向客户提供的交割单需列出客户本次买卖交易的详细资料,至此,客户的股票交易才结束。

2. 股票交易费用

我国的证券投资者在委托买卖证券时应支付各种费用和税收,这些费用按收取机构可分为证券商费用、交易场所费用和国家税收。目前,投资者在我国证券公司交易上交所和深交所挂牌的A股、基金、债券时,需交纳的各项费用主要有委托费、佣金、印花税和过户费等。

(1) 委托费,这笔费用主要用于支付通讯等方面的开支。一般按笔计算,交易上海股票、基金时,上海本地证券公司按每笔1元收费,异地证券公司按每笔5元收费;交易深圳股票、基金时,证券公司按1元收费。

(2) 佣金,这是投资者在委托买卖成交后所需支付给证券公司的费用。上海股票、基金及深圳股票均按实际成交金额的3.5‰向证券公司支付,上海股票、基金成交佣金起点为10元;深圳股票成交佣金起点为5元;深圳基金按实际成交金额的3‰收取佣金;债券交易佣金收取最高不超过实际成交金额的2‰,大宗交易可适当降低。

(3) 印花税,投资者在买卖成交后支付给财税部门的税收。上海股票及深圳股票均按实际成交金额的4‰支付,此税收由证券公司代扣后由交易所统一代缴。债券与基金交易均免交此项税收。

(4) 过户费,这是指股票成交后,更换户名所需支付的费用。

（二）债券交易

根据《证券法》的有关规定，公司申请其公司债券上市交易必须符合下列条件：

（1）公司债券的期限为1年以上。

（2）公司债券实际发行额不少于人民币5000万元。

（3）公司申请其债券上市时仍符合法定的公司债券发行条件。

公司债券上市交易后，公司有下列情形之一的，由国务院证券监督管理机构决定暂停其公司债券上市交易：

（1）公司有重大违法行为。

（2）公司情况发生重大变化不符合公司债券上市条件。

（3）公司债券所募集资金不按照审批机关批准的用途使用。

（4）未按照公司债券募集办法履行义务。

（5）公司最近2年连续亏损。

公司有前条第（1）项、第（4）项所列情形之一，经查实后果严重的，或者有前条第（2）项、第（3）项、第（5）项所列情形之一，在限期内未能消除的，由国务院证券监督管理机构决定终止该公司债券上市。

公司解散、依法被责令关闭或者被宣告破产的，由证券交易所终止其公司债券上市，并报国务院证券监督管理机构备案。国务院证券监督管理机构可以授权证券交易所依法暂停或者终止股票或者公司债券上市。

三、证券交易禁止性行为

为了保证投资者的利益，营造公平竞争的投资环境，《证券法》规定了在股票交易中的下列禁止性行为。

1. 内幕交易

上市公司信息的内幕人士与合法获取内幕信息的人，在内幕信息未公开之前，不得买卖该公司的股票，或者建议他人买卖该股票。内幕交易是与证券市场共存的世界性问题，也是各国法律严厉禁止的行为。我国《证券法》和《刑法》均对内幕交易及其情节严重，触犯刑法的行为作出了严厉的惩罚规定。

2. 市场操纵

禁止任何人以下列手段操纵证券市场，获取不正当利益或者转嫁风险：

（1）通过单独或者合谋，集中资金优势、持股优势或者利用信息优势联合或者连续买卖、操纵证券交易价格。

（2）与他人串通，以事先约定的时间、价格和方式相互进行证券交易或相互买卖并不持有的证券，影响证券交易价格或者证券交易量。

（3）以自己为交易对象，进行不转移所有权的自买自卖，影响证券交易价格或者证券交易量。

（4）以其他方法操纵证券交易价格。

3. 虚假陈述

《证券法》禁止国家工作人员、新闻传播媒介从业人员和有关人员编造并传播虚假信息，严重影响证券交易。禁止证券交易所、证券公司、证券登记结算机构、证券服务机构及其从业人员,证券业协会、证券监督管理机构及其工作人员,在证券交易活动中作出虚假陈述或者信息误导。

4. 欺诈客户

《证券法》禁止证券公司从业人员从事下列损害客户利益的欺诈行为:

(1) 违背客户的委托为其买卖证券。

(2) 不在规定时间内向客户提供交易的书面确认文件。

(3) 挪用客户所委托的买卖证券或者客户账户上的资金。

(4) 私自买卖客户账上的证券,或者假借客户的名义买卖证券。

(5) 为牟取佣金收入,诱使客户进行不必要的证券买卖。

(6) 其他违背客户真实意志的表示,损害客户利益的行为。

其他法律法规的禁止性行为包括:禁止任何人挪用公款买卖证券;禁止法人非法利用他人账户从事证券交易;禁止法人出借自己或者他人的证券账户;禁止资金违规流入股市等。

四、信息披露

信息披露制度是证券市场的核心制度。这一制度内容包括发行信息披露、公司上市后的持续信息披露。法律规定上市公司依法披露的信息,必须真实、准确、完整,不得有虚假记载、误导性陈述或者重大遗漏。

发行信息披露是指经国务院证券监督管理机构核准依法公开发行股票,或者经国务院授权的部门核准依法公开发行公司债券,应当公告招股说明书、公司债券募集办法。依法公开发行新股或者公司债券的,还应当公告财务会计报告。

持续信息披露包括季度报告、半年度报告、年度报告以及临时报告。

(一) 季度报告

季度报告的报告期是指一个季度结束后1个月内公布。公司应当在会计年度前将季度报告正文刊登于中国证监会指定的报纸上,并将季度报告全文(包括正文及附录)刊登于中国证监会指定网站上。季度报告正文应当按法律法规的要求编制,并按照规范的格式披露。在时效上,第一季度季度报告的披露时间不得早于上一年度年度报告。公司季度报告中的财务报表可以不经审计,但中国证监会和证券交易所另有规定的除外。

(二) 中期报告

上市公司和公司债券上市交易的公司,应当在每一会计年度的上半年结束之日起2个月内,向国务院证券监督管理机构和证券交易所报送记载以下内容的中期报告,并予公告。中期报告应按规定记载的内容为:① 公司财务会计报告和经营情况;② 涉及公司的重大诉讼事项;③ 已发行的股票、公司债券变动情况;④ 提交股东大会审议的重要事项;⑤ 国务院证券监督管理机构规定的其他事项。

(三) 年度报告

上市公司和公司债券上市交易的公司,应当在每一会计年度结束之日起4个月内,向国务院证券监督管理机构和证券交易所报送记载以下内容的年度报告,并予公告。年度报告应记载的内容为:① 公司开矿;② 公司财务会计合经营情况;③ 董事、监事、高级管理人员简介及其持股情况;④ 已发行的股票、公司债券情况、包括持有公司股份最多的前10名股东名单合持股数额；⑤ 公司的实际控制人；⑥ 国务院证券监督管理机构规定的其他事项。

（四）临时报告

发生可能对上市公司股票交易价格产生较大影响的重大事件，投资者尚未得知时，上市公司应当立即将有关该重大事件的情况向国务院证券监督管理机构和证券交易所报送临时报告，并予公告，说明事件的起因、目前的状态和可能产生的法律后果。

下列情况为前款所称重大事件：

（1）公司的经营方针和经营范围的重大变化。

（2）公司的重大投资行为和重大的购置财产的决定。

（3）公司订立重要合同，可能对公司的资产、负债、权益和经营成果产生重要影响。

（4）公司发生重大债务和未能清偿到期重大债务的违约情况。

（5）公司发生重大亏损或者重大损失。

（6）公司生产经营的外部条件发生的重大变化。

（7）公司的董事、1/3 以上监事或者经理发生变动。

（8）持有公司 5% 以上股份的股东或者实际控制人，其持有股份或者控制公司的情况发生较大变化。

（9）公司减资、合并、分立、解散及申请破产的决定。

（10）涉及公司的重大诉讼，股东大会、董事会决议被依法撤销或者宣告无效。

（11）公司涉嫌犯罪被司法机关立案调查，公司董事、监事、高级管理人员涉嫌犯罪被司法机关采取强制措施。

（12）国务院证券监督管理机构规定的其他事项。

上市公司董事、高级管理人员应当对公司定期报告签署书面确认意见。上市公司监事会应当对董事会编制的公司定期报告进行审核并提出书面审核意见。上市公司董事、监事、高级管理人员应当保证上市公司所披露的信息真实、准确、完整。国务院证券监督管理机构对上市公司年度报告、中期报告、临时报告以及公告的情况进行监督，对上市公司分派或者配售新股的情况进行监督，对上市公司控股股东和信息披露义务人的行为进行监督。证券监督管理机构、证券交易所、保荐人、承销的证券公司及有关人员，对公司依照法律、行政法规规定必须作出的公告，在公告前不得泄露其内容。

第五节　上市公司收购

上市公司收购是指投资者（包括自然人、法人及其他组织）以获得上公司控股权为目的，依法收购其已经发行上市股份的行为。《公司法》《证券法》以及国务院证券监管机构颁布的《上市公司收购管理办法》规定，是上市公司收购行为适用的基本法律规定。《证券法》规定，上市公司收购可以采用要约收购、协议收购或者其他方式收购上市公司。收购上市公司中由国家授权机构持有的股份，应当按照国务院的规定，经有关主管部门批准。

实施上市公司收购行为的投资人，即收购人是收购行为的主体。被收购的上市公司又称目标公司，是收购行为中的另一主体。国务院证券监管机构和证券交易所为上市公司收购行为的监管职能部门。

依据《证券法》的规定，通过证券交易所的证券交易，投资者持有，或者通过协议、其他安排与他人共同持有一个上市公司已经发行的股份达到5％时,应当在该事实发生之日起3日内,向国务院证券监督管理机构、证券交易所作出书面报告,通知该上市公司,并予公告。在上述期限内,不得再行买卖该上市公司的股票。

通过证券交易所的证券交易,投资者持有或者通过协议及安排与他人共同持有一个上市公司已经发行的股份有限公司达到5％后,其所持该上市公司已经发行的股份比例每增加或者减少5％,应当依照规定向证券交易所进行报告和公告。在报告期限内合作出报告后2日内,不得再行买卖该上市公司的股票。

采取协议收购方式的,收购人收购或者通过协议、其他安排与他人共同收购一个上公司已经发行的股票达到30％时,继续进行收购,应当向该上市公司所有股东发出收购要约,即所谓全面要约。但是,国务院证券监管机构免除发出全面要约的除外。

一、协议收购

1. 协议收购特点

协议收购是指收购人在证券交易所场外,以协议的方式与目标公司股东就收购的条件、价格期限等事项达成合意,从而达到控制该上市公司的目的行为。《证券法》规定,采取协议收购方式的,收购人可以依照法律行政法规规定同被收购公司的股东以协议方式进行股份转让。由于"协议"的特点,协议收购涉及除《证券法》以外的多个法律部门的适用,如《合同法》《民法通则》等。在我国证券市场的现实背景下,协议收购是上市公司收购的重要形式。

2. 协议收购公示

以协议方式收购上市公司达成协议后,收购人必须在3日内将该收购协议向国务院证券监管机构及证券交易所作出书面报告,并予以公告。在公告前不得履行收购协议。

由于采取协议收购方式不通过证券交易进行交易,关于股份的转让和资金处理,协议双方可以临时委托证券登记结算机构保管协议转让的股票,并将资金存放于指定的银行。

以协议方式收购上市公司,收购人或者通过协议,其他安排与他人共同收购一个上市公司已经发行的股份达到30％时,应当适用要约收购的法律规定。

二、要约收购

上市公司要约收购,是指收购方通过向目标公司股东发出收购要约的方式购买公司的有表决权的行为。其特点在于通过证券交易所的交易收购,并在达到法定持股比例时向目标公司全体股东发出收购要约。

1. 要约收购行为的规制

(1) 要约法定。根据法律规定,当收购人通过证券交易所的交易,持有一个上市公司股份达到30％时,继续进行收购的,应当依法向该上市公司所有股东发出收购上市公司全部或者部分股份的要约。收购上市公司部分股份的要约,应当规定,被收购公司股东承诺出售的股份数额超过预定数额的,收购人应按比例进行收购。

(2) 价格和期间。收购要约需写明收购价格和期间,在承诺期限内,收购人不得撤销收购要约。收购要约约定的法定收购期限不得少于30日,不得超过60天。

在收购要约确定的承诺期限内,收购人不得撤销其收购要约。收购人需要变更收购邀约的,必须事先向国务院证券监管机构及证券交易所提出报告,经批准后,予以公告。收购要约提出的各项收购条件,适用于被收购公司的所有股东。

(3) 交易限制。采取要约收购方式的收购人,在收购期限内,不得卖出被收购公司的股票,也不得采用要约规定意外的形式和超出要约的条件买入被收购公司的股票。

(4) 收购变更。收购人需要变更收购要约的,必须事先向国务院证券监管机构及证券交易所提出报告,经批准后予以公告。

2. 要约收购的信息披露

(1) 收购报告。收购人发出收购要约,必须事先向国务院证券监管机构报送上市公司收购报告书,并载明下列事项:① 收购人姓名、住址;② 收购人关于收购的决定;③ 被收购的上市公司名称;④ 收购目的;⑤ 收购股份的详细名称和预定收购的股份数额;⑥ 收购期限,收购价格;⑦ 收购所需资金及资金保证;⑧ 报送上市公司收购报告时持有被收购公司股份数占该公司已经发行的股份总数的比例。

收购人还应当将上市公司收购报告书同时提交证券交易所。

(2) 收购公示。收购人在依照规定报送上市公司收购报告书之日起15日后,公告其收购要约。在上述期限内,国务院证券监管机构发现上市公司收购报告书不符合法律、行政法规规定的,应当及时告知收购人,收购人不得公告其收购要约。

3. 要约收购的豁免

根据《证券法》的规定,当收购人通过证券交易所的交易,持有一个上市公司股份达到30%时,继续进行收购的,应当依法向该上市公司所有股东发出收购上市公司全部或者部分股份的要约。但是,经国务院证券监督管理机构免除发出要约的除外。根据要约收购的豁免制度,收购人可以向国务院证券监督管理机构申请免除向目标公司股东发出要约的申请。如果获批准豁免了要约义务,收购人便可免于发出收购要约。如果未取得豁免,收购人至收到通知之日起30日内,应将其所持有的目标公司股份减持至30%或30%以下。《上市公司收购管理办法》对申请和获批豁免的要求和条件等作出了相应的具体规定。

4. 上市公司收购的法律后果

无论采用协议收购还是要约收购的方式,上市公司收购可能产生相应的法律后果。对于目标公司而言,一旦期限届满,其股权结构不符合上市条件的,应当由证券交易所依法终止上市交易。其余仍持有被收购上市公司股票的股东,有权向收购人以收购要约的同等条件出售其股票,收购人应当收购。

上市公司收购完成后,被收购公司如果不再具备股份有限公司条件,或有其他重大变化的,应当依法变更登记。目标公司因被合并应当解散的,则应依法办理注销等手续。

收购人在其收购行为完成后,应当依法在15日内将收购情况报告国务院证券监督管理机构和震撼权交易所,并予公告。

第十七章 保 险 法

第一节 保险法概述

一、保险

从社会角度来看,保险是分散危险、消化损失的一种经济制度。从法律角度来看,保险是指投保人根据合同约定,向保险人支付保险费,保险人对于合同约定的可能发生的事故,因其发生所造成的财产损失承担赔偿保险金责任,或者当保险人死亡、伤残、疾病或达到合同预定的年龄、期限时,承担给付保险金责任的商业保险行为。我国保险法规定的保险范围是:第一,仅指商业保险,保险法不适用于社会保险。社会保险由劳动法、社会保障法等规定。第二,农业保险也不适用于保险法。第三,海上保险适用海商法的有关规定,海商法未作规定的,适用保险法的有关规定。第四,保险主要分为财产保险和人身保险。

二、保险法

保险法是调整保险关系的法律规范的总称,是国家通过立法程序,制定用于调整保险主体的权利、义务和监督管理保险企业的法律、法规。

在我国,对保险法有广义与狭义之分。广义的保险法,是指调整保险关系的法律规范总称,既包括冠以保险名称的法律、法规,又包括相关法律、法规中涉及有关保险的规定;狭义的保险法则专指《中华人民共和国保险法》。

保险法立法宗旨是为了维护社会经济秩序和社会公共利益。

我国古代很早就出现了一些保险思想、保险措施和保险立法。现代意义上的保险法产生于 14 世纪以后,最早的保险立法是在海上保险惯例的基础上形成的,法国是现代保险法的发源地。我国最早的保险立法活动始于清末。民国时期曾经颁布过保险法和保险业法。新中国成立后,我国曾发布过一系列的保险法规。改革开放以后,特别是恢复国内保险业务以来,我国保险法律、法规的体系得到了发展和完善。

1995 年 6 月 30 日,全国人大常委会八届十四次会议通过了《中华人民共和国保险法》,于同年 10 月 1 日起实施。这是新中国成立以来的第一部保险基本法,对保险合同和保险行业作了全面的规定。此后分别进行了两次修改。2002 年 10 月 28 日,第九届全国人民代表大会常务委员会第十三次会议通过修改,《中华人民共和国保险法》(以下简称《保险法》)自2003 年 1 月 1 日起施行。2009 年 2 月 28 日,第十一届全国人民代表大会常务委员会第七次会议第二次修订,自 2009 年 10 月 1 日起施行。2015 年 4 月 24 日,第十二届全国人民代表大会常务委员会第十四次会议启动了第三次修改工作。保险立法的不断推进,既反映了我国保险业的迅速发展,也说明《保险法》立法本身还具有不断完善的空间。

我国保险法规定了以下几个原则：

（1）诚实信用原则。保险活动当事人行使权力、履行义务应当遵循诚实原则。

（2）公平竞争原则。保险公司开展业务，应当遵循公平竞争原则，不得从事不正当竞争。

（3）合法原则。从事保险活动必须遵守法律、行政法规，尊重社会公德。

第二节　保　险　公　司

一、保险公司设立

保险公司是依照《公司法》和《保险法》设立的专门从事保险业务的企业法人。根据我国《保险法》的规定，设立保险公司，必须经保险监督管理机构批准，并且要求同时满足以下几个条件：

（1）有符合《保险法》和《公司法》规定的章程。

（2）有符合《保险法》规定的注册资本最低限额。

（3）有具备任职专业知识和业务工作经验的高级管理人员。

（4）健全的组织机构和管理制度。

（5）有符合要求的营业场所和与业务有关的其他设施。

保险公司应当采取股份公司或国有独资公司的组织形式。保险公司的分支机构不具有法人资格，其民事责任由保险公司承担。设立保险公司，其注册资本的最低限额为人民币2亿元，而且必须为实缴资本。申请设立保险公司，应当提交法律规定的文件、资料。金融监督管理部门收到设立保险公司的正式申请后，对申请表及有关文件资料进行审查，并检查其筹建工作。自收到申请之日起6个月内，作出批准与否的决定。经批准设立的保险公司，由批准部门颁发经营保险业务许可证，并凭经营保险业务许可证向工商行政管理机关办理登记，领取营业执照。

保险公司成立后应当按照其注册资本总额的20%提取保证金，存入金融监督管理部门指定的银行，除保险公司清算时用于清偿债务外，不得动用。

二、保险公司的经营规则

经营保险业务应遵循以下规则。

（一）保险公司的业务范围

根据《保险法》的规定，保险公司的业务范围包括财产保险和人身保险业务，同一保险人不得同时兼营财产保险业务和人身保险业务。但是，经营财产保险业务的保险公司经保险监督管理机构核定，可以经营短期健康保险业务和意外伤害保险业务。保险公司的业务范围由保险监督管理机构依法核定。保险公司应当在被核定的业务范围内从事保险经营活动。《保险法》规定："保险业和银行业、证券业、信托业实行分业经营、分业管理，保险公司与银行、证券、信托业务机构分别设立。国家另有规定的除外"。这条规定明确了金融行业内分业经营、分业管理的原则，但在国家政策需要时可作出一定的调整，为今后政策调整预留了余地。

（二）保险公司准备金的提取和结转

保险公司除了要缴存注册资本的 20％作为准备金之外，还应提取和结转未到期责任准备金、未决赔偿准备金、保险保障基金与公积金等。具体做法是：经营非寿险的保险业务，应从当年自留报费中提取未到期责任准备金，其提取和结转数额应相当于当年自留报废的 50％；经营寿险业务的保险公司，应按照有效的人寿保险单的全部净值提取未到期责任准备金。

保险公司应当按照已经提出的保险赔偿或给付金额，以及已经发生保险事故但尚未提出的保险赔偿或给付金额，提取未决赔偿准备金；除提取各项责任准备金和未决赔偿准备金外，保险公司还应当依照有关法律、行政法规及国家财务会计制度的规定提取公积金。

为了保障被保险人的利益，支持保险公司稳健经营，保险公司应当按照保险监督机构的规定提存保险保障基金。保险基金应当集中管理，统筹使用。保险保障基金管理使用的具体办法由保险监督管理机构制定。

（三）保险公司的偿付能力和风险控制

保险公司的偿付能力是其支付保险金的能力，故应具有与其业务规模相适应的最低偿付能力。保险公司的实际资产减去实际负债的差额不得低于保险监督管理机构规定的数额，低于规定数额的，应当增加资本金，补足差额。

根据保险法的规定，保险公司对每一危险单位，即对一次保险事故可能造成的最大损失范围承担的责任，不得超过其实有资本金加公积金总和的 10％，超过的部分应办理再保险。除人寿保险业务外，保险公司应将其承保的每笔保险业务的 20％按有关规定办理再保险。保险公司对危险单位的计算办法和拒灾风险安排计划，应当报经保险监督管理机构核准。保险公司应当按照保险监督机构的有关规定办理再保险。

（四）保险公司的资金运用

保险公司资金的运用必须稳健，遵循合法性、安全性、效益型原则，并保证资产的保值增值；保险公司的资金运用，限于在银行存款、买卖政府债券、金融债券和国务院规定的其他资金运用形式；保险公司的资金不得用于设立证券经营机构，不得用于设立保险业以外的企业；保险公司运用的资金和具体项目的资金占其资金总额的具体比例，由保险监督管理机构规定。

（五）保险公司的业务行为准则

保险公司及其工作人员在保险业务活动中不得有下列行为：

（1）欺骗投保人、被保险人或受益人，对投保人隐瞒与保险合同有关的重要情况。

（2）阻碍投保人、被保险人履行法律规定的如实告知义务，或诱导其不履行法律规定的，如实告知义务。

（3）承诺向投保人、被保险人或受益人给予保险合同规定以外的保险费回扣或其他利益。

（4）故意编造未曾发生的保险事故进行虚假理赔，骗取保险金。

三、保险公司的监督和管理

对保险业实施监督管理的部门为国家金融监督管理部门，中国保险监督管理委员会。

其主要职能如下所述。

（一）对主要险种的基本保险条款和保险费率的监管

我国保险的主要险种是经中国人民银行认定的险种。中国人民银行根据市场情况有权对主要险种予以调整。主要险种的基本保险条款和保险费率，由金融监督管理部门制定。保险公司拟订的其他险种的保险条款和保险费率，应当报金融监督管理部门备案。金融监督管理部门有权检查保险公司的业务状况、财务状况及资金运用情况，有权要求保险公司在规定的期限内提供有关的书面报告和资料。

（二）对保险公司的经营活动的监管

对于未按照法律规定提取或结转各项准备金，或未办理再保险，或严重违反法律关于资金运用规定的保险公司，由金融监督管理部门对其作出限期改正规定：

（1）依法提取或结转各项准备金。

（2）依法办理再保险。

（3）纠正违法运用资金的行为。

（4）调整负责人及有关管理人员。

金融监督管理部门作出限期改正的决定后，保险公司在期限内未予改正的，由金融监督管理部门决定选派保险专业人员和指定该保险公司的有关人员，组成整顿组织机构，对该保险公司进行整顿。

（三）对保险公司财务状况的监督

保险公司应当于每一会计年度终了后3个月，将上一年度的营业报告、财务会计报告及有关报表送金融监督管理部门，并依法公布。保险公司应当于每月月底将上一个月的营业统计报表送金融监督管理部门。

关于保险利益的修订，主要有三个方面值得关注：首先，法律规定，对人身保险要求投保人对被保险人具有保险利益；对财产保险而言，要求被保险人对保险标的具有保险利益。其次，保险利益是投保人或者被保险人对保险标的具有的法律上承认的利益。最后，保险利益的确定时点的规定更加科学：人身保险要求在保险合同订立时必须具有保险利益；财产保险则要求在保险事故发生时，被保险人对保险标的必须具有保险利益。

关于保险合同的成立、生效，首先，《保险法》提出了保险合同生效的概念，即"依法成立的保险合同，自成立时生效"。其次，针对在实务中，很多保险公司也会约定保单生效的条件或期限的做法，这次修订予以了明确。比如人身保险条款中常约定"本合同自本公司同意承保、收取保险费并签发保险单的次日零时起生效"，财产保险条款中一般不约定生效时间，而是在保险单中载明具体生效日期，或者在团体保险的承保协议中约定自交付保险费后次日起生效。这些做法的效力在现行《保险法》下如何是有争议的，有了新《保险法》的这一规定，今后保险合同中约定的生效条件和期限就受到法律的保护。

投保人的如实告知义务，是保险合同最大诚信原则的重要体现，此次新《保险法》对投保人如实告知义务的规定作了较大修改，主要有以下几个方面：

第一，《保险法》进一步明确了告知义务以保险人的询问为限，对保险人没有询问的，投保人不负有主动告知的义务。但是，至于保险人的询问采取哪种方式（书面、口头或者其他方式），法律没有进一步明确。

第二，《保险法》将构成保险人解除合同的条件由"过失"改为"重大过失"。即只有投保人的主观过错达到"重大过失"的程度,保险人才可以解除保险合同。至于什么是"重大过失",法律没有规定,在发生纠纷时将由法官酌情确定。依民法理论,行为人严重违反普通人的注意义务才构成"重大过失"。

第三,新《保险法》对于"故意"未履行如实告知义务的情形下,保险人可以解除合同的条件,也加上了"足以影响保险人决定是否同意承保或者提高保险费率"的要求。换言之,如果投保人故意未告知的事项和保险人是否同意承保或者提高保险费率无关,保险人也不得解除合同。

第四,《保险法》对被保险人有无告知义务,仍未明确。而在实践中,尤其是在人身保险中,往往被保险人对自身的健康状况更加清楚,所以由被保险人也负担如实告知义务。

第三节　保 险 合 同

一、保险合同的特征和种类

保险合同是投保人与保险人约定保险权利义务关系的协议。投保人是指与保险人订立保险合同,并按照保险合同负有支付保险费义务的人。保险人是指与投保人订立保险合同,并承担赔偿或给付保险金责任的保险公司。

（一）保险合同的特征

保险合同是《合同法》所规定的合同种类之一。保险合同既有合同的一般属性,又具有其自身的特殊属性。其其主要特征表现为:

（1）保险合同是保障合同。保险合同有保障性质。保险是分散危险、消化损失的最佳经济补偿手段。人们订立保险合同的目的是想把由于自然灾害和意外事故带来的风险转嫁出去或限制在最低程度。对投保人来说,是希望在发生自然灾害和意外事故造成损失时,由保险人给予赔偿;对于保险人来说,则是通过收取保险费,积累保险基金,保障投保人在遭受自然灾害和意外事故后生产和生活的安定。

（2）保险合同是要式合同。即其必须具备一定的形式才能成立,保险合同必须以书面协议形式订立,既可以是保险单或其他保险凭证,也可以是当事人签订的书面合同。

（3）保险合同当事人履行义务的不同时性。在保险合同中,投保人在合同成立后即负有按时交付保险费的义务,但保险人的承担赔偿责任,则不一定在每一个保险合同中都必须履行(人身保险除外)。

（4）保险合同是射幸合同。射幸合同是指合同的履行内容在订立合同之时并不能确定的合同。保险合同在订立时,合同的双方当事人对事故的发生与否不能实现确定。

（5）保险合同是对价悬殊合同。保险合同订立后,一旦投保人发生事故,保险人必须履行有关义务,对投保人的实际损失给予经济上的补偿。但保险人支付的赔偿远远超过了投保人所支付的保险费,所以对价非常悬殊。

（二）保险合同的种类

从保险合同的不同特征,可以对保险合同作出不同分类。按保险合同的标的不同,可分为财产保险合同和人身保险合同。财产保险合同是以财产及其有关利益为保险标的的保险合同;人身保险合同是以人的寿命和身体为保险标的的保险合同。

二、保险合同订立的基本原则

（一）自愿原则

当事人在订立、变更、终止合同时，意志是独立的，不受他人的干涉和强迫。当事人有权在法律允许的范围内，自主决定保险合同的订立，任何在威胁、强迫与欺诈等不自愿的情况下签订的保险合同无效。

（二）保险利益原则

投保人对保险标的应当具有保险利益。保险利益是指投保人对保险标的具有法律上承认的利益。投保人对保险标的不具有保险利益的，保险合同无效。

（三）如实告知原则

投保人在订立保险合同时，保险人应当向投保人说明保险合同的条款内容，并可就保险标的或被保险人的有关情况提出询问，投保人应当如实告知。

三、保险合同的成立和解除

（一）保险合同的成立

保险合同的成立是指投保人提出保险要求，经保险人同意承保，并就合同的条款达成协议，即可认为保险合同成立。保险人应当及时向投保人签发保险单或其他保险凭证，并在保险单或其他保险凭证中载明当事人双方约定的合同内容。经投保人和保险人协商同意，也可以采取书面协议形式订立保险合同。

（二）保险合同的解除

保险合同成立后，除保险法另有规定或保险合同有约定外，投保人可以解除保险合同，保险人不得解除保险合同。但是，如果投保人故意隐瞒事实，不履行如实告知义务的，或因过失未履行如实告知义务，足以影响保险人决定是否同意承保或提高保险费的，保险人有权解除保险合同。如果保险公司通过体检发现了被保险人的健康状况存在问题而继续承保的，保险公司不得以投保人未如实告知为由解除合同。

投保人故意不履行如实告知义务的，保险人对于保险合同解除前发生的保险事故，不承担赔偿或给付保险金的责任，并不退还保险费。投保人因过失未履行如实告知义务，对保险事故的发生有严重影响的，保险人对于保险合同解除前发生的保险事故，不承担赔偿或付保险金的责任，但可退还保险金。保险人因重大过失而解除合同，退还保证金，这是一项法定义务。

保险人在合同订立时已经知道投保人未如实告知的情况的，保险人不得解除合同。这在英美法系保险法理论上称为"弃权与禁反言"规则，是保险合同诚信原则的重要内容。当然，对保险人已经知道的事实，投保人应负举证责任。

《保险法》规定，保险公司的合同解除权应在知道解除事由之日起 30 日内行使，超过 30 日不行使的，解除权消灭；若保险公司是在保险合同成立 2 年后发现解除事由的，保险公司不得解除合同，同时也要承担保险责任。

四、保险合同的当事人

保险合同的当事人是保险合同的缔结者，包括保险人、投保人两种。

（一）保险人

保险人是指依法成立的，在保险合同成立时有权收取保险费，并在保险事故发生时承担赔偿或给付保险金责任的人，即经营保险事业的组织。我国《保险法》规定，保险人必须是保险公司。作为保险人必须具备以下几个条件：

（1）必须是依法成立的经营保险事业的组织。

（2）在保险合同成立时享有依据合同要求投保人支付保险费的权利。

（3）在保险事故发生时承担赔偿的责任。

（二）投保人

投保人是指与保险公司订立保险合同，并按照保险合同负有支付保险费的义务的人。作为投保人，其可以是自然人也可以是法人。投保人必须具备三个条件：

（1）必须有完全的民事行为能力。

（2）必须对保险公司标的有保险利益。

（3）必须负有交付保险费的义务。

五、保险合同的关系人

保险合同的关系人，是指与保险合同有间接利害关系的人，享受或履行法律及保险合同所规定的某些权利和义务。保险合同的关系人包括被保险人和受益人。

（一）被保险人

被保险人是指其财产或者人身保险合同保障，享有保险金请求权的人。被保险人与投保人通常有两种情况：一是投保人为本人利益而订立保险合同时，保险合同一经成立，投保人即为被保险人；二是投保人为他人利益而订立保险合同时，投保人与被保险人分别是两个人。在人身保险合同中比较常见的是第二种情况。被保险人必须具备以下两个条件：一是必须是保险事故发生时遭受损失的人；二是必须是享有保险金请求权的人。

（二）受益人

受益人是指人身保险合同中由被保险人或投保人指定的，享有保险金请求权的人。受益人一般既可以是投保人，又可以是被保险人，还可以是由投保人或被保险人在合同中指定的第三人。法律上一般是由投保人或被保险人在合同中指定的第三人。在保险合同生效后，被保险人或投保人也可以变换受益人，或撤销受益人的收益权，但应当经过保险人同意才能生效，否则保险人善意地向原受益人为保险给付后，就不再承担向后一受益人给付的义务。作为受益人必须具备以下两个条件：一是必须是享有赔偿请求权的人；二是必须是投保人或保险人在保险合同中指定的人。如果未指定则按照法律规定确定。

六、保险合同的辅助人

保险合同的辅助人，是指在保险合同的订立和履行过程中起辅助作用或中介作用的人。保险合同的辅助人包括保险代理人、保险经纪人和保险公证人。

（一）保险代理人

保险代理人即保险人的代理人，是指根据保险人的委托，向保险人收取代理手续费，并在保险人授权的范围内代为办理保险业务的单位和个人。保险代理行为使用民事代理的一般规则。保险人以保险人的名义,在保险人的授权范围内从事保险活动,其法律后果由保险人承担。保险代理人的代理行为必须在授权范围内行使,无权代理和滥用代理权的行为属于无效代理,其产生的法律后果由保险代理人自己承担。

（二）保险经纪人

保险经纪人是指基于投保人的利益,为投保人与保险人订立保险合同提供中介服务,并依法收取佣金的单位和个人。保险经纪人应当具备保险监督管理机构规定的资格条件,并取得保险监督管理机构颁布的经营保险经纪业务许可证,并向工商行政机关办理的登记,领取营业执照,并缴存保证金或投保职业责任保险。

（三）保险公证人

保险公证人是指向保险人或被保险人收取费用,为其办理保险标的的查勘、鉴定、评估及赔偿的理算洽商等活动结果给予证明的人。

七、保险合同的形式和内容

（一）保险合同的形式

保险合同的形式是指记载保险合同各个事项的文件,是保险合同双方当事人意思表示一致的书面表现形式,也是保险人或者受益人享有申请偿付权利的证明,主要分为投保单、保险单、保险凭证和暂保单四种。

（二）保险合同的内容

保险合同的内容是指保险合同应当记载的各种事项,其主要内容一般包括下列各项:

(1) 保险人名称和住所。

(2) 投保人、被保险人名称和住所,以及人身保险的受益人的名称和住所。

(3) 保险标的。

(4) 保险责任和责任免除。

(5) 保险期间和保险责任开始时间。

(6) 保险价值。

(7) 保险金额。

(8) 保险费用以及支付办法。

(9) 保险金赔偿或给付办法。

(10) 违约责任和争议处理。

第四节 保险类型

保险可从不同角度作出不同分类,依据保险人的性质,保险可分为商业保险和社会保险;依据保险的实施方法,保险可分为强制保险和自愿保险;依据保险标的不同,保险可分为财产保险、人身保险、责任保险和保证保险;依据保险人承担责任的方式,保险可分为原保险、再保险和共同保险;依据保险业务有无涉外因素,保险可分为涉外保险和国内保险。本章主要对保险公司的主要业务,财产保险和人身保险进行阐述。

一、人身保险

(一) 人身保险的概念和种类

人身保险是指以人的寿命或身体作为保险标的,以被保险人的生死、伤害、疾病等作为保险事件的一种保险。投保人根据合同支付保险费,保险人则根据合同承担给付保险金的责任。人身保险具有资金积累、社会保障和社会福利职能,是社会和人民生活安定的重要补充。

人身保险按照保障范围不同,可分为人寿险、健康险和意外伤害险。人寿险是指以保险人的生命为保险标的,以生死为保险事故的保险。健康险又称疾病保险,是指投保人交付保险费,被保险人在保险有效期限内因疾病而支付的医疗费用,或被保险人因疾病致残或死亡时,保险人给付相应保险金的保险。意外伤残险是指投保人交付保险费,在保险有效期限内,被保险人因遭受意外伤残事故而致使残废或死亡,由保险人给付保险金的保险。

(二) 人身保险合同

1. 人身保险合同的概念和种类

人身保险合同是指以人的寿命和身体作为保险标的的保险合同。保险人依被保险人的年龄、健康状况,按规定向投保人收取保险费,在被保险人死亡、伤残或保险期限届满时向被保险人或受益人支付赔偿金或保险金。按照人身保险合同保障范围的不同,可以分为三种,即人寿保险合同、健康保险合同和伤残保险合同。

2. 人身保险合同的主体

人是保险合同的主体,是指参与人身保险合同、在人身保险合同中享有权利、承担义务的当事人。一般包括投保人、保险人、被保险人和受益人。

(1) 投保人。投保人是指与保险人订立保险合同,并按照保险合同负有支付保险费义务的人。在人身保险合同中,投保人对被保险人应当具有保险利益。根据我国保险法的规定,投保人对下列人员具有保险利益:第一,本人;第二,配偶、子女、父母;第三,除前两项外,与投保人有抚养、赡养或抚养关系的家庭其他成员、近亲属等。除以上人员外,被保险人统一投保人为其订立合同的,视为投保人对被保险人具有保险利益。

根据我国《保险法》的规定,投保人不得为无民事行为能力人投保以死亡为给付保险金条件的人身保险,保险人也不得承保。但是,父母为其未成年子女投保的人身保险,不受此限制,但是死亡给付保险金额总和不得超过金融监管管理部门规定的限额。以死亡为给付保险金条件的合同,未经被保险人书面同意并认可保险金额的,合同无效,父母为其未成年子女投保得人身保险除外。

(2) 保险人。保险人是指与投保人订立保险合同,并承担赔偿或给付保险金责任的保险公司。

(3) 被保险人。被保险人是指其财产或人身保险合同保障,享有保险金请求权的人,投保人也可以为被保险人。

(4) 受益人。受益人是指人身保险合同中由被保险人或投保人制定的享有保险金请求权的人;投保人、被保险人也可以为受益人。

二、财产保险

(一) 财产保险的概念和种类

财产保险合同是以财产及其有关利益为保险标的的保险合同。具体来讲,它是指投保人以支付保险费为条件而同保险人约定的、保险人在被保险人的财产发生保险责任或依法应当承担民事赔偿责任时,由保险人承担赔偿责任的保险合同。传统的财产保险是以有形财产为保险标的的保险,但现在一般认为财产保险合同的保险标的有两种:一是"财产",即实物形态的物质财产,如房屋、机器等;二是与财产有关的利益,即由财产所带来的无形的利益。财产保险合同的种类主要有财产保险合同、责任保险合同、信用保险合同和保证保险合同。

(二) 财产保险合同的基本条款

1. 保险标的

保险标的是指作为保险对象的财产及其有关的利益或人的寿命和身体。所以,财产保险合同的标的是指作为保险对象的财产及其有关利益。保险标的是财产保险合同的最重要的条款。财产的名城、质量、数量、规格和财产坐落地都是在财产保险合同中必须明确记载的。

2. 保险费

保险费是财产保险合同的必备条款,所以,在签订合同时必须明确记载保险费的记载办法和支付办法。保险合同成立后,投保人就要按照保险合同的约定交付保险费,保险人应承担相应的责任。

3. 保险金额

保险金额是指投保人对保险标的的实际投保金额,同时也是保险人计算保险费的依据和承担赔偿责任的最高限额。财产保险的保险金额是按照保险标的的实际价值确定的,由于其目的在于补偿遭受的实际损失,所以,保险金额一般不得高于保险财产的实际价值。保险标的的保险价值,可由投保人和保险人在合同中约定,也可按照保险事故发生时保险标的的实际价值确定。根据保险金额与保险财产实际价值的关系,可以把保险金额分为足额保险、不足额保险、超额保险和重复保险。

4. 保险责任的范围

保险责任的范围包括以下三类:

(1) 因自然灾害所造成的损失。

(2) 因意外事件所造成的损失。

(3) 因其他危险所造成的经济损失。

5. 财产保险合同的除外责任

财产保险合同的除外责任,是指保险人依法或以保险合同的约定不承担赔偿责任的情形。财产保险合同的除外责任主要有:

(1) 投保人和被保险人的故意行为所致的保险事故。

(2) 战争、军事行动或暴力行为所致的保险事故。

(3) 核子辐射和污染。

(4) 对方在露天或罩棚下的财产保险,以及用芦苇、布、草、纸板、塑料布做顶棚的罩棚,由于暴风、暴雨所致损失。

(5) 因财产本身的权限、保管不善而致的损失、损耗。

(6) 因遭受保险责任内的灾害或事故造成停工、停业等的一切间接损失。

第五节 法 律 责 任

一、民事责任

保险民事责任的主要内容有：

(1) 投保人、被保险人、受益人等骗取保险金，应当承担返还责任。由此造成保险人损失的，还应承担赔偿责任。

(2) 保险人未及时履行支付保险金义务的，应当赔偿被保险人或受益人由此受到的损失。

(3) 保险经纪人在办理保险业务中存在过错，给投保人、被保险人造成损失的，应当承担赔偿责任。

(4) 保险代理人因无权代理而实施了代理行为或越权代理给投保人、被保险人或受益人造成损失的，应承担赔偿责任。

二、行政责任

按承担法律责任的主体进行分类，保险行政责任可以归纳为以下几方面。

(一) 投保人、被保险人或受益人的行政法律责任

投保人、被保险人或受益人进行欺诈活动，情节轻微不构成犯罪的，依法承担行政责任。

(二) 保险公司的行政法律责任

主要包括以下几方面：

(1) 从事保险业务活动中违法行为的行政法律责任。具体包括以下上不构成犯罪的违法行为：① 隐瞒与合同有关的重要情况，欺骗投保人、被保险人或受益人，或拒不履行赔偿或给付义务；② 阻碍投保人如实告知义务；③ 诱导投保人不履行如实告知义务；④ 向投保人、被保险人或受益人给予非法保险费回扣或其他利益等。对上述违法行为由金融监管机构给予返款等行政处罚。

(2) 超出业务范围和经营区域从事保险业务行为的行政法律责任。具体处罚包括：责令改正、责令退还收取的保险费、没收违法所得、罚款、责令停业整顿、吊销经营保险业务许可证、停止承保新业务、责令撤换负责人等。

(3) 擅自变更保险公司的名称、章程、注册资本、公司或分支机构的营业场所等行为，由金融监管机构责令改正，并处以罚款。

(4) 违反法定经营规则行为的行政法律责任。具体违法行为包括：未按法律规定提存、使用保证金、各种准备金、公积金和保险保障金；未按法律规定办理再保险；未经批准设立分支机构或代表机构；未经批准分立、合并等。保险公司上述违法行为应承担的具体行政法律责任有：责令改正、没收违法所得、罚款、停止接受新业务、吊销经营保险业务许可

证等。

（5）未按规定接受或妨碍保险监管行为的行政法律责任。具体法律责任有：通报批评、责令改正、罚款、停止承保新业务、撤换主要负责人或吊销经营保险业务许可证等。

（三）保险公司高级管理人员和其他责任人员违法行为的行政法律责任

保险公司有违反保险法律、法规尚未构成犯罪行为的，对负有直接责任的高级管理人员和其他直接责任人员，金融监管机构可以给予警告、责令撤换和罚款等处罚。

（四）保险代理人和保险经纪人的行政法律责任

主要有：

（1）欺骗投保人、被保险人或受益人行为的行为法律责任。具体有：责令改正、罚款、吊销经营保险代理业务许可证或经济经纪许可证等。

（2）违反业务经营规则行为的行政法律责任。违法行为包括：向保险合同当事人索取超额报酬，为2家（含2家）以上人寿保险公司代理业务，拖欠、挪用保险费用或保险金，超出业务范围开展代理业务等。具体责任包括：责令改正、没收违法所得、停止业务、吊销经营保险业务许可证或保险代理人资格证书、罚款等。

（3）未按规定接受或妨碍保险监管行为的行为法律责任。保险代理人和经纪人必须依法接受金融监管机构的检查监督，并按规定报送有关业务资料，否则将承担法律责任。具体责任有：责令改正、罚款、吊销经营保险业务许可证或保险代理人资格证书等。

（五）金融监管机构的行政法律责任

金融监管机构在监管过程中损害保险公司或公民、法人和其他组织权益的，应当承担赔偿责任。

此外，其他有关单位、个人擅自设立保险公司从事保险活动，或擅自从事保险代理或经济业务的，由金融机构予以取缔、没收违法所得、罚款、拘留等处罚，追究行政法律责任。

上述违法行为情节严重、构成犯罪的，依法追究刑事责任。

第十八章　信　托　法

第一节　信　托　法　概　述

一、信托的概述

1. 信托的概念

"受人之托，代人理财"的财产管理制度，即为信托。"信托"制度是从英美法系中移植到大陆法系国家的。不同的国家与地区对"信托"的定义也不同，我国信托法规定，信托是指委托人基于对受托人的信任，将其财产权委托给受托人，由受托人按委托人的意愿以自己的名义，为受益人的利益或者特定目的进行管理或处分的行为。

2. 信托的特征

信托具有以下几个特点：

(1) 信托由三方法律关系构成。从信托关系的主体来看，信托关系是由三方当事人构成的法律关系，即由委托人、受托人与受益人三方构成的法律关系。委托人是指将自己的财产转移给受托人进行管理或处理，从而导致信托关系设立的人。受托人是指接受信托人的委托或有关国家机关的指定而对信托财产负有为他人利益进行管理或处分义务的人。受益人是指因受托人管理、处分而享有财产利益的人。

(2) 信托是一种财产关系。从信托关系的客体来看，信托关系的客体是信托财产。一定的财产是信托产生的基础。只有具有金钱价值的物品才可以成为信托财产，包括动产和不动产、货币、证券等。人身权不能成为信托财产，如名誉权、姓名权、身份权等，不能委托受托人来管理和处分。

(3) 信托财产具有独立性。信托关系的成立以有效地转移信托财产为要件。信托一经成立，信托财产即从委托人、受托人、受益人的自由财产中分离出来，成为一种独立运作的财产，仅服务于信托目的。这使得信托制度具有了独特的破产隔离功能。

(4) 受托人需按委托人的意愿为受益人的利益而管理和处理信托财产。从信托关系的内容来看。信托关系是发生在委托人、受托人及受益人之间的权利义务关系。受托人不能占有信托财产的收益，只能得到信托报酬。受托人按委托人的意愿和要求，对信托财产进行管理处理，如有亏损由受益人或委托人负担，受托人在无过失情况下不承担损失责任。受托人是信托财产名义上的所有人，而受益人是信托财产的利益所有人。这是信托的本质特征。

二、信托的分类

信托可从不同角度作出分类，依据信托的目的，信托可分为私益信托和公益信托；依据委托人与受益人是否为一人，信托可分为自益信托和他益信托；依据信托客体，信托可分为金钱信托和非金钱信托;依据信托受托人是否作为商业营业,信托可分为商业信托和民事信托。我国信托法对公益信托作了较为详细的规定。

三、信托法

信托法是调整信托关系的法律规范,是规范信托行为的基本法。

信托制度发端并光大于英美法系,并为大陆法系所借鉴、移植。英国自早年制定了关于受托人的成文法,其中集大成者为1925年制定的《受托人法》。随后在英国的影响下,美国、日本等其他各国的信托制度也逐渐发展起来。我国1935年国民政府设立了中央信托局。但是信托业在中国的发展非常缓慢,故长期没有形成立法的客观条件。

1993年7月,全国人民代表大会财经委员会成立了"信托法"专家起草小组,数易其稿,终于在2001年4月28日在第九届全国人民代表大会常务委员会第二十一次会议上通过了《中华人民共和国信托法》(以下简称《信托法》),对信托法律关系进行全面调整,为现实生活中各式各样的信托法律关系提供适用的法律依据,标志着我国开始建立真正意义上的信托制度,在此基础上,2002年6月5日,中国人民银行在《中国人民银行法》和《信托法》的基础上制定颁布了新的《信托投资公司管理办法》,并于6月26日颁布了《信托投资公司资金信托管理暂行办法》。2007年中国银行监督管理委员会发布《信托公司治理指引》,对我信托机构的管理和规范日趋完善。

第二节　信托设立

信托的设立也称"信托设定",是指信托行为在法律上得到确认,也就是说,信托关系成立具有法律上的有效性。不同性质的信托,其设立方式也就不同。有的信托通过当事人的法律行为而设立,有的信托是通过法律的直接规定而设立,如法定设立。有的信托是通过法院推定而设立。但绝大部分信托是通过当事人之间的法律行为设立的。

信托的设立,必须具备以下三个条件。

一、信托关系中人的要件

确立信托的设立必须要明确委托人、受托人和受益人。三种信托关系当事人缺一不可。虽然有时委托人与受益人可以是同一人,但是受托人与受益人绝对不能是同一人。如果受托人与受益人是同一人,那么受托人既有信托财产所有权,又取得由于财产的管理处分而产生的收益权,这样信托就没有目的,信托成立也没有意义了。信托必须是三方当事人之间的法律关系。

信托关系的形成应有一定的文字依据,一般采取契约形式,也有使用遗嘱形式的。契约的信托设定,当事人必须是有行为能力的人。限制行为能力的人只有得到其法定代理人同意才得设定信托。

二、信托的目的必须符合法律规定

一般信托的设立都是有目的的,如为了财产的保管目的而设定信托,为了财产的管理目的而设定信托或为财产的处分设立信托等。所以，没有目的的信托是不存在的。但是，信托的目的必须符合法律。我国《信托法》规定，信托如有违反法律行政法规、损害社会公共利益、信托财产不能确定或属于非法财产，以及专门的讨债和诉讼，受益人或受益范围不确定等情形之一的属于无效信托。

按照我国《信托法》规定，有下列情形之一的，信托无效：

(1) 信托目的违反法律、行政法规或者损害社会公共利益。

(2) 信托财产不能确定。

(3) 委托人以非法财产或者法律规定不得设立信托的财产设立信托。

(4) 专以诉讼或者讨债为目的设立信托。

(5) 受益人或者受益人范围不能确定。

(6) 法律、行政法规规定的其他情形。

委托人设立信托损害其债权人利益的，债权人有权依法向人民法院提出申请撤销该信托。

三、成立信托的自由意思

在合法前提下，信托当事人要成立信托的意思表示，不论在内容上与形式上都是自由的，不能以任何约束而否定其信托成立的有效性。

第三节　信　托　财　产

受托人因承诺信托而取得的财产是信托财产。信托财产是信托的载体，处于信托关系的核心地位。没有信托财产，信托就不能成立，受托人的活动和受益人的权利就会失去依托。信托财产具有独立性。我国《信托法》规定，信托财产的独立性是指以下四个方面。

一、信托财产与委托人未设立信托的其他财产相区别

委托人死亡或解散、撤销和破产，除委托人作为唯一的受益人，信托财产不属于他的遗产或清算财产，信托财产也独立于受托人的自由财产，不属于其遗产或清算财产。

二、信托财产与受托人财产分离

受托人对信托财产的运用、处分所产生的债权不得与其固定资产所产生的债务相抵销，不同信托财产所产生的债权债务也不得相互抵销。受托人死亡或依法解散、被依法撤销、被宣告破产而中止信托的信托财产不得作为其遗产或者清算财产。

三、信托财产独立于受益人的自由财产

受益人除享受约定的权益，不得在信托存续中对信托财产本身提出要求。

四、清偿不得强制执行

除债权人在设立信托财产前对该信托财产已经享有优先受偿的权利、处理信托事务本身产生的债务而债权人要求清偿信托财产应担负的税款等情形之外，不得对其强制执行。

第四节　信托当事人的权利与义务

一、委托人

我国《信托法》规定,委托人应当是具备完全民事行为能力的自然人、法人或依法成立的其他组织。委托人享有广泛的对信托财产管理、运用、处分的知情权。如有未能预见的特别事发生,致使信托财产的管理方法不利于实现信托目的或不符合受益人的利益时,委托人还有权要求受托人调整该信托财产的管理办法。受托人违反信托目的、违背管理职责管理、处分信托财产致使信托财产受到损失的,委托人还享有诉讼和赔偿请求权,甚至依照信托文件的规定或请求人民法院解任受托人。

委托人的主要义务在于将信托财产转移给受托人,如为有偿信托的话,应向受托人支付报酬。

二、受托人

1. 受托人的权利

受托人是受让信托财产并允诺代为管理处分的人,处于实施信托的主体中心。所以,受托人必须具有权利能力和行为能力。受托人可以是一人,也可以是数人,可以是自然人,也可以是法人。我国《信托法》规定,受托人有以下主要权利:

(1) 受托人可以以自己名义管理信托财产。

(2) 受托人具有报酬请求权,即受托人有权依照约定取得报酬。

(3) 受托人有费用补偿请求权,即因处理事务所支出的费用,对第三人所负债务,受托人可以以信托财产承担。

(4) 受托人向受益人支付信托利益,仅以信托财产为限。

2. 受托人的义务与责任

我国《信托法》还规定了受托人的义务与责任。主要内容为:

(1) 受托人管理信托财产必须恪尽职守,履行诚实、信用、谨慎管理的职责和义务,为受益人的最大利益来管理、处分信托财产。

(2) 受托人不得利用信托财产为自己谋取约定报酬以外的利益;我国《信托法》规定,受托人可以是受益人,但不能是同一信托的唯一受益人。

(3) 受托人不得将信托财产转为其固定财产。

(4) 除另有规定外,受托人不得将其固定财产与信托财产进行交易,并且应当自己处理信托事务。

(5) 受托人必须按规定保存处理信托事务的完整记录,并定期将信托财产的管理、处分及收支情况报告委托人和受益人。

(6) 受托人因为被管理职责或处理信托事务不当致使信托财产遭受损失或对第三人负责,应自己承担相应的责任。

三、受益人

受益人是依据信托文件享有信托受益权的人,是信托有效成立的要件之一,没有受益人的信托是无效的。受益人可以是一人,也可以是数人;可以是自然人,也可以是法人;可以是委托人自己,也可以是他人。受托人也可以是多数受益人之一,但不能是同一信托的唯一受益人。受益人按照信托文件的规定享受信托利益。受益人的信托受益可以放弃,也可以依法转让和继承,还可以依照规定用于清偿到期债务。一个信托中只有一个受益人时,如果该受益人放弃受益权,则信托终止。受益人同委托人一样享有对受托人及信托财产的某些制约权。

第五节　信托法律关系的变更与终止

一、信托法律关系的变更

信托的变更是指因出现了法定情形或约定的情形而对信托当事人或信托内容进行变更的行为。

信托法律关系一经成立,即对信托当事人发生法律约束力。对于有效设立的信托,当事人应当全面地履行各自的义务,任何一方当事人不得擅自变更或解除。但是在以下特定的情况下,允许信托的变更或解除:

1. 委托人的变更权

一般情况下,委托人可以通过在信托文件中保留变更权的方式行使变更权,否则委托人不得变更信托,这是国际惯例。我国《信托法》规定,有下列情形之一的,委托人可以变更信托受益权:

(1) 受益人对委托人有重大侵权行为。

(2) 受益人对其他共同受益人有重大侵权行为。

(3) 经受益人同意。

(4) 信托文件规定的其他情形。

2. 受托人的变更权

原则上讲,受托人没有变更信托的权利。但是,可以就受托人的变更权进行约定。应当注意的是,受托人在行使变更权的时候,应当尽到善良管理人的义务。

3. 受益人的变更权

一般来讲,受益人有变更信托的权利,因为受益人是信托利益的享有者,有权为自己的利益而变更信托。但是,必须符合一定的条件:第一,受益人必须具备民事行为能力;第二,若受益人是多数的,则必须经过全体受益人的同意。

二、信托法律关系的终止

信托的终止是指已经有效成立的信托,根据双方的约定或法律的规定而失去法律约束力的行为。引起信托终止的原因有以下六个方面。

1. 由于信托文件所约定的终止事由而发生终止

一般信托终止的事由可以由当事人在信托文件中约定。一旦约定的事由发生,信托就可以终止。

2. 由于信托目的已经实现或不能实现而终止

一切信托行为都是围绕信托目的进行的。不论是信托目的已经实现或不能实现,信托都没有继续存在的必要,即信托行为终止。

3. 由于信托期限届满而终止

如果信托当事人在信托条件中明确约定了信托的期限,那么,信托期限届满时,信托也就终止了。

4. 由于信托的存续违反信托目的而终止

信托目的是信托的必要条件之一,如果信托的存在违反信托目的,则违反了委托人设立信托的初衷,所以信托没有存在的必要,也即信托终止。

5. 由于被撤销而终止

这里所讲的撤销,是指信托因存在法定情形被人民法院依法予以撤销的行为。在信托被撤销的情况下,则原来设立的信托自始无效。

6. 由于被解除而终止

信托被解除包括法定解除和约定解除两种。一般来讲,信托一经成立,委托人不能解除信托,但在法定情形下和约定情形下,委托人可以解除信托。

此外,委托人、受托人的死亡、破产或丧失行为能力,并不必然导致信托的终止。这是因为,信托一旦有效成立,信托财产就是独立存在的,并以信托财产为核心形成了信托的管理、处分关系。如果委托人发生上述情形,则该财产仍由受托人进行管理、处分,信托财产仍然存在。如果是受托人发生上述情形,则可由委托人重新指定或由法院指定受托人,信托关系仍然存在。

三、信托终止后信托财产的归属

信托终止后,信托财产的归属如何确定,可以按照不同的情况来确认。如果信托文件明确约定了信托财产的归属,则按照约定来确认。如果信托财产没有约定,一般情况下,信托财产应当归属于委托人或其继承人。

第六节　信托机构法律规范

信托机构是目前我国主要信托业务中最主要的受托人。这一受托人的行为规范与否直接关系信托业务的健康发展,事关金融安全。

1979 年 10 月,中国国际信托投资公司成立,标志着中国信托及信托业开始发展起来。但是随着"信托热"在全国上下的迅速升温,隐藏在快速发展中的问题和风险也不断集聚和显露。因此,监管当局加大了对信托业的监管力度,于 1982 年、1985 年和 1986 年进行了三次信托业的清理整顿,撤并了大量信托机构。1986 年 1 月 7 日,国务院发布了《银行管理暂行条例》,其中第四章"其他金融机构"中专门规定信托投资公司的审批制度。1986 年 4 月 26 日,中国人民银行根据《银行管理暂行条例》制定发布了《金融信托投资机构管理暂行规定》和《金融信托投资机构资金管理暂行办法》。1989 年,中国人民银行又下发了《关于积极开办信托业务的通知》,对加快我国金融信托业的发展和壮大发挥了积极的推动作用。

1993 年,中国人民银行再次对全国信托业进行清理整顿。1994 年,我国的金融体制改革明确了信托业是金融体系中的一个重要部分,并决定对其实行分业经营。1998 年,我国启动了信托业的第五次整顿,在保留少量规模大、管理严格、真正从事受托业务的信托投资公司的原则下,国内市场上信托机构大量减少。

《信托法》与相关法规对于信托机构的主要规定如下所述。

一、信托机构

信托机构是指从事信托业务的金融机构,我国通常称为信托投资公司,在信托关系中充当受托法人的角色。信托投资公司是指依照《中华人民共和国公司法》和相关法规设立的主要经营信托业务的金融机构。信托公司在信托关系中是受委托人信任的机构,同时是以盈利为目的的特殊的工商企业。我国《信托投资公司管理办法》规定,信托投资公司必须遵循以下准则:

(1) 信托投资公司从事信托活动,应当遵守法律、行政法规的规定和信托文件的规定,不得损害国家利益、社会公共利益和他人的合法权益。

(2) 信托投资公司管理或者处分信托财产,必须恪尽职守,履行诚实、信用、谨慎、有效管理的义务。

(3) 信托投资公司不得办理存款业务,不得发行债券,不得举借外债。

信托机构在信托业务中担当受托人,它是否可以被信任、是否有经营、管理受托财产的业务能力是开展信托活动的关键。

二、信托机构设立的条件

信托机构设立的条件是指信托公司取得营业许可的条件。我国《信托投资公司管理办法》规定,设立信托投资公司,应当具备下列条件:

(1) 设立信托投资公司,应当采取有限责任公司或者股份有限公司的形式。

(2) 设立信托投资公司,必须经中国人民银行批准,并领取《信托机构法人许可证》。未经中国人民银行批准,任何单位和个人不得经营信托业务,任何经营单位不得在其名称中使用“信托投资”字样。法律、行政法规另有规定的除外。

(3) 有符合《公司法》和中国人民银行规定的公司章程。

(4) 有具备中国人民银行规定的入股资格的股东。

(5) 信托投资公司的注册资本不得低于人民币 3 亿元,经营外汇业务的信托投资公司,其注册资本中应包括不少于等值 1500 万美元的外汇。中国人民银行根据信托投资公司行业发展的需要,可以调整设立信托投资公司的注册资本最低限额。

(6) 有具备中国人民银行规定任职资格的高级管理人员和与其业务相适应的信托从业人员。

(7) 具有健全的组织机构、信托业务操作规则和风险控制制度。

(8) 有符合要求的营业场所、安全防范措施和与业务有关的其他设施。

(9) 中国人民银行规定的其他条件。

中国人民银行可以根据经济发展的需要和信托市场的状况对信托投资公司的设立申请进行审查。

信托机构的设立除了必要的条件以外,还必须经过某些法定的程序提出申请,提交规定的文件和有关的证明,经特定的主管机关批准才能成立。

三、信托机构的经营范围

对信托业务的管理和控制是《信托法》中的主要内容。信托业务的内容可分为广义和狭义两种。广义的信托业务,是指信托公司可以从事的全部信托业务,包括信托、代理和租赁三种情况。狭义的信托业务,仅指以信托关系为基础的业务。本章所指的是广义的信托经营范围。

1. 受托财产

受托财产是指允许信托机构接受委托人信托的财产。我国《信托法》和《信托投资公司管理办法》规定,受托人因承诺信托的取得的财产称为信托财产,受托人因信托财产的管理运用、处分或其他情形而取得的财产也是信托财产。

2. 信托机构的经营范围

我国《信托投资公司管理办法》规定,信托投资公司可以申请经营下列部分或者全部本外币业务:

(1) 受托经营资金信托业务,即委托人将自己合法拥有的资金,委托信托投资公司按照约定的条件和目的,进行管理、运用和处分。

(2) 受托经营动产、不动产及其他财产的信托业务,即委托人将自己的动产、不动产以及知识产权等财产、财产权,委托信托投资公司按照约定的条件和目的,进行管理、运用和处分。

(3) 受托经营法律、行政法规允许从事的投资基金业务,作为投资基金或者基金管理公司的发起人从事投资基金业务。

(4) 经营企业资产的重组、购并及项目融资、公司理财、财务顾问等中介业务。

(5) 受托经营国务院有关部门批准的国债、政策性银行债券、企业债券等债券的承销业务。

(6) 代理财产的管理、运用和处分。

(7) 代保管业务。

(8) 信用见证、资信调查及经济咨询业务。

(9) 以固有财产为他人提供担保。

(10) 中国人民银行批准的其他业务。

我国《信托投资公司管理办法》规定,信托投资公司不得办理存款业务,不得发行债券,不得举借外债。

3. 公益信托

根据我国《信托法》的规定,信托投资公司可以接受为下列公益目的而设立的公益信托:

(1) 救济贫困。

(2) 救助灾民。

(3) 扶助残疾人。

(4) 发展教育、科技、文化、艺术、体育事业。

(5) 发展医疗卫生事业。

(6) 发展环境保护事业,维护生态环境。

(7) 发展其他社会公益事业。

信托投资公司管理、运用信托财产时,可以依照信托文件的规定,采取出租、出售、贷款、投资、同业拆放等方式进行。信托投资公司可以根据市场需要,按照信托目的、信托财产的种类或者对信托财产管理方式的不同设置信托业务品种。信托投资公司所有者权益项下依照规定可以运用的资金,可以存放于银行或者用于同业拆放、贷款、融资租赁和投资,但自用固定资产和股权投资余额总和不得超过其净资产的 80%。经中国人民银行批准,信托投资公司可以办理同业拆借。信托投资公司的经营范围由公司章程规定,报中国人民银行批准。

四、信托机构的主要营运规则

我国《信托投资公司管理办法》规定,信托投资公司的经营规则如下:

(1) 设立信托,应当采取书面的形式。书面形式包括信托合同、遗嘱或者法律、行政法规规定的其他书面文件。

(2) 信托投资公司应当以受益人的最大利益为宗旨处理信托事务,并谨慎管理信托财产。

(3) 信托投资公司不得以经营资金信托或者其他业务的名义吸收存款。

(4) 信托投资公司经营信托业务,不得有下列行为:① 利用受托人地位牟取不当利益。② 将信托财产挪用于非信托目的的用途。③ 承诺信托财产不受损失或者保证最低收益。④ 以信托财产提供担保。⑤ 将信托资金投资于自己或者关系人发行的有价证券。关系人是指持有信托投资公司 10% 以上股权的股东;信托投资公司投资控股的企业;信托投资公司的董事、监事、经理、信托业务人员及其近亲属;前项所列人员投资持股 5% 以上或者担任高级管理人员的公司、企业和其他经济组织。⑥ 将信托资金贷放给自己或者关系人。⑦ 将不同信托账户下的信托财产进行相互交易。⑧ 以固有财产与信托财产进行相互交易。⑨ 法律、行政法规和中国人民银行禁止的其他行为。

信托投资公司依据信托文件的规定,并以公平的市场价格进行交易的,不受相应限制。

信托投资公司应当自己处理信托事务,但信托文件另有规定或者有不得已事由的,可以委托他人代为处理。

(5) 信托投资公司接受由其代为确定管理方式的信托资金,应当符合下列规定:① 信托期限不得少于 1 年;② 单笔信托资金不得低于人民币 5 万元。

中国人民银行根据防范金融风险的需要,可以规定由信托投资公司代为确定管理方式的信托资金的管理办法。信托投资公司经营外汇信托业务,应当遵守国家外汇管理的有关规定,并接受外汇主管部门的检查、监督。信托投资公司为他人提供担保或者拆入资金的余额不得超过其注册资本。信托投资公司运用自有资金和信托资金从事同业拆借,应当遵守中国人民银行的有关规定。信托投资公司每年应当从税后利润提取 5%,作为信托赔偿准备金,但该赔偿准备金累计总额达到公司注册资本的 20% 时,可不再提取。信托投资公司的赔偿准备金应存放于经营稳健、具有一定实力的境内中资商业银行或者购买国债。

五、信托机构的管理和监督

我国对信托投资公司的管理和监督由中国人民银行实施。按照《信托投资公司管理办法》的规定,信托投资公司应当按规定制定本公司的信托业务及其他业务规则,建立、健全本公司的各项业务管理制度和内部控制制度,并报中国人民银行备案。信托投资公司应当设立内部审计部门,对本公司的业务经营活动进行审计和监督。信托投资公司的内部审计部门应当至少每半年向公司董事会提交内部审计报告,同时向中国人民银行报送上述报告的副本。信托投资公司应当依法建账,对信托业务与非信托业务分别核算,并对每项信托业务单独核算。具体财务会计制度应当遵守财政部的有关规定。信托投资公司应当按照国家有关规定建立、健全本公司的财务会计制度,真实记录并全面反映其业务活动和财务状况。公司年度财务会计报表,应当经具有相应资格的注册会计师审计。信托投资公司应当按照规定向中国人民银行及有关部门报送营业报告书、信托业务及非信托业务的财务会计报表和信托账户目录等有关资料。信托投资公司的信托业务部门应当在业务上独立于公司的其他部门,其人员不得与公司其他部门的人员相互兼职,具体业务信息不得与公司的其他部门共享。中国人民银行可以定期或者不定期对信托投资公司的经营活动进行检查。中国人民银行认为必要时,可以责令信托投资公司聘请具有相应资格的中介机构对其业务、财务状况进行审计。信托投资公司应当按照中国人民银行的要求提供有关业务、财务等报表和资料,并如实介绍有关业务情况。

中国人民银行对信托投资公司的高级管理人员实行任职资格审查制度。未经中国人民银行任职资格审查或者审查、考核不合格的,不得任职。信托投资公司对拟离任的高级管理人员,应当进行离任审计,并将审计结果报中国人民银行备案。信托投资公司的法定代表人变更时,在新的法定代表人经中国人民银行核准任职资格前,原法定代表人不得离任。

中国人民银行对信托投资公司的信托从业人员实行信托业务资格考试制度。考试合格的,由中国人民银行颁发信托从业人员资格证书;未经考试或者考试不合格的,不得经办信托业务。具体考试办法由中国人民银行另行制定。信托投资公司的高级管理人员和信托从业人员违反法律、行政法规或中国人民银行有关规定的,中国人民银行有权取消其任职资格或者从业资格。

中国人民银行对信托投资公司监管中发现的重大问题,有权质询信托投资公司的高级管理人员,并责令其采取有效措施,限期改正。信托投资公司管理混乱,经营陷入困境的,由中国人民银行责令该公司采取措施进行整顿或者重组,并建议撤换高级管理人员。中国人民银行认为必要时,可以对其实行接管。

六、信托机构的变更和终止

信托机构的变更和终止,按照《信托投资公司管理办法》的规定,信托投资公司有下列情形之一的,应当经中国人民银行批准:

(1) 变更名称。

(2) 变更注册资本金。

(3) 变更公司住所。

（4）改变组织形式。

（5）调整业务范围。

（6）更换高级管理人员。

（7）变更股东或者调整股权结构，但持有上市股份公司流通股份未达到公司总股份10％的除外。

（8）修改公司章程。

（9）合并或者分立。

（10）中国人民银行规定的其他变更事项。

信托投资公司因分立、合并或者公司章程规定的解散的事由出现，申请解散的，经中国人民银行批准后解散，并依法组织清算组进行清算。信托投资公司因违法违规经营、经营管理不善等原因，不能支付到期债务，不撤销将严重损害社会公众利益、危害金融秩序的，由中国人民银行根据《金融机构撤销条例》予以撤销。信托投资公司不能支付到期债务，经中国人民银行同意，可向人民法院提出破产申请。信托投资公司设立、变更、终止的审批程序，按照中国人民银行的规定执行。

第十九章 票 据 法

第一节 票 据 法 概 述

一、票据法的概念与特征

(一)票据的概念

票据是指出票人依法签发的,约定自己或委托付款人在见票时,或约定的日期向收款人或持票人无条件支付一定金额并可以转让的有价证券。

关于票据,有广狭义之分。广义上的票据包括各种有价证券和凭证,如股票、国库券、企业债券、发票、提单、仓单等;狭义上的票据则是指票据法上的票据。有关票据法上的票据,因各国立法不同,其理解亦不尽一致。比如,有的国家虽然没有"票据"这样一个总的概念,却以《汇票法》的形式在规定汇票的同时,亦规定本票和支票,如英国;美国则将汇票、本票和支票以及存款单统称为"商业证券"等等。我国于1995年5月通过了《中华人民共和国票据法》(以下简称《票据法》)。我国《票据法》上的票据包括汇票、本票和支票。

(二)票据的特征

票据具有以下特征:

(1)票据是出票人依法签发的有价证券。法律依据不同的票据种类,规定不同的形式,出票人必须依照法律规定的要求签发相关票据,否则即不受法律的保护。

(2)票据以支付一定金额为目的。票据的签发和转让以支付票据上的金额为最终目的,等金额得到全部支付,票据上的权利义务即时消灭。

(3)票据所表示的权利与票据不可分离。票据权利的发生,必须作成票据。票据权利的转让,必须交付票据,票据权利的行使,必须提示票据,权利与票据融为一体。

(4)票据所记载的金额由出票人自行支付或委托他人支付。

(5)票据是一种无因证券,票据的持票人只要向付款人出示票据,付款人即应无条件向持票人或收款人支付票据金额。

(6)票据是一种可转让证券,票据权利可以依票据的背书或单纯交付而转让。

(三)票据分类

各国对票据的分类规定不一。我国《票据法》规定,票据应包括汇票、本票与支票。这也是国际上通常的分类。

二、票据的功能

票据是一种金融工具,是商业信用的载体。在任何活动中,票据具有汇兑,信用,支付,流通,结算和融资功能。不同类型的票据,其功能的侧重点有所不同。

（一）票据的汇兑功能

汇兑功能是指票据是代替异地输送现金的汇兑工具。汇票是其主要表现形式,作为异地交易,支付金额的工具,比现金汇兑方便、安全。

（二）票据的信用功能

这是票据作为商业信用工具的体现。当事人以信用代替现金支付,在信用交易中,接受信用双方的权利义务关系通过票据这一载体体现出来。

（三）票据的支付功能

汇票、本票作为汇兑工具在交易中代替了现金的使用。以票据作为支付工具,减少了不必要的携带和点检现金的麻烦,资金运转既安全又迅速,提高了资金的使用效益。

（四）票据的流通功能

票据权利人可以以背书或者交付而转让。背书转让时,背书人对票据的付款负有连带保证责任,背书的次数越多,则保证人也越多,其票据的可靠性也越强。

（五）票据的结算功能

在交易活动中,当双方当事人互为债权和债务人时,可以票据为工具,用以抵销债权债务,手续简便且安全。

（六）票据的融资功能

这是指票据未到期时,权利人可向银行办理贴现而融得资金。

三、票据法

票据法是指规定票据的种类、形式、内容以及各当事人之间权利义务关系的法律规范的总称。票据法亦有广狭义之分。广义上的票据法是指各种法律中有关票据规定的总称,包括以"票据法"名称颁布的法律以及其他法律中有关票据的规定。如民法中有关法律行为、代理、票据设置的规定等;刑法中有关伪造有价证券罪的规定;民事诉讼法中有关票据诉讼、公示催告等的规定等等。狭义上的票据法则仅是指票据的专门立法,即可称为"票据法"的法律及其有关实施性规定。

新中国成立以后,由于我国长期实施计划经济体制,一切信用集中于银行,因而实践中便缺少票据使用的条件,我国的票据立法也几乎处于空白状态。

改革开放以来,为了规范票据行为,保障票据活动中当事人的合法权益,维护社会经济秩序,促进社会主义市场经济的发展,票据法律制度在我国逐步恢复。1988年6月,上海市颁布了我国第一个系统规定票据制度的地方法规《上海市票据暂行规定》;同年12年,中国人民银行颁布了《银行结算办法》,从结算制度的角度对票据制度进行了规定;1993年5月,中国人民银行又颁布了《商业汇票办法》;1995年5月,八届人大常委会第十三次会议审议通过了《票据法》,自1996年1月1日起施行。至此我国票据法律制度得以建立。

四、票据法律关系

票据法律关系是指票据当事人之间在签发和转让等过程中发生的权利义务关系。

（一）票据关系

票据法律关系可分为票据关系和票据法上的非票据关系。票据关系是指当事人之间基于票据行为而发生的债权债务关系,如出票人与收款人之间的关系、收款人与付款人之间的关系、背书人与被背书人之间的关系等等。票据法上的非票据关系则是指由票据法所规定的,不是基于票据行为直接发生的法律关系,如票据上的正当权利人对于因恶意而取得票据的人行使票据返还请求权而发生的关系。

票据关系与票据的基础关系不同,票据关系的发生是基于票据的授受行为。那么当事人之间为何授受票据,则是基于一定的原因或前提,这种授受票据的原因或前提即是票据的基础关系。在法理上,票据的基础关系往往都是民法上的法律关系。票据关系与票据的基础关系具有密切的关联。一般说来,票据关系的发生总是以票据的基础关系为原因和前提的。但是,票据关系一经形成,就与基础关系相分离,基础关系是否存在,是否有效,对票据关系都不起影响作用。此外,票据关系因一定原因失效,亦不影响基础关系的效力。

（二）票据关系的当事人

总体而言,因票据而发生的法律关系是一种债权债务关系,故该关系的当事人可以概括为债权人和债务人。但是,由于票据法律关系的特殊性,其主体都有特定的名称,被冠以不同名称的当事人在票据法关系中具有不同的地位和作用,因此,其当事人也就显得较为复杂。总而言之,当事人有出票人（也称发票人）、持票人、承兑人、付款人、收款人、背书人、被背书人、保证人等。由于票据的种类不同,当事人的构成不尽相同,票据行为的性质不同,当事人的称谓也是有区别的,比如,在有些情况下,同一个当事人可以有两个名称,即具有双重身份,如背书持票人把汇票背书转让后又称背书人。

（三）票据关系的内容

权利和义务是票据关系的实质所在。权利是指票据关系的当事人依照《票据法》可以为一定行为或者要求他人为一定行为。如依照汇票出票人的出票行为,持票人可以要求承兑人或其他付款人按票据法或按票据上所记载的金额付款等。义务是指票据关系的当事人依照票据法或票据行为必须进行或不进行一定的行为。如票据上的记载事项应当真实,不得伪造、变造;依照本票出票人的出票行为,出票人应该无条件地按票据上所记载的金额支付给收款人或持票人等。

（四）票据关系的客体

由于票据关系是因支付或清偿一定的金钱关系而发生的法律关系,故其客体只能是一定数额的金钱,而不是其他资产。尽管签发票据的原因可能是由于买卖某种货物（即物品）而引起的,但是因票据关系是一种独立的法律关系,与票据的基础关系不同,故物品也就不能成为票据法律关系的客体,也不允许用其他物品来代替金钱进行支付或清偿。

五、票据行为

（一）票据行为的概念

票据行为是指票据关系的当事人之间以发生、变更和终止票据关系为目的而为的法律行为。其主要特征表现为:

（1）票据行为是在票据关系当事人之间进行的行为。

（2）票据行为是以设立、变更或终止票据关系为目的的行为。这说明,票据行为是以一种意思表示的行为,即票据关系之当事人进行票据行为时都是有目的地设定、变更或终止某项票据权利或义务,并将该种意思表现于外。事实行为不具备意思表示的因素,因而其不属票据行为。

（3）票据行为是一种合法行为，也是一种民事法律行为。换言之，凡是行为主体不合格、意思表示不真实、行为内容违法等违法行为就不是票据行为，不受法律的保护。

（二）票据行为成立的有效条件

票据行为是一种民事法律行为，故其必须符合民事法律行为成立的一般条件，即必须符合以下基本条件。

1. 票据行为人必须要有票据能力

票据能力即从事票据行为的能力，可表现为权利能力和行为能力。所谓票据行为中的权利能力，是指行为人可以享有票据上的权利和承担票据上的义务的资格。所谓票据行为中的行为能力，是指行为人可以通过自己的票据行为取得票据上的权利和承担票据上的义务的资格。

2. 票据行为人的意思表示必须真实或无缺陷

意思表示真实应是行为人的内心意思与外在表示一致，意思表示无缺陷即是意思表示不存在法律上的障碍或欠缺。鉴于票据行为的特殊性，应该更注重的是票据行为的外在表示形式，即形式上的合法性，但是根据《票据法》的规定，尽管票据的形式符合法定条件，但从事票据行为的意思表示不真实或存在缺陷，票据持有人也不得享受票据上的权利，并且该等行为无效。

3. 票据行为的内容必须符合法律、法规的规定

票据行为是一种合法行为，不但要求其意思表示要合法，而且其内容也必须符合法律、法规的规定。这里的票据行为的合法主要是指票据行为本身必须合法，即票据行为的进行程序、记载的内容合法，至于票据的基础关系涉及的行为是否合法，则与此无关。例如，当事人发出票据是基于买卖关系，如果该买卖关系违反法律、法规而无效，则不影响票据行为的有效性。

4. 票据行为必须符合法定形式

票据行为是一种要式行为，即票据行为人将其意思表示依法记载于票据上，应具备票据行为的形式要件。比如关于票据的签章和票据上的记载事项。

票据上的签章是票据行为生效的一个重要条件。我国《票据法》上的签章是指签名、盖章或签名加盖章。在《票据法》中明确规定："法人和其他使用票据的单位在票据上的签章，为该法人或者该单位的盖章加其法定代表人或其授权的代理人的签章。"行为人在票据上的签章，应当为该当事人的本名。

票据记载相关事项时票据行为的一项重要内容。票据记载事项一般分为绝对记载事项、相对记载事项、非法定记载事项。绝对记载事项是指票据法明文规定必须记载的，如无记载，票据即为无效的事项。如表明票据种类的记载，即汇票、本票、支票的记载，票据金额的记载，其要求票据金额以中文大写和数码同时记载，两者必须一致，两者不一致的，票据无效，付款人名称、出票日期、出票人签章等。相对记载事项是指某些应该记载而未记载，适用法律的有关规定而不使票据失效的事项。如付款日期、付款地、出票地等。非法定记载事项是指票据法规定由当事人任意记载的事项，该事项记载后即具有法律效力的事项。如汇票上注明"不得转让"字样的，汇票不得转让。

（三）票据行为的代理

票据行为是一种民事法律行为，《民法》中的代理适用票据行为。根据我国《票据法》的

规定:票据当事人可以委托其代理人在票据上签章,并应当在票据上表明其代理关系。根据这一规定,票据行为的代理必须具备以下条件:

(1)票据当事人必须有委托代理的意思表示。该种授权委托一般以书面形式,即授权委托书的方式表示。

(2)代理人必须按被代理人的委托在票据上签章。代理人在行使代理权时,必须在票据上以自己的名字或名称作签章。如果代理人未在票据上以自己的名字或名称签章,则不产生票据代理的效力。

(3)代理人应在票据上表明代理关系,即注明"代理"字样或类似文字。只要符合上述条件的,该票据行为的代理即对被代理人产生法律效力,其后果由被代理人承担。

票据上的无权代理主要表现为行为人没有被代理人的授权而以代理人名义在票据上签章。根据我国《票据法》规定,没有代理权而以代理人名义在票据上签章的,应由签章人承担票据责任。所谓票据责任,是指票据债务人向持票人支付票据金额的义务。

越权代理的越权部分,也属于无权代理,但是与无权代理的不同之处在于,后者从一开始就没有代理权,而前者则有代理权,是行为人超越了被代理人的授权范围而进行代理行为。根据我国《票据法》规定,代理人超越代理权限的,应当就其超越权限的部分承担票据责任。

六、票据权利与抗辩

(一)票据权利

1. 票据权利的概念和特征

票据权利是指持票人向票据债务人请求支付票据金额的权利,包括付款请求权和追索权。票据权利是票据关系中票据债权人享有的权利,作为一种证券权利,产生于票据债务人的票据行为,因此也称为票据上的权利。票据权利是以获得一定金钱为目的的债权,是一种请求权,即为请求他人为一定行为或不为一定行为的权利。票据权利作为一种金钱债权,表现为请求支付一定数额货币的权利,包括付款请求权和追索权。这说明票据权利的内容和一般金钱债权不同。票据权利为两次请求权,第一次请求权是付款请求权,这是票据上的主要权利;第二次请求权为追索权,是指第一次请求权(即付款请求权)得不到满足时,向付款人以外的票据债务人要求清偿票据金额及有关费用的权利,所以又称偿还请求权。由于追索权是一种附条件的权利,即有赖于第一次请求权不能实现才得以行使的权力,故又叫从票据权利。

2. 票据权利的取得

票据权利的取得又称票据权利的发生。票据权利是以持有票据为依据的,行为人以合法手段取得了票据,即取得了票据权利。根据一般情形,当事人取得票据主要有以下几种情况:

(1)从出票人处取得。

(2)从持票人处取得,如票据通过背书或交付等方式可以转让他人,以此取得票据即获得票据权利。

(3)其他合法方式取得,如以税收、继承、赠与、企业合并等方式获得票据。

根据我国《票据法》的有关规定,行为合法取得票据,依法取得票据权利。同时还必须注意以下几个问题：

第一，票据的权利，必须依法给付对价。对价是一个特定的法律概念，是指当事人在获得某种权力时，必须给付对方相应的代价。我国票据法规定，票据的取得，必须给付对价，即应当给付票据双方当事人认可的相对应的代价。如出票人签发一张金额为 10 万元的汇票，收款人应提供 10 万元的商品，该商品即是相对应的代价。

第二，因税收、继承、赠与可以依法无偿取得票据的，不受给付对价的限制。但是，所享有的票据权利不得优于其前手的权利。这是所指"前手"是在票据签章人或持票人之前签章的其他票据债务人。

第三，因欺诈、偷盗、胁迫、恶意或重大过失而取得票据的，不得享有票据权利。

3. 票据权利的消灭

票据权利的消灭，是指因发生一定的法律事实而使票据权利不复存在。票据权利消灭后，票据上的债权、债务关系也随之消失。一般情况下，票据权利可因履行、免除、抵销等事由的发生而消失。这里主要说明票据权利因实效而消灭的情形。

票据时效是指票据的消灭时效，即票据权利在一定的期限内不行使而消灭。我国《票据法》规定的票据时效有以下四种情形：

（1）持票人对票据的出票人和承兑人的权利，自票据到期日起 2 年。见票即付的汇票、本票、自出票日起 2 年。

（2）持票人对支票出票人的权利，自出票日起 6 个月。

（3）持票人对前手的追索权，自被拒绝承兑或被拒绝付款之日起 6 个月。

（4）持票人对前手的再追索权，自清偿之日或被提起诉讼之日起 3 个月。

4. 票据权利的行使与保全

票据权利的行使，是指票据权利人向票据债务人提示票据，请求实现票据权利的行为，如请求承兑、提示票据请求定期付款、行使追索权等。票据权利的保全是指票据权利人防止票据权利丧失的行为，如为防止追索权丧失而请求做成拒绝证明的行为等。

5. 票据权利的补救

票据权利与票据是紧密相连的。如果票据一旦丧失，票据权利的实现就会受到影响。故我国《票据法》规定了票据丧失后的补救措施。主要有三种形式，即挂失止付、公示催告、普通诉讼。挂失止付并不是票据丧失后票据权利补救的必经程序，它仅仅是失票人在丧失票据权利后可以采取的一种暂时的预防措施，以防止票据被冒领或骗取。收到挂失止付通知的付款人，应当暂停支付。失票人应当在通知挂失止付后 3 日内，也可以在票据权利丧失后，依法向人民法院申请公示催告，或者向人民法院提起诉讼。

（二）票据抗辩

票据抗辩是指票据的债务人依照票据法的规定，对票据债权人拒绝履行义务的行为。

票据抗辩是票据债务人的一种权利，是债务人保护自己的一种手段。法律之所以规定债务人可以在一定情况下具有拒绝履行义务的权利，这主要是基于票据是一种可流通证券，让与极为频繁，在每一个转让环节都有可能使票据出现缺陷，因此赋予债权人的票据抗辩权则可依法保护其合法权利。

根据抗辩原因不同以及抗辩效力的不同，票据抗辩可以分为两种。

1. 对物抗辩

对物抗辩是指票据债务人根据票据本身的内容发生的事由而向票据债权人行使的抗辩。如因票据记载事项欠缺而为的抗辩；因持票人的票据权利有瑕疵而为的抗辩；因票据系伪造、变造而为的抗辩；因票据权利消灭而为的抗辩。

2. 对人抗辩

对人抗辩是指票据债务人以与特定债权人之间发生的事由而向特定债权人行使的抗辩。这一抗辩大多与票据的基础关系有关。

票据抗辩是有限制的，这是各国立法普遍采用的做法。我国《票据法》规定：票据债务人不得以自己与出票人或者持票人的前手之间的抗辩事由，对抗持票人。但是，持票人明知存在抗辩事由的票据的除外。

（三）票据的伪造和变造

伪造和变造的票据直接影响票据权力，因此我国《票据法》对票据的伪造和变造的责任和效力作了规定。

1. 票据的伪造

票据的伪造是指假冒他人名义或虚构人的名义而进行的票据行为。一般包括票据的伪造和票据上的签章的伪造两种。前者是指假冒他人或虚构人的名义进行出票的行为，如在空白票据上伪造出票人的签章或者盗盖出票人的印章而进行出票；后者则是指假冒他人名义而进行出票之外的其他票据行为，如伪造背书签章。票据的伪造是一种扰乱社会经济秩序、损害他人利益的行为，不产生票据法上的效力。伪造人的行为给他人造成损害的，应承担法律责任。如果伪造的票据有其他真实签章的，作真实签章的人应对自己所谓的票据行为负责。

2. 票据的变造

票据的变造是指无权更改票据内容的人，对票据上签章以外的事项加以变更的行为。如变更票据上的到期日、付款日、付款地、金额等。票据被变造的，在变造之前签章的人，对原记载事项负责；在变造之后签章的人，对变造之后的记载事项负责；不能辨别是在票据被变造之前或之后签章的，视同在变造之前签章。尽管被变造的票据仍为有效，但是票据的变造是一种违法责任，故变造人的变造行为给他人造成经济损失的，应对此承担赔偿责任，构成犯罪的，应承担刑事责任。

第二节　汇　票

一、汇票的概念和种类

汇票是指出票人签发的、委托付款人在见票时或者在指定日期无条件支付确定的金额给收款人或者持票人的票据。

汇票具有以下特点：

（1）汇票有三个基本当事人，即出票人、付款人和收款人。由于这三个基本当事人在汇票发行时已存在，故属于基本当事人，缺一不可。但随着汇票的背书转让和设立保证，汇票将存在被背书人、保证人等非基本当事人。

（2）汇票是由出票人委托他人支付的票据，是一种委托证券，而不是自付证券。

（3）票据是付款人无条件支付票据金额给持票人的票据，这里的持票人包括收款人、被背书人或受让人。

（4）汇票是在指定到期日付款的票据。指定到期日是指见票即付、定日付款、出票后定期付款、见票后定期付款四种形式。

汇票可从不同角度作出不同分类，以付款期限长短为标准的，汇票可分为即期汇票和远期汇票；以记载收款人的方式不同为标准的，汇票可分为记名式汇票和无记名式汇票；以签发和支付地点不同，汇票可分为国内汇票和国际汇票；以银行对付款的要求不同，汇票可分为跟单汇票和原票。我国《票据法》将汇票分为银行汇票和商业汇票，前者是指银行签发的汇票，后者则是银行之外的企事业单位、机关、团体等签发的汇票。

在实践中，银行汇票一般由汇款人将款项交存当地银行，由银行签发给汇款人持往异地办理转账结算或支取现金。单位、个体经济户和个人需要使用各种款项，均可使用银行汇票。银行汇票的提示付款期限自出票日起1个月。

商业汇票是指收款人或付款人（或承兑申请人）签发，由承兑人承兑，并于到期日向收款或被背书人支付款项的票据。商业汇票按承兑人的不同，可分为商业承兑汇票和银行承兑汇票，前者指由收款人签发，经付款人承兑，或由付款人签发并承兑的票据，后者指由收款人或承兑申请人签发，并由承兑申请人向开户银行申请，经银行审查同意承兑的票据。商业汇票的提示付款期限，自汇票到期日起10个月。

二、出票

（一）出票的概念

出票是指出票人签发票据并将其交付给收款人的票据行为。出票包括两个行为：一是出票人依照《票据法》的规定做成票据，即在原始票据上记载法定事项并签章；二是交付票据，即将做成的票据交付给他人占有。

汇票的出票人在为出票行为时，必须与付款人具有真实的委托付款关系，并且具有支付汇票金额的可靠资金来源；汇票的出票人不得签发无对价的汇票用以骗取银行或其他票据当事人的资金。由于汇票是出票人委托付款人向持票人支付票据金额的一种委托证券，所以出票人与付款人之间必须存在真实的支付委托关系，即出票人与付款人之间必须存在真实上的资金关系或其他的债权债务关系。同时，出票人在出票时，必须确保在汇票不承兑或不能获得付款时，必须有足够的清偿能力。由于票据是一种无因证券，所以，即使出票人签发没有对价的汇票，出票人等债务人仍应按照汇票上记载的事项承担票据责任。

（二）出票的格式

汇票是一种要式证券，出票行为是一种要式行为，所以汇票的做成必须符合法定的格式。汇票的格式就是做成票据后表现于汇票之上的内容。该内容可分为绝对应记载事项、相对应记载事项或非法定记载事项。

1. 汇票的绝对应记载事项

汇票的绝对应记载事项是指《票据法》规定必须在票据上记载的事项，若欠缺事项，票据便为无效。具体内容如下：

（1）表明"汇票"的字样。这是指在票据上必须记载足以表明该票据是汇票的文字。如果没有该等文字,"汇票"则为无效。

(2) 无条件支付的委托。这是汇票的支付文句,即须表明出票人委托付款人支付汇票金额是不附带任何条件的。也就是说,如果汇票附有条件(如收货后付款),则汇票无效。

(3) 确定的金额。这是指汇票上记载的金额必须是固定的数额。如果汇票上记载的金额是不确定的,如5万元以上,12万元以下等,则汇票无效。

(4) 付款人名称。付款人是指出票人在汇票上的委托支付汇票金额的人,是汇票的主债务人。如果汇票上未记载付款人的名称,收款人或持票人将不知道向谁提示承兑或提示付款。所以,汇票未记载付款人的名称,汇票则无效。

(5) 收款人名称。收款人是指出票人在汇票上记载的受领金额的最初票据权利人。我国《票据法》规定,汇票上应将受款人名称作为应记载的绝对之事宜,这有利于汇票的转让和流通,减少发生纠纷。

(6) 出票日期。这是指出票人在汇票上记载的签发汇票的日期。出票日期有利于保护持票人的票据权利,所以汇票上应记载出票日期,否则无效。

(7) 出票人签章。这是指出票人在票据上亲自书写自己的姓名或盖章。如果汇票人不在汇票上签章,汇票即为无效。

2. 汇票的相对应记载事项

这也是汇票上必须应记载的内容,但是,如果在汇票上未记载相对应记载事项,也并不影响汇票本身的效力,汇票仍然有效。该等未记载的事项可以通过法律的直接规定来补充确认。

(1) 付款日期。这是指支付汇票金额的日期。汇票除见票即付外,其金额一般是在签发汇票一段时间才支付。所以,汇票应记载一个付款日期以作为票据权利人行使票据权利的依据。但是,汇票上未记载付款日期的,并不必然导致汇票的无效。我国《票据法》规定了票据的付款日期的四种形式,即见票即付、定日付款、出票后定期付款、见票后定期付款。付款日期为汇票到期日。

(2) 付款地。这是指汇票金额的支付地。为便于收款人或持票人知道在何地提示付款,票据上应记载付款地。但是,如果汇票上未记载付款地的,也不必然导致汇票无效。我国《票据法》规定:汇票上未记载付款地的,付款地为付款人的营业场所、住所或者经常居住地。

(3) 出票地。这是指出票人签发票据的地点。汇票记载出票地事项,应当清楚、明确,这有利于确定出票行为,但汇票上未记载出票地的,出票人的营业场所、住所或者经常居住地为出票地。

3. 汇票的非法定记载事项

这是指法律规定以外的记载事项。法律规定以外的事项主要是指与汇票的基础关系有关的事项,如该票据下交易的合同号码等等。所以,这些事项尽管有利于当事人清算方便,但却与票据关系本身关系不大,故其不具有票据上的权利。

(三) 出票的效力

出票是以创设票据权利为目的的票据行为。所以,出票人依照《票据法》的规定完成出票行为之后,即产生票据上的效力。如出票人签发汇票后,即承担保证汇票承兑和付款的责任。持票人在汇票得不到承兑或者付款时,应当向出票人行使追索权,清偿有关金额和费用。

三、背书

(一)汇票的转让与背书

汇票的转让是指汇票的出票人以背书或仅凭交付的方式而将票据权利让与他人的一种票据行为。票据权利与票据是不可分的,所以票据的转让也就是票据权利的转让。一般而言,票据转让主要有背书支付和单纯交付两种。单纯交付是指持票人未在票据上作任何转让事项的记载而直接将票据交与他人的一种法律行为;背书交付是指持票人以转让票据权利为目的,按法定的事项和方式记载于票据上的一种票据行为。我国《票据法》规定,汇票的转让只能采用背书的方式,而不能仅凭单纯交付方式,否则不产生票据转让的效力。同时规定,出票人在汇票上记载"不得转让"字样,汇票不得转让。

背书是一种要式行为,所以其必须符合法定的形式,即其必须作成背书并交付,才能生效。即背书由背书人签章并记载背书日期,背书未记载日期的,认为在汇票到期日前背书;汇票以背书转让或以背书将一定的汇票权利授予他人时,必须记载被背书人名称;背书人在汇票上记载"不得转让"字样,其后手再背书转让的,原背书人对后手的被背书人不承担保证责任;背书不得附有条件,背书时附有条件的,所附条件不具有汇票上的效力;票据凭证不能满足背书人记载事项的需要,可以加附粘单,粘单于票据凭证上;将汇票金额的一部分转让或将汇票金额分别转让给两人以上的背书无效。

(二)背书连续

背书连续是指在票据转让中,转让汇票的背书人与受让汇票的被背书人在汇票上的签章依次前后衔接。也就是说,票据上记载的多次背书,从第一次到最后一次在形式上都是连续而无间断。如第一次背书的被背书人是第二次背书的背书人,第二次背书的被背书人是第三次背书的背书人,以此类推,在形式上该等背书形成连续。一般说来,连续背书的第一背书人应当是在票据上记载的收款人,最后的票据持有人应当是最后一次背书的被背书人。背书连续主要是指背书在形式上连续,如果背书在实质上不连续,如有伪造签章等,付款人仍应对持票人付款。但是,如果付款人明知持票人不是真正票据权利人,则不得向持票人付款,否则应自行承担责任。

(三)委托收款背书和质押背书

背书的连续是指转让背书连续,而委托收款背书和质押背书属于非转让背书,具有自己的特殊性。

1. 委托收款背书

委托收款背书是指持票人以行使票据上的权力为目的,而授予被背书人以代理权的背书。由此可见,委托收款背书不以转让票据权利为目的,而是以授予他人一定的代理权为目的,其确立的法律关系不属于票据上的权利转让与被转让关系,而是背书人(原持票人)与被背书人(代理人)之间在民法上的代理关系。该关系形成后,被背书人只是代理人,而未取得票据权利,但可以行使票据上的一切权力,背书人仍是票据权利人。

我国《票据法》规定:"背书记载'委托收款'字样的,被背书人有权代背书人行使被委托的汇票权利。但是,被背书人不得再以背书转让汇票权利。"也就是说,被背书人因委托收款背书而取得代理权后,可以代为行使付款请求权和追索权,但不能行使转让票据等处分权利。否则,原背书人对后手的被背书人不承担票据责任,但不影响出票人、承兑人以及原背书人之前手的票据责任。

2. 质押背书

质押背书是指持票人以票据权利设定质权为目的而在票据上做成的背书。背书人是原持票人,也是出质人,被背书人则是质权人。质押背书也不是以转让票据权利为目的,其确立的是一种担保的法律关系。所以,质押背书成立后,即背书人做成背书并交付,背书人仍然是票据权利人,被背书人并不因此而取得票据权利。但是,被背书人取得质权人地位后,在背书不履行其债务的情况下,可以行使票据权利,并从票据金额中按担保债权的数额优先得到偿还。

委托收款背书和质押背书与其他背书一样,必须由原持票人依据法律法规的规定记载事项作成背书并交付,才能生效。

（四）法定禁止背书

法定禁止背书是指根据《票据法》的规定而禁止背书转让的情形。由于法律规定在某些情况下,汇票不得背书转让,所以,如果背书人将此类汇票以背书方式转让的,应当承担汇票责任。我国《票据法》规定,汇票被拒绝承兑、被拒绝付款或者超过付款提示期限的,不得背书转让;背书转让的,背书人应当承担汇票责任。

四、承兑

（一）承兑的概念和种类

承兑是指汇票付款人承诺在汇票到期日支付汇票金额的票据行为。承兑是汇票特有的制度。因为汇票是一种出票人委托他人付款的委托证券,但是出票人的出票行为是一种单方法律行为,故对付款人不产生约束力,只有在付款人表示愿意向收款人或持票人支付汇票金额后,持票人才可于汇票到期日向付款人行使付款请求权。承兑是明确付款人的付款责任,确定持票人票据权利的制度。

承兑可分为单纯承兑和不单纯承兑。单纯承兑是指付款人完全依汇票文义而不附加任何条件的限制或改变原汇票文义所为的承兑;不单纯承兑是指付款人对原汇票文义或附加限制或予以变更所为的汇票。我国《票据法》规定不允许不单纯承兑。

（二）承兑的程序

承兑的程序包括提示承兑和承兑成立。

1. 提示承兑

提示承兑是指持票人向付款人出示汇票,并要求付款人承诺付款的行为。根据我国《票据法》规定,因票据付款日期形式的不同,提示承兑的期限也不一样。

（1）定日付款和出票后定期付款汇票的提示承兑期限是指从出票人出票起至汇票到期日至,在此期间,持票人应当向付款人提示承兑,否则,将丧失对其前手的追索权。

（2）见票后定期付款汇票的提示承兑期限,是持票人应当自出票日起1个月内向付款人提示承兑。

（3）见票即付汇票,不需要提示承兑。

2. 承兑成立

持票人向付款人提示承兑的汇票。付款人应即决定是否承兑。我国《票据法》规定:

（1）付款人对向其提示承兑的汇票,应当自收到提示承兑的汇票之日起3日内承兑或拒绝承兑。

（2）付款人收到持票人提示承兑的汇票时，应当向持票人签发收到汇票的回单。回单上应当记明汇票提示承兑日期并签章。

（3）付款人承兑汇票的，应当在汇票正面记载"承兑"字样和承兑日期并签章；见票后定期付款的汇票，应当在承兑时记载付款日期。

（4）汇票上未记载承兑日期的，应以付款人受到提示承兑的汇票的第三日为承兑日期。

付款人依承兑规定记载有关事项后，并不意味着承兑生效，只有在其将已经承兑的汇票退回持票人才产生承兑的效力。

承兑生效后，即对付款人产生相应的效力。付款人承兑后称为承兑人，成为汇票的第一债务人，负有汇票到期日无条件付款的责任。

五、保证

（一）保证的概念

这里所指的保证即是票据保证，是指票据债务人以外的第三人，以担保特定债务人履行票据债务为目的，而在票据上所为的一种附属票据行为。它的作用在于加强持票人票据权利的实现，确保票据付款义务的履行，促进票据流通。

保证的当事人为保证人和被保证人。保证人是指票据债务人以外的，为票据债务的履行提供担保而参与票据关系的第三人。已成为票据债务人的，不得再充当票据上的保证人。被保证人是指票据关系中已有的债务人，包括出票人、承兑人、背书人。票据债务人一旦由他人为其提供保证，其在保证关系中就被称为被保证人。

（二）保证的格式

保证的格式是指在办理保证手续时需要在汇票上记载的事项和如何记载该等事项。我国《票据法》规定，保证人在办理保证手续时必须在汇票或粘单上记载以下事项：第一，表明"保证"的字样；第二，保证人名称和住所；第三，被保证人名称；第四，保证日期；第五，保证人签章。

保证人在汇票或者粘单本上记载保证人的名称，已承兑的汇票，承兑人为被保证人；未承兑的汇票，出票人为被保证人。关于保证日期，保证人如果没有在汇票上记载这一内容，则出票日期为保证日期。保证不得附有条件；附有条件的，不影响对汇票的保证责任。也就是说，保证附有条件的，所附条件无效，保证本身仍然具有效力，保证人应向持票人承担保证责任。

（三）保证的效力

保证一旦成立，即在保证人与被保证人之间产生法律效力，保证人必须对保证行为承担相应的责任。我国《票据法》规定：

（1）保证人对合法取得汇票的持票人所享有的汇票权利，承担保证责任。但是，被保证人的债务因汇票记载事项欠缺而无效的除外。

（2）被保证的汇票，保证人应当与被保证人对持票人承担连带责任。汇票到期后得不到付款的，持票人有权向保证人请求付款，保证人应当足额付款。

（3）保证人为2人以上的，保证人之间承担连带责任。也就是说，在共同保证的情况下，持票人可以不分先后向保证人的1人或者数人或全体就全部票据金额及有关费用行使票据权利，共保证人不得拒绝。

（4）保证人清偿汇票债务后，可以行使持票人对被保证人及前手的追索权。

六、付款

（一）付款的概念

付款是指付款人依照票据文义支付票据金额，以消灭票据关系的行为。付款是付款人的行为，这与出票人、背书人等偿还义务的行为不同；前者是支付票据金额的行为，并以消灭票据关系为目的；后者则并不以票据金额为依据而支付，不能引起票据关系的消灭。

（二）付款的程序

付款的程序包括提示与支付两个阶段。付款提示是指持票人向付款人或承兑人出示票据，请求付款的行为。持票人只有在法定期限内为付款提示的，才产生法律效力。因汇票付款日期的形式不同，付款提示的期限也有所不同。我国《票据法》规定：

（1）见票即付的汇票，自出票日起 1 个月内向付款人提示付款。

（2）定日付款、出票后定期付款或见票后定期付款的汇票，自到期日起 10 日内向承兑人提示付款。如果持票人未在上述法定期限内为付款提示的，则丧失对其前手的追索权。但追索权的丧失仅限于其前手，而对于承兑人并不会因此而丧失追索权。因为承兑人是汇票的债务人，所负责任为绝对责任，即使持票人未在法定期内为付款提示，承兑人仍应负责。持票人未按照规定期限提示付款的，在作出说明后，承兑人或付款人仍应当继续对持票人承担付款责任。通过委托收款银行或通过票据交换系统向付款人提示付款的，也认为是持票人提示付款。付款的当事人包括提示人和受提示人。提示人一般是持票人，但也可以是持票人的代理人和质权人；受提示人通常是付款人，在汇票中包括进行承兑的承兑人及未承兑的付款人。

支付票款是指持票人向付款人或承兑人进行付款提示后，付款人无条件地在当日按汇票金额足额支付给持票人的行为。我国《票据法》规定：

（1）持票人按照规定提示付款的，付款人必须在当日足额支付。

（2）持票人获得付款的，应当在汇票上签收，并将汇票给付付款人。签收是指持票人在票据的正面签章，表明持票人已经获得付款。持票人委托银行收款的，受委托的银行将代收的汇票金额转账收入持票人账户，视同签收。

（3）如果汇票金额为外币的，应按照付款日的市场汇价，以人民币支付。汇票当事人对汇票支付的货币种类另有约定的，从其约定。

（三）付款的效力

付款人依法足额付款后，全体汇票债务人的责任解除。付款人依照票据文义支付票据金额后，票据关系随之消灭，汇票上的全体债务人的责任便解除。但是，如果付款人付款存在瑕疵，即未尽审查义务而对不符法定形式的票据付款，或其存在恶意或重大过失而付款的，则不发生上述法律效力，付款人的义务不能免除，其他债务人也不能免除责任。

七、追索权

（一）追索权的概念

追索权是指持票人在票据到期不获付款或期前不获承兑或由其他法定原因，并在实施行使或保全票据上权利的行为后，可向其前手请求偿还票据金额、利息及其他法定款项的一种票据权利。追索权是在票据权利人的付款请求权得不到满足之后,法律赋予持票人对票据债务人进行追偿的权利。可用来弥补付款请求权对保护持票人票据权利的实现所带来的局限。

(二)追索权发生的原因

追索权的发生必须具备一定的条件,该条件包括实质条件和形式条件。

根据我国《票据法》的规定,追索权发生的实质条件包括以下内容:

(1)汇票到期被拒绝付款。

(2)汇票到期日前被拒绝承兑。

(3)在汇票到期日前,承兑人或付款人死亡或逃匿的。

(4)在汇票到期日前,承兑人或付款人依法宣告破产或因违法被责令终止业务活动。

只要具备上述情形之一的,持票人就可以行使追索权。

追索权发生的形式条件,是指持票人行使追索权必须履行一定的保全手续而不致使追索权丧失。该等保全手续包括:

(1)在法定提示期限提示承兑或提示付款;如果持票人未按规定期限提示承兑,则丧失对其前手的追索权。

(2)持票人在法定期限内不获承兑或不获付款时,应要求承兑人或付款人出具拒绝证明或退票理由书。如果持票人不能出示拒绝证明、退票理由书或未能在规定期限提供其他合法证明,则丧失对其前手的追索权,但承兑人或付款人仍应对持票人承担责任。

(三)追索权的行使

持票人按照法定手续保全了追索权之后,就可进入行使追索权的程序。这一程序包括:由持票人发出追索通知、确定追索对象、请求偿还、受领清偿金额等。

1. 发出追索通知

持票人应当自收到被拒绝承兑或被拒绝付款的有关证明之日3日内,将被拒绝事由书面通知其前手;其前手应当自收到通知之日起3日内书面通知其再前手。持票人也可以同时向各汇票债务人发出书面通知。未按照规定期限通知的,持票人仍可以行使追索权。因延期通知给其前手或出票人造成损失的,由没有按照规定期限通知的汇票当事人承担对该损失的赔偿责任,但是,所赔偿的金额以汇票金额为限。在规定期限内将通知按照法定地址或约定的地址邮寄的,视为已经发出通知。

2. 确定追索对象

这里所指的追索对象是指在追索关系中的被追索人,该被追索人为出票人、背书人、承兑人和保证人。根据我国《票据法》的规定,持票人可以不按照汇票债务人的先后顺序,对其中任何一人、数人或全体行使追索权。持票人对汇票债务人中的一人或数人已经进行追索的,对其他汇票债务人仍可以行使追索权。被追索人清偿债务后,与持票人享有同一权利。也就是说,持票人受领被追索人清偿的,如不足清偿,还可向其他票据债务人继续追索,在其完全得到清偿之后,其追索即告完成,但被追索人则可以向其前手进行追索而又进入新的追索程序中,该被追索人的前手清偿债务后,也可以向其前手进行追索而又开始一个新的追索,直至出票人为止。但持票人为出票人的,对其前手无追索权,持票人为背书人的,对其后手无追索权。

3. 请求偿还金额和受领

这是指持票人行使追索权，可以请求追索人支付的金额和费用。根据我国《票据法》的规定，该金额和费用包括：

（1）被拒绝付款的汇票金额。

（2）汇票金额自到期日或提示付款日起至清偿日止，按照中国人民银行规定的同档次流动资金贷款利息计算的利息。

（3）取得有关拒绝证明和发出通知书的费用。

由此可见，作为追索权标的的追索金额，通常比作为付款请求权标的的票据金额要大。

·被追索人在依照规定清偿后，可以向其他汇票债务人行使再追索权，请求其他汇票债务人支付相应的金额和费用，其包括：第一，已清偿的全部金额，即为满足其后手（包括持票人或其他追索人）的追索而支付的全部金额；第二，前两项金额自清偿之日起至再追索清偿日止，按照中国人民银行规定的同档次流动资金贷款利息计算的利息；第三，发出通知书的费用。

受领追索金额是指持票人或行使在追索权的被追索人接受被追索人的清偿金额。根据我国《票据法》的规定，持票人或行使再追索权的被追索人在接受清偿金额时，应当履行相应的义务。这一义务即是其应当交出汇票和有关拒绝证明，并出具所受到利息和费用的收据。被追索人清偿债务后，其责任解除，与持票人享有同等权利。

第三节　本　票

一、本票概述

本票是出票人签发的，承诺自己在见票时无条件支付确定金额给收款人或者持票人的票据。本票具有以下特点：

（1）本票有两个基本当事人，即出票人和收款人，在出票人之外不存在独立的付款人。

（2）本票是一种自付凭证，即本票的出票人即是付款人。

（3）本票是一种信用凭证，而非支付凭证。

（4）本票无需承兑，在出票人完成出票行为之后，即承担了到期日无条件支付票据金额的责任，不需要在到期日前进行承兑。

依照不同的标准，可以对本票进行不同的分类。本票按记载受款人的方式可分为记名式本票、指定式本票和不记名本票；按付款期限可分为远期本票和即期本票；按本票的性质可分为银行本票和商业本票两种。根据我国《票据法》规定，本票仅限于银行本票，且为记名式本票和即期本票。

二、出票

本票的出票行为，是以自己负担本票金额的债务为目的的票据行为。本票的出票与汇票一样，包括作成票据和交付票据。根据我国《票据法》的规定，本票的出票人必须具有支付本票金额的可靠资金来源，并保证支付。所以，本票出票人是票据金额的直接支付人，与汇票的承兑人相同。出票人的资格由中国人民银行审定。

本票人出票必须按照一定的格式记载相关内容。与汇票一样,本票的记载事项分为绝对应记载事项和相对应记载事项。

本票的绝对应记载事项包括以下六个方面的内容:

(1) 表明"本票"的字样。这是本票文句记载事项,无此记载,"本票"则为无效。

(2) 无条件支付的承诺。这是本票的支付文句,即表明出票人无条件支付票据金额,而不附带任何条件的。也就是说,如果本票附有条件,则本票无效。

(3) 确定的金额。

(4) 收款人名称。

(5) 出票日期。

(6) 出票人签章。

本票上未记载上述规定事项之一的,则本票无效。本票的相对记载事项包括两项内容:第一,付款地。本票上未记载付款地的,出票人的营业场所为付款地;第二,出票地。本票上未记载出票地的,出票人的营业场所为出票地。

三、见票付款

银行本票是见票付款的票据,收款人或持票人在取得银行本票后,随时可向出票人请求付款。所以,本票的出票人在持票人提示见票时,必须承担付款的责任。但本票自出票日起,付款期限最长不得超过 2 个月。本票的出票人是票据上的主债务人,负有向持票人绝对付款的责任。如果本票的持票人未按照规定期限提示本票的,则丧失对出票人以外的前手的追索权。这里所指的出票人以外的前手,是指背书人及其保证人。

本票的出票、背书、保证、付款行为和追索权的行为,除上述规定外,其他均使用汇票的有关规定。

第四节　支　　票

一、支票概述

(一) 支票的概念

支票是出票人委托银行或其他金融机构见票时无条件支付一定金额给收款人或持票人的票据。支票具有以下几个特点:

(1) 支票有三个基本当事人,即出票人、付款人和收款人。

(2) 支票以银行或其他金融机构作为付款人,且与出票人必须有资金往来关系。

(3) 支票是见票即付。

(4) 支票是委托凭证,与汇票相同,与本票不同。

(二) 支票的种类

支票按照支付票款的方式,可以分为普通支票、现金支票和转账支票。

普通支票是指持票人既可以用来支取现金,也可用来转账。但其用来转账时,应当在票据正面注明,即在普通支票左上角画两条平行线。

现金支票是指持票人只能专门用于支取现金的票据。

转账支票是指持票人不能支取现金,而只能通过银行转账的方法把支票上的款项记入持票人账户的票据。

二、出票

出票是指出票人签发支票并交付的行为。但出票人签发支票必须具备一定的条件,即为在经中国人民银行当地分支行批准办理支票业务的银行机构开立可以使用支票的存款账户的单位和个人。为了保证支付支票票款的安全,保护支票各方当事人的合法权益,我国《票据法》规定,开立支票存款账户和领用支票,应当有可靠的资金,并存入一定的资金;开立支票存款账户,申请人应当预留其本名的签名式和印鉴。

支票人出票必须按照一定的格式记载相关内容。与汇票一样,支票的记载事项分为绝对应记载事项和相对应记载事项。

本票的绝对应记载事项包括以下六个方面的内容:

(1)表明"支票"的字样。无此记载,"支票"则为无效。

(2)无条件支付的委托。

(3)确定的金额。

(4)付款人名称。

(5)出票日期。

(6)出票人签章。

支票上未记载上述规定事项之一的,则支票无效。为了发挥支票灵活便利的特点,我国《票据法》规定了两项绝对应记载事项,可通过授权补记的方式记载:一是关于支票金额的授权补记,即支票上的金额可以由出票人授权补记,未补记的支票,不得使用。二是关于收款人名称的授权补记,即支票上未记载收款人名称的,经出票人授权,可以补记。

支票的相对记载事项包括两项内容:第一,付款地。支票上未记载付款地的,出票人的营业场所为付款地;第二,出票地。本票上未记载出票地的,出票人的营业场所为出票地。

支票的出票人不得签发与其预留本名的签名式样和印鉴不符的支票。

支票的出票人所签发的支票金额不得超过其付款时在付款人处实有的存款金额。如果出票人签发的支票金额超过其付款时在付款人处实有的存款金额,在法律上,该支票称为空头支票。签发空头支票是一种违法行为,对其责任人要给予严厉的处罚和制裁,构成犯罪的,要依法追究其刑事责任。

三、付款

支票属于见票即付的票据,因而没有到期日的规定。支票的出票日实质就是到期日。支票不得另行记载付款日期,另行记载付款日期的,该记载无效。

支票是见票即付的票据,但是,为了防止持票人就不提示付款,给出票人在管理上造成不便,以及防止空头支票的出现。我国《票据法》规定,支票的持票人应当自出票日起10日内提示付款;异地使用的支票,其提示付款的期限由中国人民银行另行规定。超过提示付款期限的,付款人可以不予付款,但是付款人不予付款的,出票人仍应当对持票人承担票据责任。由于支票不同于汇票、本票,出票人处于相当于主债务人的地位,所以必须加重出票人的责任。

持票人在提示期间内向付款人提示票据,付款人在对支票进行审查之后,如未发现有不符规定之处,即应向持票人付款。如果出票人在付款人处的存款足以支付支票金额的,付款人应当在当日足额支付。付款人依法支付支票金额的,对出票人不在承担受委托付款的责任,对持票人不在承担付款的责任。但是,付款人以恶意或重大过失付款的除外。这里所说的恶意或重大过失是指付款人在收到持票人提示的支票时,明知持票人不是真正的票据权利人,支票的背书以及其他签章系属伪造,或付款人不按照正常的操作程序审查票据等情形。在此情况下,付款人不能解除付款责任,由此造成损失的,由付款人承担赔偿责任。

支票的出票、背书、保证、付款行为和追索权的行为,除上述规定外,其他均使用汇票的有关规定。

第五节　涉外票据的法律适用

一、涉外票据的概念

涉外票据是指出票、背书、承兑、保证、付款行为中,既有发生在我国境内的,又有发生在我国境外的票据。涉外票据必须具有涉外因素。只要上述行为中,有一项发生在境外,就被认定是涉外票据。

二、我国《票据法》有关国际条例、国际惯例的规定

国际条约是指国家之间缔结的,确定其相互关系中权利和义务的一种国际书面协议。我国《票据法》属于国内法。根据国际法优于国内法的原则,我国《票据法》规定,中华人民共和国缔结或参加的国际条约同本条约有不同规定的,使用国际条约的规定。但是,中华人民共和国申明保留的条约除外。

国际惯例是指在国际经济交往中所形成的被普遍认可并具有一定约束力的习惯和惯例。我国《票据法》规定,本法和中华人民共和国缔结或参加的国际条约没有规定的,可以适用国际惯例。

三、涉外票据的法律适用

票据债务人的民事行为能力,适用本国法律;票据债务人的民事行为能力,依照其本国法律为无民事行为能力或为限制民事行为能力,而依照行为地法律为完全民事行为能力的,适用行为地法律。

汇票、本票出票时的记载事项,适用出票地法律;支票出票时的记载事项,适用出票地法律,经当事人协议,也可以适用付款地法律。

票据的背书、承兑、付款和保证行为,适用行为地法律。票据追索权的行使期限,适用出票地法律。票据提示期限、拒绝证明的方式及出具期限,适用于付款地法律。票据丧失时,持票人请求保全票据权利的程序,适用付款地法律。

第六节　法　律　责　任

一、票据欺诈行为的法律责任

我国《票据法》规定了七种票据欺诈行为：

(1) 伪造、变造票据。

(2) 故意使用伪造、变造的票据。

(3) 签发空头支票或故意签发与其预留的本名签名样或印鉴不符的支票。

(4) 签发无可靠资金来源的汇票、本票、骗取资金。

(5) 汇票、本票的出票人在出票时作虚假记载，骗取钱财。

(6) 冒用他人的票据，或者故意使用过期或作废的票据，骗取钱财。

(7) 付款人同出票人、持票人恶意串通，实施前六项所列行为之一的。

行为人实施上述票据欺诈行为之一，情节轻微，不构成犯罪的，依照国家有关规定给予行政处罚；情节严重，构成犯罪的，依法追究刑事责任；给他人造成损失的，还应当承担民事赔偿责任。但被伪造签章者不承担票据责任。

二、金融机构工作人员的法律责任

金融机构工作人员在票据业务中玩忽职守，对违反《票据法》规定的票据予以承兑、付款或保证，给予处分；造成重大损失，构成犯罪的，依法追究刑事责任。由于上述行为给当事人造成损失的，由该金融机构和直接负责人员依法承担连带赔偿责任。

三、付款人故意压票，拖延支付的法律责任

该责任包括行政责任和民事责任。根据我国《票据法》的规定，票据的付款人对见票即付或者到期的票据，故意压票，拖延支付的，由金融行政管理部门处以罚款，对直接负责人员给予处分。这是有关行政责任的规定。

关于民事责任，我国《票据法》规定，票据的付款人故意压票，拖延支付的，给持票人造成损失的，依法承担赔偿责任。

第 六 编

房地产法律制度

第六篇

第二十章　土地管理法律制度

第一节　土地管理法概述

一、土地管理法律规范

土地管理法是调整我国土地管理,土地资源开发,土地合理利用,耕地保护关系的法律。《中华人民共和国土地管理法》于 1986 年 6 月 25 日经第六届全国人民代表大会通过,1987 年 1 月 1 日实施。此后,经过了三次修改。分别是 1988 年 12 月 23 日,1998 年 8 月 29 日和 2004 年 8 月 28 日。与之相配套的行政法规主要有《中华人民共和国土地管理法实施条例》《中华人民共和国土地管理法》(以下简称《土地管理法》),确定了我国土地管理的基本原则:

(1) 土地为国家所有。任何单位和个人不得侵占、买卖或者以其他形式非法转让土地。土地使用权可以依法转让。

(2) 国家依法实行国有土地有偿使用制度。国家在法律规定的范围内划拨国有土地使用权的除外。

(3) 国家实行土地用途管制制度。即国家编制土地利用总体规划,规定土地用途,将土地分为农用地、建设用地和未利用地。严格限制农用地转为建设用地,控制建设用地总量,对耕地实行特殊保护。

其中,农用地是指直接用于农业生产的土地,包括耕地、林地、草地、农田水利用地、养殖水面等;建设用地是指建造建筑物、构筑物的土地,包括城乡住宅和公共设施用地、工矿用地、交通水利设施用地、旅游用地、军事设施用地等;未利用地是指农用地和建设用地以外的土地。

使用土地的单位和个人必须严格按照土地利用总体规划确定的用途使用土地。

(4) 国务院土地行政主管部门统一负责全国土地的管理和监督工作。

二、土地所有权与使用权

(一)土地所有权

土地所有权是指土地所有人有权独占性的支配其所拥有的土地,并排除他人干涉的权利。土地所有人在法律规定的范围内享有对土地的占有、使用、收益和处分的权利。土地所有权关系是一种民事法律关系,是人与人之间基于所有权而发生的社会关系。

1. 土地所有权的共有特征

土地所有权是一种物权,即直接支配一定的物并享有利益的权利。具体表现如下:

(1) 绝对性。任何人均负有不得侵犯和妨碍土地所有人行使土地权利的义务。

(2) 独占性和排他性。所有人行使土地权利时,依法完全自主、自由地支配土地。任何人都不得对土地所有人正当行使权力加以妨碍和干涉。与之相适应,所有权的独占性和排他性是互为因果的关系。

(3) 自物权。所有人对土地权利的行使完全取决于自己的内在的自由意志,无需别人的积极协助,不受他人限制,所有人行使土地权利时,只要符合国家和社会公共利益,法律都一律予以保护。

2. 土地所有权的自身特点

除了具有物权的共有特征外,土地所有权尚有自身的特点:

(1) 主体是特定的。我国《土地管理法》规定,我国土地制度实行社会主义公有制,即全民所有制和劳动群众集体所有制。因此,我国土地所有权的主体只有两个,即国家和农村集体组织。除此之外任何单位和个人都不能成为土地所有权的主体。

(2) 利益是间接的。土地作为不动产,只有使用才能产生经济利益。而我国的土地所有人和使用人是分离的,因此经济效益的产生是间接的。

(二) 土地使用权

1. 土地使用权的概念和特征

土地使用权,是指法人、其他组织和公民依法取得、在法律规定的范围内对国有土地和集体土地享有的占有、使用、收益和在特定的条件下依法处分的权利。

土地使用权作为一种权利类型,主要具有以下特征:

(1) 土地使用权具有派生性。土地使用权具有派生性是一种派生于国家土地所有权和集体土地所有权的用益物权。物权可分为自物权和他物权,土地所有权是自物权,土地使用权是他物权。从物权设定和功能的角度出发,他物权分为用益物权和担保物权,土地使用权是以土地的使用为目的而设立的权利,属于用益物权。从土地所有权和使用权的关系上看,它是从土地所有权中分离出来的一种权利,即土地所有权人在不丧失土地所有权的情况下,将部分权能暂时或长久地让渡与他人享有。

(2) 土地使用权的主体是法律规定的特定主体。只有依照法律的明确规定,非土地所有人才能成为土地的主体。

(3) 土地使用权通常具有明确的期限。土地使用权从所有权中分离出来之后具有很强的独立性,但是最终也要回归到所有权中使土地恢复完满的状态。因此,土地使用权通常具有明确的期限。

2. 土地使用权的范围

土地使用权包含以下内容:

(1) 占有。土地使用人对土地依法实际控制。占有,是土地使用人行使权利的前提,只有占有了土地,土地使用人才能对土地行使使用和收益权。土地使用人占有土地的行为是一种要式法律行为,须经登记,获取土地使用权证书,方为合法占有。

(2) 使用。土地使用人依据土地的性质和用途对土地加以利用。使用,是土地使用权的核心,只有使用土地,才能发挥土地的功用和价值。使用土地的单位和个人,应承担保护、管理和合理利用土地的义务。否则为非法占用。

(3) 收益。土地使用人通过对土地的合理利用,从土地上获得利益。收益,是土地使用权的关键,只有确保土地使用人的收益,才能充分调动用地者开发、经营土地的积极性。

(4) 处分。土地使用权一般不包括处分权,但在法律规定的情况下,比如依照土地使用权出让合同取得的土地使用权,土地使用人可拥有一定的处分权,既可以将土地使用权转让、出租、交换、赠与,但这种处分必须符合法律规定的条件,否则为非法处分。

(5) 经营。土地使用人依据合同的规定,对土地享有经营管理权。根据《土地管理法》的规定,国有土地可以由单位或者个人承包经营,从事种植业、林业、畜牧业、渔业生产。农民集体所有的土地,可以由本集体经济组织以外的单位或者个人承包经营,从事种植业、林业、畜牧业、渔业生产。发包方和承包方应当订立承包合同,约定双方的权利和义务。土地承包经营的期限由承包合同约定。

3. 土地使用权类型

按照不同的标准,可以将土地使用权分为以下几类:

(1) 国有土地使用权和集体土地使用权。土地使用权派生于土地所有权。土地所有权分为国家土地所有权和集体土地所有权两种。相应的,土地使用权也可以分为国有土地使用权和集体土地使用权。国有土地使用权是土地使用者依照法律规定或合同约定使用国有土地时,对土地所享有的占有、使用和收益的权利。集体土地使用权是土地使用者经人民政府依法批准使用集体土地时,依照法律规定或合同约定对土地所享有的权利。其主体是农民集体,集体土地主要用于农业生产。

(2) 建设用地使用权和农业用地使用权。根据土地的用途不同,可以将土地使用权分为建设用地使用权和农业用地使用权。其中,前者又分为国有土地建设用地使用权和集体土地建设用地使用权。集体土地建设用地使用权,一般是指农民集体和个人进行非农业建设,依法取得的使用集体土地的权利。农业用地使用权实质上是指土地的承包经营权。土地承包经营权的客体,可以是国有土地,也可以是集体的土地。

(3) 划拨土地使用权和出让土地使用权。根据土地使用的取得方式不同,可分为国有土地使用权、出让土地使用权和划拨土地使用权。

三、土地使用权的出让

(一) 土地使用权出让的概念与特征

土地使用权的出让,是指国家作为土地的所有者,由其代表机关——各级人民政府及其土地管理部门,将国有土地使用权在一定年限内出让给土地使用者,由土地使用者向国家支付土地使用权出让金的行为。

土地使用权出让作为一种法律行为,具有以下特征:

(1) 土地使用权的出让方是土地的所有者——国家,土地使用权的受让方是中华人民共和国境内外的公司、企业、组织和个人。国家作为出让方,不是以政治组织集团而是以一个特殊的民事法律关系主体的身份出现的,其实质是行使财产所有者的经济职能。两者的法律地位是完全平等的。

(2) 土地使用权的出让是以土地所有权和使用权的分离为基础的。在土地使用权出让之前,该权利完全包含在土地所有权之内。出让事实一经发生,即实现了土地所有权与使用权的分离。

(3) 土地使用权的出让内容,是土地出让方将一定年限的国有土地使用权转让给受让方,而受让方须支付相应的土地使用权出让金。受让人取得的是一种具有独立意义的土地使用权,包括了所有权中占有、使用、收益和一定程度处分权能。

（4）土地使用权出让的客体是国有土地使用权。国有土地使用权作为出让的客体,仅限于地上使用权,至于地下的各类自然资源、埋葬物、隐藏物、市政公用设施等,不属于出让的客体。

（5）土地使用权出让是有期限的。在我国,土地使用权出让的最高年限由法律明文规定,实际出让年限则由土地使用权出让合同约定,但合同约定的年限不得超过法律规定的最高年限。《城镇国有土地使用权出让和转让暂行条例》第 12 条规定了下列用途的土地使用权的最高年限：① 居住用地 70 年；② 工业用地 50 年；③ 教育、科技、文化、卫生、体育用地 50 年；④ 商业、旅游、娱乐用地 40 年；⑤ 综合或者其他用地 50 年。

（二）土地使用权出让的方式

出让方式是指通过何种方式或程序将国有土地使用权让与使用者使用。根据《城镇国有土地使用权出让和转让暂行条例》和《城市房地产管理法》规定,土地使用权出让可以采取三种方式：即协议、招标、拍卖。商业、旅游、娱乐和豪华住宅用地,有条件的,必须采取拍卖、招标方式；没有条件,不能采取拍卖、招标方式的,可以采取双方协议的方式。

1. 协议

协议出让是指土地使用权的有意受让方直接向国有土地的所有者代表机构提出有偿使用土地的愿望,由国有土地的代表与有意受让人进行协商,以达成一致的出让方式。这一方是比较简便易行,但存在一定的缺陷。由于缺乏竞争机制,容易造成土地出让的损公肥私,导致国有土地资产的流失。

对协议出让的程序和步骤,现行的房地产立法尚未统一规定,而是由各地方人民政府依具体情况作具体的规定,协议出让的程序大致是：

（1）申请,即有意受让方应根据自身的需要向国有土地所有者的代表机关提出用地申请,并提交相应的用地意向书。

（2）答复,即土地管理部门对是否出让该幅土地,给予申请人一个完整、及时的答复。

（3）协商,即由土地所有者代表与有意受让方就有关事宜进行反复的谈判,逐步达成一致意见。

（4）签约,即双方经过反复协商,达成一致意见后,开始签约,并将共同的意见用合同的形式正式固定下来。

（5）办证,即领取土地使用证,办理土地使用登记手续。

2. 招标

招标出让是指在指定的期限内,由符合条件的单位或个人以书面投标形式,竞投某地段的土地使用权,由招标人根据一定的要求择优确定土地使用者的出让方式。招标出让方式的实施虽然比较复杂,但由于引入了竞争机制,择优选择中标者,有利于投标者的公平竞争,也有利于土地合理利用,能保证国家对土地的收益。

投标出让土地使用权通常需经过下列程序：

（1）招标,即由招标人发出招标通告,由有意受让人提出招标申请,然后由招标人根据确定的投标人资格范围,对有意受让人进行资格审查,最后向被批准的申请人发送招标文件。

（2）投标,即有意受让人申请投标,经招标人资格审查批准后,在规定的时间内,向招标人交纳投标保证金,并报送标函。

（3）开标,评标和定标,即招标人会同有关部门并聘请专家组成评标委员会,对有效标书进行评审,决定中标者。

(4) 签约,即中标者在接到中标证明书后,在规定的日期内持中标证明书与招标人签订出让合同,并缴纳定金。

(5) 领取土地使用证,即中标者交付合同规定的全部出让金后,向国有土地所有者代表办理土地使用登记,领取土地使用证。

3. 拍卖

拍卖出让是指由国家土地管理部门事先发出拍卖通知,指定在某一时间在一定场合进行土地拍卖,由拍卖机构主持人现场报出底价,由各竞拍者在底价基础上相互竞价,最后报价最高者取得土地的使用权。拍卖出让能充分的引用竞争机制,实现土地出让的公正、公平、公开,也能够使国家对国有土地最大限度地获得收益,但这种方式政府对地价不易控制,其主要适用于投资环境好、利润大的行业用。

拍卖出让土地使用权一般需经过下列步骤:

(1) 拍卖人发布拍卖公告。拍卖公告须表明拍卖人、拍卖时间、拍卖地点、所拍卖的土地使用权的土地面积、地理位置、用途和使用年限,及其他使用条件限制和相关事宜等内容。

(2) 竞投者参加竞投。竞投者持资信证明等文件,按照公告的时间、地点,交付竞投保证金,领取牌号,参加竞投。

(3) 主持拍卖。主持人简要介绍拍卖土地使用权的情况和底价。竞投人应价,价高者取得土地使用权。

(4) 签约。应价高而得者即与土地所有者代表签订土地使用合同,并按规定交付履约金。

(5) 领取土地使用权证。受让人按土地所有者代表的通知,办理土地使用登记手续,领取土地使用证书。

(三) 土地使用权出让合同

1. 土地使用权出让合同的概念和特征

土地使用权出让合同是指国有土地使用者与土地使用权受让人之间就出让土地使用权及如何行使使用权等所达成的明确相互间权利义务关系的协议。

《城镇国有土地使用权出让和转让暂行条例》第 8 条规定:"土地使用权出让应当签订出让合同。"土地使用权出让合同是一种行政合同,也具有一般民事合同的特点。其法律表现如下:

(1) 土地使用权出让中,国家是以土地所有者的身份而非以公权者的身份出现的,土地管理部门是以代理人的身份代表国家处分土地的使用权,其后果由国家承担,而受让方一般是公民、法人或其他组织。

(2) 土地使用权出让金是土地有偿出让的具体表现形式,是地产交易的一种货币支付方式。出让金的多少应遵循价值规律,由地产交易市场所决定,而不取决于土地管理部门的随意定价。

(3)《城镇国有土地使用权出让和转让暂行条例》中规定了出让方和受让方的享受权利和违约责任。

(4) 土地管理部门代表国家的利益,决定了在土地使用权出让合同的履行、变更和解除中,土地管理部门具有优益权:① 在履行合同中,土地管理部门可以监督合同另一方当事人对合同的履行情况;② 在变更和解除合同时,土地管理部门根据社会公共利益的需要,可以单方依法变更或解除合同,如通过土地征用的方式,在土地使用权出让合同期届满以前提前收回土地的使用权,土地使用者没有这样的权利;③ 在变更合同规定的土地用途时,应当征得出让方同意并经土地管理部门和城市规划部门批准;④ 土地使用权出让合同的纠纷通常采用行政救济手段解决。

2. 土地使用权出让合同的分类

国有土地使用权出让合同应当采用书面形式,而且一般是标准合同。土地使用权出让合同可分为三种类型:宗地出让合同、成片开发土地出让合同和划拨土地使用权补办出让合同。

(1)宗地出让合同也称项目用地土地使用权出让合同,是指市、县人民政府规定,出让某一宗地的国有土地使用权,与土地使用者签订有关双方权利义务的合同。

(2)成片开发土地出让合同也称外商投资企业土地使用合同,是指市、县人民政府土地管理部门,根据《城镇国有土地使用权出让和转让暂行条例》和《外商投资开发土地暂行管理办法》的规定,将国有土地使用权出让给外商,与外商签订的从事投资开发经营成片土地的权利义务合同。

(3)划拨土地使用权补办出让合同,是指划拨土地使用权和地上建筑物、其他附着物所有权因转移、出租、抵押,而需依照《城镇国有土地使用权出让和转让暂行条例》的规定,市、县人民政府与土地使用者补签的土地使用权出让合同。

3. 土地使用权出让合同当事人的主要义务

1)土地使用权出让方的主要义务

代表国家出让土地使用权的市、县人民政府土地管理部门,在使用权出让合同成立后应承担如下主要义务:

(1)提供土地。土地管理部门需要依照合同的规定提供土地。《城镇国有土地使用权出让和转让暂行条例》第15条规定:"出让方应当按照合同规定,提供出让的土地使用权。未按合同规定提供土地使用权的,土地使用者有权解除合同,并可请求违约赔偿。"

(2)保证土地使用权人取得权利。土地管理部门在出让土地使用权时应保证土地使用权人取得的土地使用权不被第三人追夺。

(3)对土地瑕疵负担保义务。所谓土地瑕疵,即土地不适合合同规定的用途或妨碍合同规定的用途的自然状况。出让方与受让方订立合同时,出让方应本着诚信原则如实地提供与该幅土地相关的一切真实情况,包括土层的深度、地表下的管线设施、土层的物理结构等,若出让方提供的情况有误,即为有瑕疵。对此,土地管理部门应该承担赔偿损失责任。

2)土地使用权受让方的主要义务

(1)按照合同规定的数额和方式交付土地使用权出让金。《城镇国有土地使用权出让和转让暂行条例》第14条规定:"土地使用者应当在签订土地使用权出让合同后60日内,支付全部土地使用权出让金。逾期未全部支付的,出让方有权解除合同,并可请求违约赔偿。"

(2)按照合同规定的条件和要求使用土地。《城镇国有土地使用权出让和转让暂行条例》第 17 条规定："土地使用者应当按照土地使用权出让合同的规定和城市规划的要求,开发、利用、经营土地。未按合同规定的期限和条件开发、利用土地的,市、县人民政府土地管理部门应当予以纠正,并根据情节可以给予警告、罚款直至无偿收回土地使用权的处罚。"第 18 条规定："土地使用者需要改变土地使用权出让合同规定的土地用途的,应当征得出让方同意并经土地管理部门和城市规划部门批准,依照本章的有关规定重新签订土地使用权出让合同,调整土地使用权出让金,并办理登记。"若受让方擅自变更土地使用用途或其他合同约定的条件,则必须承担相应的法律责任。

（3）依法律规定的或合同约定的期限使用土地。土地使用期满,使用权人应当返还土地。

（4）合法行使土地使用权力,不侵害相邻人的权益和义务。《民法通则》第 83 条规定："不动产的相邻各方,应当按照有利生产、方便生活、团结互助、公平合理的精神,正确处理截水、排水、通行、通风、采光等方面的相邻关系。给相邻方造成妨碍或者损失的,应当停止侵害,排除妨碍,赔偿损失。"

（5）依照法律规定或合同约定的时间将土地使用权归还出让人。

（四）土地使用权出让的终止

土地使用权终止是指土地使用者依法享有的土地使用权因某种法定事由的出现而消失或结束。

根据《城市房地产管理法》的规定,土地使用权出让的终止,分为两种情况:一是非正常的原因;二是正常原因。

1）非正常原因

（1）土地使用权因土地灭失而自然终止。

（2）国家对土地使用者依法取得的土地使用权,在出让合同约定的使用年限届满前不收回;在特殊情况下,根据社会公共利益的需要,可以依照法律程序提前收回,并根据土地使用者使用土地的实际年限和开发土地的实际情况给予相应的补偿。

2）正常原因

（1）合同期满,自然终止。

（2）受让人违反用途管制而被国家收回。

土地使用权出让合同约定的使用年限届满,土地使用者需要继续使用土地的,应当至迟于届满前 1 年申请续期,除根据社会公共利益需要收回该幅土地的,应当予以批准。经批准准予续期的,应当重新签订土地使用权出让合同,依照规定支付土地使用权出让金。土地使用权出让合同约定的使用年限届满,土地使用者未申请续期或者虽申请续期但依照前款规定未获批准的,土地使用权由国家无偿收回。

四、土地使用权的转让

（一）土地使用权转让的含义和条件

土地使用权转让是指土地使用者将土地使用权再转移的行为,包括出售、交换和赠与。

根据《城镇国有土地使用权出让和转让暂行条例》的规定,未按土地使用权出让合同规定的期限和条件投资开发、利用土地的,土地使用权不得转让。《城市房地产管理法》第 38 条规定了土地使用权转让的具体条件:

（1）按照出让合同约定已经支付全部土地使用权出让金,并取得土地使用权证书。

（2）按照出让合同约定进行投资开发,属于房屋建设工程的,完成开发投资总额的25％以上,属于成片开发土地的,形成工业用地或者其他建设用地条件。

转让房地产时房屋已经建成的,还应当持有房屋所有权证书。

（二）土地使用权转让的具体要求

根据《城镇国有土地使用权出让和转让暂行条例》的规定,土地使用权的转让应符合以下具体要求:

（1）土地使用权转让应当签订转让合同。

（2）土地使用权转让时,土地使用权出让合同和登记文件中所载明的权利、义务随之转移。

（3）土地使用者通过转让方式取得的土地使用权,其使用年限为土地使用权出让合同规定的使用年限减去原土地使用者已使用年限后的剩余年限。

（4）土地使用权转让时,其地上建筑物、其他附着物所有权随之转让。

（5）地上建筑物、其他附着物的所有人或者共有人,享有该建筑物、附着物使用范围内的土地使用权。土地使用者转让地上建筑物、其他附着物所有权时,其使用范围内的土地使用权随之转让,但地上建筑物、其他附着物作为动产转让的除外。

（6）土地使用权和地上建筑物、其他附着物所有权转让,应当依照规定办理过户登记。土地使用权和地上建筑物、其他附着物所有权分割转让的,应当经市、县人民政府土地管理部门和房产管理部门批准,并依照规定办理过户登记。

（7）土地使用权转让价格明显低于市场价格的,市、县人民政府有优先购买权。土地使用权转让的市场价格不合理上涨时,市、县人民政府可以采取必要的措施。

（8）土地使用权转让后,需要改变土地使用权出让合同规定的土地用途的,依照有关规定办理。

五、土地使用权的划拨

（一）土地使用权划拨的概念和范围

土地使用权划拨是指县级以上人民政府依法批准,在土地使用者缴纳补偿、安置等费用后将该幅土地交付其使用,或者将土地使用权无偿交付给土地使用者使用的行为。以划拨方式取得土地使用权的,除法律、行政法规另有规定外,没有使用期限的限制。

《城市房地产管理法》第23条规定,可以由县级以上人民政府依法批准划拨的土地使用权的范围如下所述。

1. 国家机关用地和军事用地

其中,国家机关包括各级各类国家机关,具体是指从中央到地方的各级权力机关、行政机关、司法机关和军事机关。军事用地包括军事指挥工程用地、军用场区用地、军用通信、导航用地、军用交通运输用地等。

2. 城市基础设施用地和公益事业用地

其中,城市基础设施用地是指城市生产、生活及各种社会活动所需要的公共设施用地,包括供水、排水、电力、电信、煤气、热力、道路、桥梁、交通运输等设施用地。公益事业用地,是指城市内的文化教育、医疗保健、托幼园所、娱乐体育等用地。

3. 国家重点扶持的能源、交通、水利等项目用地

其中，能源用地是指产生机械能、热能、光能、电磁能、化学能等各种能量的资源项目用地；交通用地是指铁路、公路、港口码头等交通项目用地；水利用地是指防洪、水库、农田水利等水利项目用地。并非所有的能源、交通、水利等项目用地均适用于划拨方式取得的土地使用权，只有国家重点扶持的，即国家通过提供各种优惠措施，给予财政拨款，着重予以发展的能源、交通、水利等项目用地才适用于划拨方式。

（二）划拨土地使用权的收回

划拨土地使用权的收回，是指国家根据划拨土地使用者不再使用土地的事实或城市建设发展需要和城市规划的需要，将原划拨的土地收回并另行支配。

根据《城镇国有土地使用权出让和转让暂行条例》第47条的规定，划拨土地使用权因下述情况而收回：

（1）无偿取得划拨土地使用权的土地使用者，因迁移、解散、撤销、破产或者其他原因而停止使用土地的，市、县人民政府应当无偿收回其划拨土地使用权。

（2）对划拨土地使用权，市、县人民政府根据城市建设发展需要和城市规划的要求，可以无偿收回。

无偿收回划拨土地使用权时，对其地上建筑物、其他附着物，市、县人民政府应当根据实际情况给予适当补偿。

（三）土地使用权划拨的程序

土地使用权的划拨必须依法进行，依照《土地管理法》《土地管理法实施条例》，土地管理部门应当依据土地使用权划拨的程序和审批的权限进行土地的划拨。土地划拨的具体程序是：

（1）用地单位向上级部门递交项目设计任务书，报请批准。

（2）城市规划管理部门审核批准，发放建设用地规划许可证。

（3）用地单位持经批准的设计任务书或初步设计、年度基本建设计划等有关文件向拟划拨土地所在地县级以上地方人民政府土地管理部门提出建设用地申请。

（4）县级以上土地管理部门对建设用地申请进行审核，向用地者颁发建设用地批准书。

（5）由用地所在地的县级以上地方人民政府土地管理部门根据有关人民政府批准用地的文件所确定的用地面积和范围，划拨土地。

土地使用权划拨的批准权限，统一由县级以上人民政府行使。土地使用者通过划拨方式取得的土地使用权一般没有使用期的限制，但是，法律、法规另有规定的除外。

六、耕地保护

（一）土地征用

1. 土地征用的概念和特征

土地征用是指国家为了公共利益，以补偿为条件，依法收取个人、集体所有的土地以及由个人或集体使用的国有土地的措施。

土地征用具有以下法律特征：

（1）土地征用是一种国家行政行为，具有国家的强制性，是国家意志在土地所有权转移中的具体体现。只有国家才有这种权力，除了国家以外，任何单位和个人都不得以任何理

由征用土地。土地征用是以国家的权力作为依托,依照法律程序进行,不论所有者是否愿意都必须服从。

(2) 征用的对象,限于集体所有的土地。国家只有为了公共利益,需要使用集体所有土地时,才采取征用的办法。国家建设使用国有的土地,只需办理划拨手续,或通过土地使用权有权出让方式,不存在征用的问题。

(3) 集体土地征用具有一定的补偿性。国家建设征用土地,用地单位应当按照法律的规定向被征用地单位支付一定的土地补偿费、安置补助费和青苗费,并妥善安排好被征地单位的农民的生产和生活,但补偿不是土地所有权的价格。

(4) 征用土地的管理机关是各级人民政府土地管理部门。国家建设需要使用集体所有的土地,用地单位只能向土地管理部门申请,由土地管理部门对欲使用的集体所有的土地实行征用。

(5) 土地征用的结果是土地所有权的变更。国家通过对集体所有土地的征用,使集体土地变为国家所有,被征土地的集体土地所有权消灭。

2. 土地征用的原则

(1) 珍惜耕地,合理利用土地的原则。各级人民政府土地管理部门应该严格控制用地,应根据建设项目的性质和规模,确定征用土地的面积,不得多征、早征。国家建设征用土地,因该按照总体规划,合理确定用地位置。凡有可以利用荒地的不得占用耕地,凡有可能利用劣地耕地的,不得占用好地。

(2) 保证国家建设用地,妥善安置被征地单位和农民的原则。土地征用既要保证国家建设必需的用地,又要照顾农业生产和群众的切身利益。要给予被征用土地的集体组织以适当的补偿,并对被征地使用者的生产或生活进行妥善的安置。

(3) 坚持有偿使用土地的原则。用地单位要对征用的土地及土地上的附着物给予补偿,这是一项法定的义务。其必须按照法定的标准,向被征用土地的集体组织给予补偿。

(4) 履行严格的上报和审批手续,防止征而不用,多征少用,早征迟用和违章占用。被征的土地归国家所有,用地单位不需要用的时候应交还国家,不得转让。

3. 土地征用的程序

(1) 申请。建设单位向国家土地管理部门提出用地申请,由国家土地管理机关初步同意定点征地。

(2) 选址。县级以上地方人民政府土地管理部门对建设用地申请进行审核。审核同意后,会同有关部门,按照城市规划的要求,初步选定建设地址,并划定用地范围。

(3) 划拨建设用地。建设用地的申请,依照法定批准权限经县级以上人民政府批准后,由被征土地所在的县级以上人民政府发给建设用地批准书。

(4) 核发国有土地使用证。征地意见和用地申请批准后,土地管理机关先向用地单位核发用地许可证,以便用地单位以此凭证办理施工报建手续和申报缴纳耕地占用税。建设项目经主管部门验收后,县、市土地管理部门应当核查实际用地,依法办理土地登记手续,并向用地单位正式颁发土地使用证。

4. 土地征用的审批权限

《土地管理法》第 45 条规定:

(1) 征收下列土地的,由国务院批准:① 基本农田;② 基本农田以外的耕地超过 35 公顷的;③其他土地超过 70 公顷的。

（2）征收前款规定以外的土地的,由省、自治区、直辖市人民政府批准,并报国务院备案。

（3）征用直辖市行政区域内的土地,由直辖市人民政府批准;直辖市的区人民政府和县人民政府的批准权限,由直辖市人民代表大会常务委员会决定。

5. 土地征用的审批手续

根据《土地管理法》的规定,征收农用地,应当依法先行办理农用地转用审批。其中,经国务院批准农用地转用的,同时办理征地审批手续,不再另行办理征地审批;经省、自治区、直辖市人民政府在征地批准权限内批准农用地转用的,同时办理征地审批手续,不再另行办理征地审批。

6. 土地征用的补偿和安置

《土地管理法》第 47 条规定:"征收土地的,按照被征收土地的原用途给予补偿。征收耕地的补偿费用包括土地补偿费、安置补助费以及地上附着物和青苗的补偿费。"

（1）征收耕地的土地补偿费,为该耕地被征收前 3 年平均年产值的 6～10 倍。

（2）征收耕地的安置补助费,按照需要安置的农业人口数计算。需要安置的农业人口数,按照被征收的耕地数量除以征地前被征收单位平均每人占有耕地的数量计算。每一个需要安置的农业人口的安置补助费标准,为该耕地被征收前 3 年平均年产值的 4～6 倍。但是,每公顷被征收耕地的安置补助费,最高不得超过被征收前 3 年平均年产值的 15 倍。

（3）被征收土地上的附着物和青苗的补偿标准,由省、自治区、直辖市规定。征收城市郊区的菜地,用地单位应当按照国家有关规定缴纳新菜地开发建设基金。

若根据以上规定支付土地补偿费和安置补助费,尚不能使需要安置的农民保持原有生活水平的,经省、自治区、直辖市人民政府批准,可以增加安置补助费。但是,土地补偿费和安置补助费的总和不得超过土地被征收前 3 年平均年产值的 30 倍。征收其他土地的土地补偿费和安置补助费标准,由省、自治区、直辖市参照征收耕地的土地补偿费和安置补助费的标准规定。国务院根据社会、经济发展水平,在特殊情况下,可以提高征收耕地的土地补偿费和安置补助费的标准。

（二）耕地保护

1. 耕地保护的原则

根据《土地管理法》的有关规定,耕地保护要遵循下列原则:

（1）国家保护耕地,严格控制耕地转为非耕地。国家实行占用耕地补偿制度。非农业建设经批准占用耕地的,按照"占多少,垦多少"的原则,由占用耕地的单位负责开垦与所占用耕地的数量和质量相当的耕地;没有条件开垦或者开垦的耕地不符合要求的,应当按照省、自治区、直辖市的规定缴纳耕地开垦费,专款用于开垦新的耕地。省、自治区、直辖市人民政府应当制定开垦耕地计划,监督占用耕地的单位按照计划开垦耕地或者按照计划组织开垦耕地,并进行验收。

（2）省、自治区、直辖市人民政府应当严格执行土地利用总体规划和土地利用年度计划采取措施,确保本行政区域内耕地总量不减少;耕地总量减少的,由国务院责令在规定期限内组织开垦与所减少耕地的数量与质量相当的耕地,并由国务院土地行政主管部门会同农业行政主管部门验收。个别省、直辖市确因土地后备资源匮乏,新增建设用地后,新开垦耕地的数量不足以补偿所占用耕地的数量的,必须报经国务院批准减免本行政区域内开垦耕地的数量,进行易地开垦。

(3) 非农业建设必须节约使用土地,可以利用荒地的,不得占用耕地;可以利用劣地的,不得占用好地。禁止占用耕地建窑、建坟或者擅自在耕地上建房、挖砂、采石、采矿、取土等。禁止占用基本农田发展林果业和挖塘养鱼。

2. 耕地保护的范围和措施

(1) 国家实行基本农田保护制度。下列耕地应当根据土地利用总体规划划入基本农田保护区,严格管理: ① 经国务院有关主管部门或者县级以上地方人民政府批准确定的粮、棉、油生产基地内的耕地;② 有良好的水利与水土保持设施的耕地,正在实施改造计划以及可以改造的中、低产田;③ 蔬菜生产基地;④ 农业科研、教学试验田;⑤ 国务院规定应当划入基本农田保护区的其他耕地。

各省、自治区、直辖市划定的基本农田应当占本行政区域内耕地的 80% 以上。基本农田保护区以乡(镇)为单位进行划区定界,由县级人民政府土地行政主管部门会同同级农业行政主管部门组织实施。

(2) 各级人民政府应当采取措施,维护排灌工程设施,改良土壤,提高地力,防止土地荒漠化、盐渍化、水土流失和污染土地。

(3) 禁止任何单位和个人闲置、荒芜耕地。已经办理审批手续的非农业建设占用耕地,1 年内不用而又可以耕种并收获的,应当由原耕种该幅耕地的集体或者个人恢复耕种,也可以由用地单位组织耕种;1 年以上未动工建设的,应当按照省、自治区、直辖市的规定缴纳闲置费;连续 2 年未使用的,经原批准机关批准,由县级以上人民政府无偿收回用地单位的土地使用权;该幅土地原为农民集体所有的,应当交由原农村集体经济组织恢复耕种。在城市规划区范围内,以出让方式取得土地使用权进行房地产开发的闲置土地,依照《中华人民共和国城市房地产管理法》的有关规定办理。承包经营耕地的单位或者个人连续 2 年弃耕抛荒的,原发包单位应当终止承包合同,收回发包的耕地。

(4) 国家鼓励单位和个人按照土地利用总体规划,在保护和改善生态环境、防止水土流失和土地荒漠化的前提下,开发未利用的土地;适宜开发为农用地的,应当优先开发成农用地。国家依法保护开发者的合法权益。

(5) 国家鼓励土地整理。县、乡(镇)人民政府应当组织农村集体经济组织,按照土地利用总体规划,对田、水、路、林、村综合整治,提高耕地质量,增加有效耕地面积,改善农业生产条件和生态环境。

(6) 开垦未利用的土地,必须经过科学论证和评估,在土地利用总体规划划定的可开垦的区域内,经依法批准后进行。禁止毁坏森林、草原开垦耕地,禁止围湖造田和侵占江河滩地。根据土地利用总体规划,对破坏生态环境开垦、围垦的土地,有计划有步骤地退耕还林、还牧、还湖。

(7) 开发未确定使用权的国有荒山、荒地、荒滩从事种植业、林业、畜牧业、渔业生产的,经县级以上人民政府依法批准,可以确定给开发单位或者个人长期使用。地方各级人民政府应当采取措施,改造中、低产田,整治闲散地和废弃地。

(8) 因挖损、塌陷、压占等造成土地破坏,用地单位和个人应当按照国家有关规定负责复垦;没有条件复垦或者复垦不符合要求的,应当缴纳土地复垦费,专项用于土地复垦。复垦的土地应当优先用于农业。

（三）城市房屋拆迁

近年以来，在全国各地大规模房地产开发，以及城镇基础设施建设迅速发展的过程中，城市房屋拆迁引发了诸多矛盾，甚至出现了拆迁双方的激烈对抗。实践中2004年国务院颁布的《城市房屋拆迁管理条例》有关强制拆迁等规定，与2007年颁布的《物权法》所保护的私人房屋等物权在立法理念上的相悖，内容上的冲突，造成了司法实践中的混乱与被动。2009年12月，在北京数位法学家的倡议下，实施多年的《城市房屋拆迁管理条例》宣告废止。

今后，涉及公益事业需要，包括商业开发的动迁补偿等一系列问题，将在符合《宪法》《物权法》基本原则的前提下得到规范。

第二节　房地产开发法律制度

一、房地产开发概述

（一）房地产开发的概念和特征

房地产开发是指在依法取得国有土地使用权的土地上进行基础设施、房屋建设的行为。

房地产开发包括土地开发和房屋开发两个方面，是两者一体化的全过程，土地开发是根据城市建设的需要，按照土地规划要求，将自然状态的土地变为可供建造房屋和各类设施的建筑用地。通过一定的投入，调整用地结构，完善城市基础设施，以提高现有土地的使用功能，提高土地利用效益。房屋开发是指按照城市总体规划的要求，在土地开发的基础上，进行房屋、市政公用和生活服务设施的配套建设，以商品形式销售和出租房屋产品的过程。

1. 房地产开发的划分种类

房地产开发从不同的角度，可作多种划分：

（1）根据开发区域的不同，可以划分为新开发和再开发。前者是对城市新建区域的开发，后者是对旧城市或大城市的某些区域进行改、扩建的开发。

（2）根据开发目的的不同，可以划分为经营性的房地产开发和自用性的开发。前者是以经营赢利为目的进行的开发，后者是以自身使用为最终目的的开发。目前，我国进行的开发中，大多数是经营性的房地产开发。

（3）根据开发方式的不同，可以划分为单项开发、小区开发和成片开发，单项开发是指规模较小、项目单一、配套设施简单的单纯的对土地或房屋开发的建设；小区开发是指功能完善、配套项目齐全、基础设施完备的开发建设；成片开发是指规模和投资巨大、项目众多、建设开发周期长的综合性开发。

2. 房地产开发的特征

房地产开发作为城市建设的重要行为，从开发实践上看，具有以下特征：

（1）综合、配套性强。房地产开发涉及的行业和部门较多，除了城市基础设施、房屋建设外，还包括市政规划、环境、卫生、园林等部门及勘测、设计、施工、供电、通讯、环保、金融等行业。

（2）投资额巨大。由于房地产产品较为特殊，消耗的建筑材料较多，配套设施复杂，牵涉到的环节众多，所以房地产开发所需要的资金数量是非常巨大的，尤其是大型的开发项目，投资数以亿计。

（3）开发周期长。任何一个房地产的开发项目，从规划立项到产品竣工交付使用，少则几年，多到几十年，相对于其他的商业项目来说，是一种长周期的活动。

（4）政策性强。房地产业现已成为我国国民经济的支柱产业，对整个国民经济的稳定发展起着举足轻重的作用。在"十五"计划中，更是将房地产业的发展提高到国家经济发展的议事日程上来。无论是在占 GDP 的比例、增长的速度还是其平均的投资额上都有明确的规划。因此，国家对房地产开发方面宏观调控的力度将加强。

（5）商品营利性、风险性高。开发投资的目的是为了盈利，房地产商品生产出来后，通过出售、出租的形式收取回报。这个过程可能会取得丰厚的利润，也可能会蒙受重大的损失。任何投资都有风险，房地产投资由于数额巨大，周转周期较长，变现能力差，受经济周期和国家政策影响大，因此潜在的风险也较大。例如，2003 年 6 月 13 日，银发 121 号文件《关于进一步加强房地产信贷业务管理的通知》出台，缩紧银根。这对房地产开发企业的资金实力提出了更高的要求。面临庞大的资金需求，房地产开发的风险性骤然提高。

（二）房地产开发的具体要求

房地产开发是形成房地产商品的物化的过程。根据《城市房地产开发经营管理条例》的规定，房地产开发应当主要遵守下列要求：

（1）房地开发项目应该符合规划设计、市政建设的总体要求。确定房地产开发项目，应当符合土地利用总体规划、年度建设用地计划和城市规划、房地产开发年度计划的要求；按照国家有关规定需要经计划主管部门批准的，还应当报计划主管部门批准，并纳入年度固定资产投资计划。

同时，应当坚持旧区改建和新区建设相结合的原则，注重开发基础设施薄弱、交通拥挤、环境污染严重以及危旧房屋集中的区域，保护和改善城市生态环境，保护历史文化遗产。

（2）房地产开发用地应当以出让方式取得；但是，法律和国务院规定可以采用划拨方式的除外。2003 年国土资源部先后出台《协议出让国有土地使用权的规定》、《划拨用地目录》等文件，进一步加大了土地市场治理整顿的力度，规范了我国的土地市场。

规定开发用地，土地使用权出让或者划拨前，县级以上地方人民政府城市规划行政主管部门和房地产开发主管部门应当对下列事项提出书面意见，作为土地使用权出让或者划拨的依据之一：① 房地产开发项目的性质、规模和开发期限；② 城市规划设计条件；③ 基础设施和公共设施的建设要求；④ 基础设施建成后的产权界定；⑤ 项目拆迁补偿、安置要求。

（3）房地产开发企业应当按照土地使用权出让合同约定的土地用途、动工开发期限进行项目开发建设。

超过出让合同约定的动工开发期限满 1 年未动工开发的，可以征收相当于土地使用权出让金 20% 以下的土地闲置费；满 2 年未动工开发的，可以无偿收回土地使用权。但是，因不可抗力或者政府、政府有关部门的行为或者动工开发必需的前期工作造成动工迟延的除外。

（4）房地产开发企业开发项目的设计、施工必须符合标准和规范。

房地产开发中，质量是关键，而设计和施工的标准化和规范化是房地产质量的保障。因此，房地产开发企业开发建设的房地产项目，应当符合有关法律、法规的规定和建筑工程质量、安全标准、建筑工程勘察、设计、施工的技术规范以及合同的约定。开发中，房地产开发企业应当对其开发建设的房地产开发项目的质量承担责任；同时，勘察、设计、施工、监理等单位应当依照有关法律、法规的规定或者合同的约定，承担相应的责任。

（5）房地产开发项目竣工，经验收合格后，方可交付使用；未经验收或者验收不合格的，不得交付使用。

竣工验收是房地产开发全面检验设计和施工质量的重要手段，是施工环节建设过程的最后一个环节，也是投资开发成果转入流通和使用阶段的标志。因此，房地产开发项目竣工后，房地产开发企业应当向项目所在地的县级以上地方人民政府房地产开发主管部门提出竣工验收申请。房地产开发主管部门应当自收到竣工验收申请之日起30日内，对涉及公共安全的内容，组织工程质量监督、规划、消防、人防等有关部门或者单位进行验收，经验收合格后，方可交付使用。

二、房地产开发企业

（一）房地产开发企业的概念和类型

1. 概念

房地产开发企业是以营利为目的，从事房地产开发和经营的企业法人。由于其特定的经营范围，使得房地产开发企业的类型及从设立的条件到设立的程序上都表现出自身的特点。

2. 按产权关系划分的类型

目前，我国房地产开发企业的类型多种多样，按其产权所属的关系可划分为：

（1）国有房地产开发企业。这种类型的房地产企业，在目前所占的比例最大，一般是在房屋统建的基础上发展起来的。这类企业在全行业所占权重较大，所开发经营的项目也比较大，在我国房地产发展过程中起着举足轻重的作用。

（2）民营房地产开发公司。这一类企业一般是由自然人、法人等市场主体组建，是自主经营、独立核算、自负盈亏的企业。这类企业数量较多发展迅速，但抗风险能力相对较弱。

（3）中外合资经营房地产开发企业。这类企业是由中外各方在商定的期限内共同投资，进行房地产开发与经营的有限责任公司。一般在商定的期限内，该类企业可对各种开发建设项目进行投资，直到合资期满。

（4）中外合作经营房地产开发企业。这是指建立在合同制基础上的，契约式或非股权式的合作性开发公司。它可以是具有法人资格的企业，也可以是不具有法人资格的企业。合作双方的投资或提供的合作条件可以是现金、实物、土地使用权等，合作双方的权利和义务及责任，均由双方磋商确定，并在合作合同中明确规定。

（5）外商独资房地产开发企业。这是指依法在我国境内设立的、全部资本由外商投资的具有法人资格的开发公司。不包括外国的企业和其他经济组织在国内从事房地产开发的分支机构。外商投资企业在我国房地产行业发展之初，曾经起到了积极的示范和促进作用。

3. 按经营性质划分的类型

按照经营的性质划分,房地产开发企业可以分为房地产开发专营企业、兼营企业和项目公司。

(1) 房地产开发专营企业。这是指依法注册成立、长期专门从事房地产开发经营的企业。这类企业大多资金雄厚,技术力量强,管理水平高,以房地产综合开发公司为其主要形式。

(2) 房地产开发兼营企业。这是指以某些主营其他行业,在注册过程中申请兼营房地产开发经营业务的企业。这类企业资金实力比较雄厚,为优化其投资组合,将部分资金投向收益水平相对较高的房地产业,将房地产开发纳入其经营范围。

(3) 房地产开发项目公司。这是对某一特定项目而设立的开发公司,一般随着项目的完成而解散。这类公司是一种短期的经营,公司的收益只受当期开发项目的影响,因而其风险要比专营企业低。

(二) 房地产开发企业的资质认定

企业资质是指企业素质,主要包括资产、技术力量、能力、经验、业绩等因素。资质管理是一项综合的考核指标,是政府管理企业的主要手段之一。

资质审查的重点是:开发公司必须有健全的管理机构,固定的办公地点,健全的财务制度,明确的经营管理章程,以及与其承担的经济责任相适应的自由资金和经济技术人员。

为了使房地产开发企业的资质管理更加规范化、系统化,2000 年建设部颁布了第 77 号令《房地产开发企业资质管理规定》,对 1993 年颁布的资质管理规定进行了修改。按照新的资质管理规定,房地产开发企业按照企业条件分为四个资质等级。

1. 各资质等级企业应符合的条件

各资质等级企业的条件如下所述。

1) 一级资质

(1) 注册资本不低于 5 000 万元。

(2) 从事房地产开发经营 5 年以上。

(3) 近 3 年房屋建筑面积累计竣工 30 万平方米以上,或者累计完成与此相当的房地产开发投资额。

(4) 连续 5 年建筑工程质量合格率达 100%。

(5) 上一年房屋建筑施工面积 15 万平方米以上,或者完成与此相当的房地产开发投资额。

(6) 有职称的建筑、结构、财务、房地产及有关经济类的专业管理人员不少于 40 人,其中具有中级以上职称的管理人员不少于 20 人,持有资格证书的专职会计人员不少于 4 人。

(7) 工程技术、财务、统计等业务负责人具有相应专业中级以上职称。

(8) 具有完善的质量保证体系,商品住宅销售中实行了《住宅质量保证书》和《住宅使用说明书》制度。

(9) 未发生过重大工程质量事故。

2) 二级资质

(1) 注册资本不低于 2 000 万元。

(2) 从事房地产开发经营 3 年以上。

(3) 近 3 年房屋建筑面积累计竣工 15 万平方米以上,或者累计完成与此相当的房地产开发投资额。

（4）连续 3 年建筑工程质量合格率达 100％。

（5）上一年房屋建筑施工面积 10 万平方米以上，或者完成与此相当的房地产开发投资额。

（6）有职称的建筑、结构、财务、房地产及有关经济类的专业管理人员不少于 20 人，其中具有中级以上职称的管理人员不少于 10 人，持有资格证书的专职会计人员不少于 3 人。

（7）工程技术、财务、统计等业务负责人具有相应专业中级以上职称。

（8）具有完善的质量保证体系，商品住宅销售中实行了《住宅质量保证书》和《住宅使用说明书》制度。

（9）未发生过重大工程质量事故。

3）三级资质

（1）注册资本不低于 800 万元。

（2）从事房地产开发经营 2 年以上。

（3）房屋建筑面积累计竣工 5 万平方米以上，或者累计完成与此相当的房地产开发投资额。

（4）连续 2 年建筑工程质量合格率达 100％。

（5）有职称的建筑、结构、财务、房地产及有关经济类的专业管理人员不少于 10 人，其中具有中级以上职称的管理人员不少于 5 人，持有资格证书的专职会计人员不少于 2 人。

（6）工程技术、财务等业务负责人具有相应专业中级以上职称，统计等其他业务负责人具有相应专业初级以上职称。

（7）具有完善的质量保证体系，商品住宅销售中实行了《住宅质量保证书》和《住宅使用说明书》制度。

（8）未发生过重大工程质量事故。

4）四级资质

（1）注册资本不低于 100 万元。

（2）从事房地产开发经营 1 年以上。

（3）已竣工的建筑工程质量合格率达 100％。

（4）有职称的建筑、结构、财务、房地产及有关经济类的专业管理人员不少于 5 人，持有资格证书的专职会计人员不少于 2 人。

（5）工程技术负责人具有相应专业中级以上职称，财务负责人具有相应专业初级以上职称，配有专业统计人员。

（6）商品住宅销售中实行了《住宅质量保证书》和《住宅使用说明书》制度。

（7）未发生过重大工程质量事故。

房地产开发企业资质等级实行分级审批：① 一级资质由省、自治区、直辖市人民政府建设行政主管部门初审，报国务院建设行政主管部门审批；② 二级资质及二级资质以下的审批办法由省、自治区、直辖市人民政府建设行政主管部门制定。经资质审查合格的企业，由资质审批部门发给相应的等级资质证书。

2. 各资质等级企业可承担的开发任务

不同资质的企业，可承担不同的开发任务，不得越级承担任务。根据《房地产开发企业资质管理规定》，各资质等级企业应当在规定的业务范围内从事房地产开发经营业务，不得越级承担任务。

（1）一级资质的房地产开发企业承担房地产项目的建设规模不受限制，可以在全国范围承揽房地产开发项目。

（2）二级资质及二级资质以下的房地产开发企业可以承担建筑面积 25 万平方米以下的开发建设项目，承担业务的具体范围由省、自治区、直辖市人民政府建设行政主管部门确定。

三、房地产开发建设

（一）房地产开发内容

房地产开发的内容主要有：

（1）规划设计。对房地产开发企业来说，规划设计是房地产质量的形成过程，是开发建设所遵循的依据和准则。

（2）征地拆迁。房地产开发的前提条件是取得国有土地使用权，而征地拆迁就是取得土地使用权的重要途径。

（3）施工组织。房地产开发既要做好施工前的一切准备工作，又要求在施工阶段严格按设计要求和施工验收规范对工程进行全面监督和检查，以确保工程质量。

（4）竣工验收。有关部门共同组成验收小组，对符合规范要求的工程签字验收，并办理移交手续。

（5）经营管理。开发商将验收合格的产品出售或出租给他人，并进行售后服务与物业管理。

（二）房地产开发建设的原则

房地产开发建设的原则是贯穿于房地产开发建设全过程的指导思想，是房地产开发建设单位和个人在房地产建设中的总体要求。根据《城市房地产管理法》和《城市房地产开发经营管理条例》的规定，其开发原则具体包括三个方面：

（1）严格执行城市设计和整体规划的原则。

房地产开发涉及国有土地及其他的附属设施和房屋建设，因此，确定房地产开发项目，应当符合土地利用总体规划、年度建设用地计划和城市规划、房地产开发年度计划的要求；按照国家有关规定需要经计划主管部门批准的，还应当报计划主管部门批准，并纳入年度固定资产投资计划。

其中，城市规划是国家强调的重点。要符合"为了实现一定时期内城市经济和社会协调发展，确定城市的性质、规模和发展方向，合理利用城市土地，协调城市空间布局和建设项目的综合部署和战略安排"的思想，要严格执行城市规划。并且，以城市规划为指导，从开发选址、建设施工到竣工验收，都要符合城市规划的要求，实行全面规划、合理布局、综合开发、配套建设。

（2）确定房地产开发项目，应当坚持旧区改建和新区建设相结合的原则。

城市新城区开发和旧区改建必须坚持统一规划、合理布局、因地制宜、综合开发、配套设施的原则。各项建设工程的选址、定点，不得妨碍城市的发展，危害城市的安全、污染和破坏城市环境，影响城市各项功能的协调。

（3）注重开发基础设施薄弱、交通拥挤、环境污染严重以及危旧房屋集中的区域，保护和改善城市生态环境，保护历史文化遗产，努力使经济效益、社会效益与环境效益相结合。

（三）房地产开发建设的程序

房地产开发是一个动态的系统工程，必须按照一定的程序进行。一般可以分为前期准备、开发建设和经营三个阶段。

1. 前期准备阶段

1）项目立项

立项是房地产开发建设的起点，房地产项目确立的过程就是房地产投资决策的过程。在此过程中，主要是对项目进行可行性的研究，即对某一设想的房地产开发项目的一切有关因素进行全面、综合性的技术经济分析和测算，科学的论证，提出全面地评价，从而对该开发项目能否付诸实施做出判断。

2）开发选址

在对不同地区的开发方案进行综合分析比较后，确定开发地点，及时向土地管理部门申请，取得土地使用权。这是开发中的一个重要的环节。

3）项目投标

这是房地产开发引入市场机制的结果，使房地产开发建设在公平、公正、公开的基础上进行。项目的投标包括招标和投标两个方面，招标程序为：① 审查建设单位资质；② 招标申请；③ 资格预审文件、招标文件编制与送审；④ 刊登资审通告、招标通告；⑤ 资格预审；⑥ 工程标底价格的编制；⑦ 发放招标文件；⑧ 勘察现场；⑨ 投标预备会；⑩ 投标文件的编制与递交；⑪ 工程标的价格的报审；⑫ 开标；⑬ 评标；⑭ 中标；⑮ 合同签订。

4）筹措资金

我国房地产开发的资金来源，已经由过去的单渠道财政拨款发展到多渠道、多元化的房地产开发资金市场。资金来源渠道主要有：国家投资；银行贷款；企业自有资金；发行有价证券所筹资金；预售定金；吸引外资等。

资金能否落实是房地产开发方案能否顺利实施的关键，从这个意义上看房地产与金融密不可分。因此，房地产开发企业要根据自身的特点，选择适宜的融集方式，使企业经常保持资金结构的合理配置。

2. 开发建设步骤

房地产开发建设是指各种房地产的建造，是房地产从开发阶段向流通和使用阶段的过渡，是房地产商品价值形成的过程。其主要经历以下几个步骤。

1）规划设计

规划设计是房地产开发建设的依据。高水准的规划设计可以是开发整体做到布局合理、景观协调、结构先进、造型美观、造价低廉、节能省地。

2）工程勘察

工程勘察的内容主要包括地形测量、工程地质勘查、地表水勘查、地下水勘查和气象勘查等，一般委托给有资格的专业公司完成。

3）编制设计任务书和选择建设地点

在开发建设开始前，做好设计的贬值以及合理建设地点的选择，是工程能否顺利进行的关键。

4）安排计划、组织施工

开发商应该根据开发区域的性质、功能和难度,通过招投标的形式,选择合适的施工单位来完成该房地产的建筑工程。施工阶段,开发商应严格按合同和有关规定对工程进行全面监督和检查,确保工程质量,对不符合质量要求的工程应及时采取措施,不留隐患。

5）工程竣工验收

根据《城市房地产开发经营管理条例》的规定,房产开发项目竣工后,房地产开发企业应当向项目所在地的县级以上地方人民政府房地产开发主管部门提出竣工验收申请。房地产开发主管部门应当自收到竣工验收申请之日起 30 日内,对涉及公共安全的内容,组织工程质量监督、规划、消防、人防等有关部门或者单位进行验收。

住宅小区等群体房地产开发项目竣工,除了上述要求外,还应当按照下列要求进行综合验收:

(1) 城市规划设计条件的落实情况。

(2) 城市规划要求配套的基础设施和公共设施的建设情况。

(3) 单项工程的工程质量验收情况。

(4) 拆迁安置方案的落实情况。

(5) 物业管理的落实情况。

住宅小区等群体房地产开发项目实行分期开发的,可以分期验收。房地产开发企业应当将房地产开发项目建设过程中的主要事项记录在房地产开发项目手册中,并定期送房地产开发主管部门备案。

3. 开发产品经营阶段

工程验收后,开发商应根据市场行情,有计划地对产品进行经营,主要包括两个方面:

(1) 产品的租售。在综合考察市场需求、产品成本、产品功能、消费水平等因素的情况下,开发商选择适宜的经营方式。

(2) 售后服务。售后服务包括两项内容:一是保修,即在一定期限内的质量问题,提供无偿的服务;二是依买方意思表示对建筑室内进行装修,有偿服务。

四、法律责任

房地产开发过程中的违法行为,因其标的的特殊性,往往会造成巨大的浪费和损害以及其他严重后果。责任主体一般主要为企业与国家机关工作人员。法律责任则以行政责任和刑事责任为主。

(一) 企业的法律责任

根据《城市房地产开发经营管理条例》的规定,房地产开发企业的行政法律责任分为以下几个方面:

(1) 未取得营业执照,擅自从事房地产开发经营的,由县级以上人民政府工商行政管理部门责令停止房地产开发经营活动,没收违法所得,可以并处违法所得 5 倍以下的罚款。

(2) 未取得资质等级证书或者超越资质等级从事房地产开发经营的,由县级以上人民政府房地产开发主管部门责令限期改正,处 5 万元以上 10 万元以下的罚款;逾期不改正的,由工商行政管理部门吊销营业执照。

(3) 将未经验收的房屋交付使用的,由县级以上人民政府房地产开发主管部门责令限期补办验收手续;逾期不补办验收手续的,由县级以上人民政府房地产开发主管部门组织有关部门和单位进行验收,并处 10 万元以上 30 万元以下的罚款。

(4) 将验收不合格的房屋交付使用的,由县级以上人民政府房地产开发主管部门责令限期返修,并处交付使用的房屋总造价 2% 以下的罚款;情节严重的,由工商行政管理部门吊销营业执照;给购买人造成损失的,应当依法承担赔偿责任;造成重大伤亡事故或者其他严重后果,构成犯罪的,依法追究刑事责任。

(5) 擅自转让房地产开发项目的,由县级以上人民政府负责土地管理工作的部门责令停止违法行为,没收违法所得,可以并处违法所得 5 倍以下的罚款。

(6) 擅自预售商品房的,由县级以上人民政府房地产开发主管部门责令停止违法行为,没收违法所得,可以并处已收取的预付款 1% 以下的罚款。

(二) 国家机关工作人员的法律责任

根据《城市房地产开发经营管理条例》的规定,国家工作人员在房地产开发经营监督管理工作中徇私行为玩忽职守、徇私舞弊、滥用职权,构成犯罪的,依法追究刑事责任;尚不构成犯罪的,依法给予行政处分。

第三节 房地产交易法律制度

一、房地产交易的概念和一般规定

(一) 房地产交易的概念

房地产交易是人们对房地产转让、出租和抵押等活动的总的称谓,分为狭义和广义两种含义。狭义的可理解为,房地产交易仅指房地产产权的有偿转让,即买卖;广义可理解为,泛指与房地产产权有直接关系的经济活动,包括房地产转让、抵押及租赁等行为。

在不存在地上物的情况下,房地产交易为土地使用权的转让、抵押、租赁。在有地上物的情况下,房地产交易为土地使用权及土地之上建筑物、其他附着物的转让、租赁及抵押。在我国的现行土地制度下,房地产交易所指的就是后者。作为一种商品交换形式,房地产交易具有一般商品交换的性质和法律特征。但由于交易客体的特殊性所决定,其与一般商品交易又有重要的区别:

(1) 房地产交易的价格通常远远高于一般生活消费品的价格。

(2) 房地产交易的标的具有固定性。地具有固定性的特点,随着物是不会随着交易的进行而改变的。

(3) 由于房地产的交易中包含了土地的交易,因此房地产交易涉及了土地资源的占用和土地收益的分配,并会在一定程度上对整个社会的生产、生活产生影响,具有较强的社会性。

(4) 交易程序比一般商品交易复杂得多。

二、房地产交易的一般规定

房地产交易中一般有以下规定:

（1）房地产转让、抵押时，房屋的所有权和该房屋占用范围内的土地使用权同时转让和抵押。

房地产转让、抵押的客体是土地及地上建筑物、其他附着物。根据房屋所有权与该房屋占用范围内的土地使用权主体统一的规则，房地产转让、抵押时，土地使用权和房屋所有权将一并成为购买或抵押的标的。

（2）房地产的转让、抵押须依法办理权属登记手续。

房地产作为不动产其变动的公示原则决定了房地产的转让、抵押必须办理权属登记手续。为了保证房地产所有人的权益，我国《城市房地产管理法》第35条中明确规定，房地产转让、抵押，当事人应依法办理权属登记。

（3）房地产交易价格实行分别管制。

房地产价格问题是房地产交易和房地产市场的核心问题。国家实行房地产价格申报制度和价格评估制度。目前，除经济适用房实行政府定价外，其他各类房屋的买卖、租赁价格、房屋的抵押、典当价格，均实行市场调节价。

二、房地产的转让

（一）房地产转让的特征

房地产转让是指房地产权利人通过买卖、赠与或者其他合法方式将其房地产转移给他人的行为。房地产转让是以房屋所有权及房屋占用范围内的土地使用权为客体，按照市场行为的一般准则，在不同的主体之间进行权属变化的行为。它是房地产交易的主要形式，具有以下法律特征：

（1）房地产转让是一种民事法律行为，其标的必须合法。房地产的转让的标的，可以是房屋及其占有范围内的土地使用权，也可以是单独的土地使用权。房地产转让标的如不合法，则其转让行为无效，不受法律的保护。

（2）房地产转让的客体是房地产权利。所谓房地产权利，即土地使用权或土地使用权并地上建筑物、其他附着物所有权，它包括了房地产的占有、使用、收益和处分权。

（3）房地产转让属于要式法律行为。《城市房地产管理法》规定，房地产转让首先应当签订书面转让合同，合同中应载明土地使用权取得的方式，并到有关管理机关进行权属登记，换领房地产权利证书。

（4）以出让的方式取得土地使用权的，转让房地产时不得违反原出让合同的约定，受让人确需改变原土地使用权出让合同约定的土地用途，必须取得原出让方和市、县人民政府规划行政主管部门的同意，签订土地使用权出让合同变更协议或者重新签订土地使用权出让合同，相应调整土地使用权出让金。否则，受让方不得改变原土地用途。

（5）房地产转让是多种法律行为的总称。房地产转让不是单一的一种法律行为，而是房地产买卖、房地产赠与和其他房地产合法行为的总称。

（二）房地产转让的形式

目前，我国房地产转让主要有三种形式，即买卖、赠与及其他合法方式。

1. 买卖

房地产买卖是指房地产权利人，将其房屋所有权连同土地使用权，依法转移给受让人，由受让人向其支付价款的行为。房屋买卖包括公房买卖和私房买卖，现房买卖和期房买卖,商品房买卖和经济适用房买卖,住宅、商业用房、办公楼、厂房、仓库、停车场等各类房产的买卖。

2. 赠与

赠与是指当事人之间达成的关于一方将自己的财产无偿给予另一方的合同行为。其主要特征是房地产的转让具有无偿性。

3. 其他合法形式

(1) 互易是指房地产当事人双方约定互相转变以房地产为标的的财产权而达成的合同行为。

(2) 联营是指两个或两个以上的法人之间,为了一定的经济目的,在人员、资金、资源、技术等方面要求不同程度的集中使用、协作经营。以房地产作价入股,使房地产的权属发生了变更。

(3) 因企业被收购、兼并或合并,房地产权属随之转移。

从形式上看企业被收购、兼并或合并并非房地产的转让,但是实质上均具有房地产转让的性质,无论以何种方式进行,其实质性的结果,都是房地产权利有偿转移或房地产权利主体发生变更。

(三) 房地产转让的条件

1. 房地产转让双方当事人必须具备合法资格

房地产转让属于民事法律行为,受让双方必须具有相应的主体资格和行为能力。否则,其转让房地产的行为不具有法律效力,不受法律的保护。

2. 房地产转让客体必须合法

1) 房产转让以出让方式取得土地使用权时,应符合的条件

根据《城市房地产转让管理规定》,以出让的方式取得土地使用权的,转让房地产时,应符合以下的条件:

(1) 按照出让合同约定已经支付了全部土地使用权出让金,并取得土地使用权证书。

(2) 按照出让合同约定进行投资开发,属于房屋建设工程的,完成开发投资总额的25%以上;属于成片开发土地的,形成工业用地或者其他建设用地条件。

(3) 转让房地产时,房屋已经建成,转让方还应持有房屋所有权证书。

2) 房产转让以划拨方式取得土地使用权的,应具备的条件

(1) 按照国务院的规定,报经有批准权的人民政府审查批准。

(2) 有批准权的人民政府准予转让的,由受让方办理土地使用权出让手续,并依照国家的有关规定缴纳土地使用权出让金。

(3) 有批准权的人民政府,按照国务院的规定决定可以不办理土地使用权出让手续的,转让方应当按照规定,将转让房地产所获收益中的土地收益上缴国家或者作其他处理。

3. 签订书面转让合同

房地产转让属于要式法律行为。转让双方当事人经协商达成一致后,形成书面合同,明确记载土地使用权取得的方式,双方确定的权利义务及其他条款。并在签约后的一定时间内,到房地产有关管理机关办理土地使用权及房屋所有权变更登记手续,领取房地产权利证书。

4. 禁止转让的房地产

（1）以出让方式取得土地使用权的，不符合法律规定条件的。

（2）司法机关和行政机关依法裁定，决定查封或者以其他形式限制房地产权利的。

（3）依法收回土地使用权的。

（4）权属有争议的。

（5）为依法登记领取权属证书的。

（6）共有房地产，未经其他共有人书面同意的。

（7）法律、行政法规规定禁止转让的其他情形。

三、商品房预售

商品房预售是我国近年来房地产市场发展的产物，对于解决开发建设资金的不足起了重要的作用。它与成品房买卖已成为我国商品房市场中两种主要的房屋销售形式。

（一）商品房的概念和分类

1. 商品房的概念

商品房是在我国实行土地有偿使用制度后，随着房地产业的发展而出现的一种新的法律用语。商品房是一种商品，它具有商品的一切属性，唯一的区别是不可移动性，具有品质差异及个性特点，具备较强的功能。随着房地产业的不断发展，商品房作为房地产开发企业的主要产品，正在成为我国住房消费的重要对象。

2. 商品房的分类

（1）对于商品房，可以按照不同的标准进行分类，现实生活中使用最多的分类有：内销商品房和外销商品房，高档商品房和普通商品房，期房商品房和现房商品房等。

（2）根据我国不同地区不同的社会发展状况，至今，商品房可以分为四代。

第一代属仅供使用型。特征为室内户型不断变化，逐步形成地域性主力房型。消费者选购商品房考虑的要素为价格、质量、区位；对应社会发展阶段为从温饱到小康阶段。消费者的需求层面为，注重房屋内部空间，属生存性需求。

第二代属具备保值与增值潜能型。特征为大面积受到青睐，以环境绿化和完善的功能吸引消费者。消费者选购商品房考虑的要素为价格、区位、质量、环境，重外部空间与功能，属生活性需求。对应部分步入小康后的消费群。

第三代属投资与多元需求并重型。特征为开始引入智能化，社区文化含量增强，服务介入并成为必需。消费者选购商品房考虑的要素为，物业管理、环境、价格、区位、质量。对应社会发展阶段为全面进入小康社会。消费者的需求层面为，看重人文环境，属参与性需求。

第四代为生态型。特征为突出个性化，生态环境成为其基础。消费者选购商品房考虑的要素为个人兴趣。对应社会发展阶段为步入现代化社会。消费者的需求层面为，看重个性化施展，属个性差异性需求。

（二）商品房预售的概念和特征

商品房预售是指开发经营企业依法投资建造商品房，并在房屋竣工交付前预先出售给承购人，与承购人签订商品房预售合同（包括与承购人签订的预订、预约或认购、定购等合约），并向承购人收取定金或房价款的行为。

商品房预售作为商品房买卖的一种特殊的形式,主要具有以下的特点:

(1)商品房预售合同法律关系的主体一方是特定的。根据商品房预售的概念得知,商品房预售法律关系中的主体一方,只能是具有房地产开发经营资格,并符合法定条件的房地产开发经营企业,不是普通的房屋所有者。而法律关系的另外一方则没有特定的限制,可以是任何法人、公民个人和其他的社会组织。

(2)商品房预售中的交易标的物是尚不存在或尚未建成的房屋,其交付期限一般偏长。

(3)商品房预售是一种附期限的交易行为。商品房买卖双方在预售合同中约定了一个期限,并把这个期限的到来作为房屋买卖权利义务发生法律效力或失去效力的根据。也就是说,交易标的物所有权的转移不是在交易成立时进行的,而是在预售合同约定的将来某个日期。

(4)房地产与受法律关系的产生、变更和终止均要受国家法律较严格的限制。

(三)商品房预售的条件

根据上海市实施《城市商品房预售管理办法》细则的规定,开发经营企业申请商品房预售,应当符合下列条件:

(1)预售方必须经土地管理部门核准,已全部交付土地使用权出让金,取得了商品房屋开发项目的土地使用权的。

(2)商品房屋的开发项目已经当地计划管理部门立项,已申领了固定资产投资许可证的。

(3)持有建设工程规划许可证的。

(4)按提供预售的商品房计算,投入开发建设的资金达到工程建设总投资的25%以上,并已确定施工进度和竣工交付日期的。

(5)预售方已向县级以上人民政府房产管理部门办理预售登记,取得了(商品房预售许可证)的。其次,实行商品房预售合同登记制度,即双方签订(商品房预售合同)后,还应向当地房地产管理部门办理登记备案手续,预售方不得将已预售的房屋重复出售。未经登记备案的商品房预售不受国家法律保护,充分体现了商品房预售具有较强的国家干预性。

四、房屋租赁

(一)房屋租赁的特征

根据《城市房地产管理法》的规定,房屋租赁,是指房屋所有权人作为出租人将其房屋出租给承租人使用,由承租人向出租人支付租金的行为。

房屋租赁合同是一种双向、有偿、诺成性的合同,其法律特征是:

(1)房屋租赁是出租人和承租人之间定期或不定期地转移出租房屋的占有权和使用权。房屋的所有权仍然归出租人所有,承租人只享受占有权,使用权,而没有处分权。

(2)作为房屋租赁法律关系客体的房屋应该是法律允许出租的。根据《上海市房屋租赁条例》的规定,有下列情况之一的,房屋不得出租:① 未依法登记取得房地产权证书或者无其他合法权属证明的;② 共有的房屋,未经全体共有人书面同意的;③ 改变房屋用途,依法须经有关部门批准而未经批准的;④ 被鉴定为危险房屋的;⑤ 法律、法规规定不得出租的其他情形。

(3)房屋租赁是有偿的。承租人占有和使用房屋,必须根据双方在法律允许的范围内以约定的数额向出租人支付一定的租金。

（4）房屋租赁合同的标的物——房屋是特定物。在房屋租赁合同终止时，承租人必须将所承租的房屋原样还给出租人，并停止缴纳租金。

（5）房屋租赁合同应按照法律的规定，采用书面的形式，并进行登记备案。我国对房屋租赁实行登记备案制度，房屋出租人出租房屋时，应向房屋所在地市、县人民政府房管部门提出申请，经审核后，颁发"房屋租赁证"。

（二）房屋租赁双方的权利和义务

房屋租赁合同是双务的合同，当事人均须按照租赁合同的约定，享有权利，并承担相应的义务。

1. 房屋出租人的权利和义务

1）出租人的权利

（1）依照合约定期向承租人收取租金。

（2）根据合约收取租赁保证金。

（3）对承租人用房的情况予以监督，并指导其正确使用。

（4）法定解约权。

（5）期满收回房屋的权利。

（6）制止承租人在租赁期间，实施有违法律和政策规定的行为。

2）出租人的义务

（1）按约交付房屋，并使之达到合约约定的使用状态。

（2）对出租房屋及其附属设施进行正常的维修保养，保证承租人的居住和使用安全。

（3）支付出租房屋上的合法负担。

（4）纳税义务。

2. 房屋承租人的权利和义务

1）承租人的权利

（1）按约占有、使用房屋，并取得合法的收益。

（2）要求出租人对房屋及其附属设施进行正常的维修保养，保证承租人的居住和使用安全。

（3）承租人代出租人修缮房屋，支付的费用或合法负担，有权请求出租人支付相应的费用。

（4）租赁合约期未满，有优先购买房屋的权利。

2）承租人的义务

（1）依约定期向出租人缴纳租金。

（2）依约使用房屋。

（3）保管房地产，合理利用房屋。

（4）未经允许，不得转租。

（5）租赁期满返还房屋。

（三）房屋的转租

1. 房屋转租的概念

房屋转租是指承租人在租赁期间将其承租房屋的部分或者全部再出租的行为。根据有关规定，转租在一定范围内是允许的。它可以更充分、合理地利用现有房屋资源，避免大范围的闲置和浪费。但是,如果转租行为不规范,必然会扰乱房地产交易的秩序。因此《上海市房屋租赁条例》中指出,有下列情形之一的房屋不得转租:

(1) 承租人拖欠租金的。

(2) 承租人在承租房屋内擅自搭建的。

(3) 预租的商品房。

2. 房屋转租须符合的法律规定

转租是承租人处分租赁物的一种法律行为,因此,必须符合法律的规定:

(1) 承租人转租房屋应当征得出租人书面同意。

(2) 房屋转租期间,租赁合同发生变更,影响转租合同履行的,转租合同应当随之变更;房屋转租期间,租赁合同解除的,转租合同应当随之解除。

(3) 房屋转租合同约定租期的最后时限,不得超过租赁合同中约定的最后租期到期日。

(4) 房屋转租期间,承租人应当继续履行租赁合同,但出租人与转租当事人另有约定的除外。房屋转租期间,转租人享有并承担转租合同中规定的出租人的权利、并继续履行原租赁合同规定的承租人的义务,但是,若出租人和转租人就合同的内容、履行等另有约定的,依其约定。

五、房地产抵押

(一) 房地产抵押的概念和特征

1. 房地产抵押的概念

房地产抵押是指抵押人以其合法的房地产以不转移占有的方式向抵押权人提供债务履行担保的行为。它是房产抵押和地产抵押的简称,具体表现为房屋抵押和土地使用权抵押。以不动产作抵押进行融资通常是企业与自然人最常使用,也是商业银行比较愿意接受的一种担保方式。

2. 房地产抵押的特征

抵押是债的担保方式之一。房地产抵押属于担保物权的范围,具有以下的法律特征:

(1) 房地产抵押法律关系比较复杂。根据我国现行的法律规定,房地产抵押的标的可以是房屋及其占用范围内的土地使用权,也可以是单独的土地使用权,而土地使用权又有出让土地使用权和划拨土地使用权之分。

(2) 房地产抵押不转移房地产的占有。房地产抵押过程中,抵押人须对房地产有合法的处分权能,设定抵押的房地产具有合法的条件且以不转移占有为要件。抵押法律关系成立后,抵押人对已设定抵押权的房地产可以继续开发、利用和经营。

(3) 房地产抵押是一种要式法律行为。根据《城市房地产管理法》的规定,房地产抵押,抵押人与抵押权人签订书面合同,并要向县级以上地方人民政府规定的部门办理抵押登记。抵押登记是房地产抵押生效的法定要件。通过设立抵押登记,使房地产抵押具备了对抗第三人的法律效力。

(4) 房地产抵押是向抵押权人提供债务履行担保。在借贷、买卖、货物运输等一系列的经济活动中,通过房地产抵押,可以明确地增强债权人实现债权的可靠程度,为债权债务关系的存在和实现提供可靠的保证。

（二）房地产抵押权范围和设定

1. 房地产抵押权的范围

根据《担保法》的规定，房地产抵押权所担保的债权范围，包括主债权及利息、违约金、损害赔偿金和实现抵押权的费用。抵押合同另有约定的，按照约定。其中，利息包括法定利息和约定利息两种；在抵押权所担保的主合同中，约定了违约金的，那么违约金也属于担保范围；债务人由于过错而给债权人造成损失而应给予债权人的赔偿。

2. 房地产抵押权的设定条件

房地产抵押权的设定有三个方面：

（1）房屋所有权可以抵押，且该房屋占用范围内的土地使用权同时随之抵押。

（2）抵押人必须持有土地使用权证书和房屋使用权证书。

（3）抵押当事人双方应签订书面抵押合同。房地产抵押合同是一种从合同，且需采用书面的形式，该书面合同可以单独订立，也可以在原债权文书中写明。

具备了以上的设定条件，就可以办理房地产的抵押登记手续了。根据《城市房地产管理条例》设立房地产抵押，通常要经过申请、审批、签约和公证五个步骤。

第二十一章　经济仲裁与诉讼

仲裁与诉讼,这是解决经济纠纷的两个途径,当事人可作出选择。一旦选择其中之一,便为终局,即"或裁或诉",二者只能居其一。

第一节　经济仲裁

一、仲裁法概述

仲裁又称公断,"仲"为居中,"裁"是裁判。仲裁是指纠纷当事人自愿选择或同意由一定机构对争议作出判断和裁决的制度。这是一种有效的和重要的解决经济纠纷的途径。作为解决平等主体的公民之间、法人之间、公民与法人之间的财产关系、人身关系争议的重要方式,仲裁具有如下要件:

(1) 双方当事人自愿选择仲裁方式解决争议。

(2) 解决争议的仲裁机构是当事人选择的。

(3) 为解决争议作出的裁决对当事人具有约束力。

采用仲裁作为解决民事和商事纠纷的一种方法,已经有了很长的历史。随着商品经济的发展,仲裁的内容和形式也有了很大的发展变化,逐步由道德规范或惯例,演变成为国家政权认可并用法律确认下来的仲裁法律制度。现代商品经济或市场经济比较发达的国家,大多有比较完善的仲裁法律制度。

随着国际经济贸易关系的不断发展,国际范围内的商事仲裁出现了迅速发展的趋势。这表现在:各国的常设仲裁机构迅速增多;竞争性增强,仲裁机构受理案件的范围越来越广;有关仲裁的国际公约(《纽约公约》等)和规则的影响越来越大;以调解方式解决经济活动中的纠纷逐渐形成为一种惯例,争议各国仲裁立法出现国际化的趋势。

我国的经济合同仲裁机构和仲裁规则产生于20世纪80年代初期。涉外仲裁和国内仲裁是各自独立的体系。1994年8月31日,第八届全国人民代表大会常务委员会第九次会议通过了《中华人民共和国仲裁法》(以下简称《仲裁法》,自1995年9月1日起施行)。这对统一、协调和健全中国的仲裁法律制度,并使之逐步实现现代化和国际化,具有重要意义。

二、仲裁的基本原则

(一) 自愿原则

《仲裁法》第4条规定:"当事人采用仲裁方式解决纠纷,应当双方自愿,达成仲裁协议。没有仲裁协议,一方申请仲裁的,仲裁委员会不予受理。"这一原则充分体现了仲裁是双方当事人的选择和自愿。

当事人自愿原则是仲裁制度的核心。这种自愿主要表现在以下几个方面:

（1）当事人在仲裁和诉讼之间有充分的自由选择权。按照《仲裁法》的规定，当事人采用仲裁方式解决纠纷，应当双方自愿，达成仲裁协议。没有仲裁协议，一方申请仲裁的，仲裁委员会不予受理；一旦双方达成仲裁协议，一方再向人民法院起诉，人民法院不予受理。因此，双方自愿达成的仲裁协议，既是仲裁委员会行使仲裁管理权的依据，又具有排斥法院行使司法管辖权的效力。

（2）当事人可以自愿选定仲裁机构，仲裁不实行级别管辖和地域管辖，以保障其实现意思的自治的权利。

（3）当事人可以自愿约定仲裁庭由 3 名或 1 名仲裁员组成。

（4）在仲裁过程中，当事人可以自愿达成和解协议，可以自愿请求仲裁庭调解，也可以自愿撤回仲裁申请。

（二）平等原则

《仲裁法》第 2 条规定："平等主体的公民、法人和其他组织之间发生的合同纠纷和其他财产权益纠纷，可以仲裁。"这是我国民法理论在《仲裁法》上的充分体现。条文规定了任何依法当事人在仲裁活动中的地位是完全平等的，仲裁机关在进行仲裁时给予双方的权利义务也应依据同一部法律或法规规定，不能搞双重标准。

（三）独立仲裁原则

《仲裁法》明确规定："仲裁依法独立进行，不受行政机关、社会团体和个人的干涉。仲裁委员会独立于行政机关，与行政机关没有隶属关系。仲裁委员会之间也没有隶属关系。"这一规定显示出仲裁制度最大的独立性，作为"公断"的仲裁，应居于居中位置，公正、公平、公开地裁决案件以维护仲裁制度的严肃性。

（四）一裁终裁原则

《仲裁法》第 9 条规定："仲裁实行一裁终局的制度。"首先，当事人可以选择仲裁解决经济纠纷，其次对仲裁机构与仲裁人员无异意，第三一旦仲裁机构作出裁决，就成为终局。一裁终局制度，对于当事人而言，意味着不能再寻求讼诉途径，另行起诉。对其他当事人和相关机构而言，可采取一裁终局制。另外还可以为当事人经济利益考虑，使当事人不必为无休止的冗长的司法活动消耗精力和财力。

三、仲裁机构与仲裁员

以仲裁方式解决纠纷的机构是仲裁委员会。仲裁委员会可以在直辖市和省、自治区人民政府所在地的市设立，也可以根据需要在其他设区的市设立。

仲裁委员会由其所在市的人民政府组织有关部门和商会共同组建，并报省市、自治区、直辖市的司法行政部门登记。仲裁法规定，中国仲裁协会是社会团体法人。仲裁委员会是中国仲裁协会的会员。中国仲裁协会根据《仲裁法》和民事诉讼法的有关规定制定仲裁规则。这些规定，都为加强行业管理提供了法律根据和政府根据。中国仲裁协会是仲裁委员会的自律性组织，根据章程对仲裁委员会及其组成人员、仲裁员的违纪行为进行监督。

仲裁委员会由主任 1 人，副主任 2～4 人，委员 7～11 人组成。根据《仲裁法》规定，仲裁委员会的主任、副主任和委员必须由法律经济贸易专家和有实际经验的人员担任。仲裁委员会和组成人员中，法律、经济、贸易专家不得少于 2/3。

作为仲裁委员会，必须从公道、正派的人员中聘任仲裁员，且担任仲裁员的必须符合下列条件之一：

（1）从事仲裁工作满 8 年的。

（2）从事律师工作满 8 年的。

（3）曾任审判员满 8 年的。

（4）从事法律研究、教学工作并具有高级职称的。

（5）具有法律知识，从事经济贸易等专业工作并具有高级职称或同等专业水平的。

四、仲裁协议

仲裁协议是指双方当事人同意把他们之间可能发生或已经发生的争议交付某仲裁机构仲裁的共同意思表示。《仲裁法》第 16 条规定，仲裁协议包括合同中订立仲裁条款和以其他方式在纠纷发生前或纠纷发生后达成的申请仲裁协议。仲裁协议包括以下三个方面：

（1）请求仲裁的意思表示。这是仲裁协议最主要的内容。根据现有的经国家工商管理局监制的各类合同的格式条文中，均有"解决合同纠纷的方式"一栏，当事人如要选择仲裁途径解决争议的，则必须在条文中明确写明由仲裁机构仲裁。

（2）约定仲裁事项，对于具体的事项有争议而申请仲裁，必须在仲裁协议中写明。

（3）选定仲裁委员会。当事人除写明选择仲裁解决纠纷外，必须约定向何地、何仲裁机关及仲裁委员会申请仲裁。

有下列情形之一的，仲裁协议无效：① 约定的仲裁事项超出法律规定的仲裁范围的；② 无民事行为能力人或者限制民事行为能力人订立的仲裁协议；③ 一方采取胁迫手段，迫使对方订立仲裁协议的。

仲裁协议独立存在，合同的变更、解除、终止或无效，不影响仲裁协议的效力。当事人对仲裁协议的效力有异议的，可以请求仲裁委员会作出决定或者请求人民法院作出裁定。当事人对仲裁协议的效力有异议，应当在仲裁庭首次开庭前提出。

五、仲裁程序

按照《仲裁法》的规定，仲裁程序主要包括如下几方面。

（一）申请和受理

仲裁的申请是当事人向仲裁委员会提出请求，要求该委员会对其所称有争议的事实进行公断。当事人申请仲裁应当符合下列条件：

（1）有仲裁协议。

（2）有具体的仲裁请求和事实、理由。

（3）属于仲裁委员会的受理范围。

同时要向仲裁委员会递交仲裁协议和具有法定内容的仲裁申请书及副本。仲裁委员会在收到仲裁申请书以后，必须在 5 天之内对申请书进行审理，从程序上确认该不该受理，如认为不符合受理条件，应当书面通知申请人不予受理，并说明理由。审理主要是在以下几个方面进行：

第一，有无仲裁协议，即双方当事人是否在纠纷产生前在合同或其他文件中约定由仲裁机构仲裁，或者是否在纠纷发生后双方约定由仲裁委员会仲裁来解决争议，而且还必须查明，双方约定的仲裁机构是否已经明确无误，仲裁的事项是否清楚。

第二，是否有具体的仲裁请求、事实和理由。申请人在申请书上必须向仲裁机关请求具体的事宜，如请求被诉人给付货款，赔偿损失。

第三，是否属仲裁委员会受理的范围。仲裁机关管辖的是平等主体的公民、法人和其他组织之间发生的合同纠纷和其他财产权益纠纷，但是对婚姻纠纷、收养纠纷、抚养纠纷、继承纠纷及依法应当由行政机关处理的行政争议则不属仲裁机构管辖范围。

仲裁委员会受理仲裁的，应当在仲裁规则规定的期限内将仲裁规则和仲裁员名册送达申请人，并将上述材料及仲裁申请书副本送达被申请人。

被申请人受到仲裁申请书副本以后，应当在仲裁规则规定的期限内向仲裁委员会提交答辩书，如不作答辩，不影响仲裁程序的进行。被申请人可以承认或者反驳仲裁请求，有权提出反请求。一方当事人因另一方当事人的行为或者其他原因，可能使裁决不能执行或者难以执行的，可以申请财产保全。当事人申请财产保全的，仲裁委员会应当将当事人的申请依照民事诉讼法的规定提交人民法院，申请有错误的，申请人应当赔偿被申请人因财产保全所遭受的损失。

（二）组成仲裁庭

仲裁庭可以由 3 名仲裁员或者 1 名仲裁员组成。由 3 人组成的仲裁庭，设立首席仲裁员。合议庭是仲裁机构中根据合议制组成的仲裁庭。每一方当事人可以各自选定 1 名仲裁员，也可以委托仲裁委员会主任指定 1 名仲裁员。第 3 名仲裁员由当事人共同选定或者共同委托仲裁委员会主任指定 1 名仲裁员作为首席仲裁员。

如双方当事人约定由 1 名仲裁员成立仲裁庭的，应当由当事人共同选定或共同委托仲裁委员会主任指定仲裁员。当事人没有在仲裁规则规定的期限内约定仲裁庭的组成方式或选定仲裁员的，由仲裁委员会主任指定。

仲裁庭组成后，仲裁委员会应当将仲裁庭的组成情况书面通知当事人。

为了保证仲裁制度的公正，《仲裁法》还就仲裁员的回避事宜作了规定。如仲裁员有下列情况之一的，必须回避，当事人也有权提出回避申请：

（1）本案的当事人或者当事人、代理人的近亲属。

（2）与本案有利害关系。

（3）与本案当事人、代理人有其他关系可能影响公正仲裁的。

（4）私自会见当事人、代理人，或者接受当事人、代理人请客送礼的。

当事人回避申请的，应当证明理由，在首次开庭前提出，回避事由在首次开庭后知道的，也可以在最后一次开庭终结前提出。

仲裁员是否回避，由仲裁委员会主任决定，仲裁委员会主任担任仲裁员时，由仲裁委员会集体决定。

（三）开庭和裁决

按照《仲裁法》的规定，仲裁应当开庭进行。当事人协议不开庭的，仲裁庭可以根据仲裁申请书，答辩书及其他材料作出裁决。

通常仲裁不公开进行。当事人协议公开的，可以公开进行，但涉及国家秘密的除外。当事人应当对自己的主张提供证据。一切证据都应在开庭时出示。在仲裁庭开庭调查过程中，仲裁庭需对双方提出的主张及依据进行全面调查，特别是对案件起实质性作用的证据作客观的质证、调查。仲裁庭认为有必要收集的证据，可以自行收集。仲裁庭作出裁决前,可以先行调解。当事人自愿调解的,仲裁庭应当调解,调解不成的,应当及时作出裁决。调解达成协议的,仲裁庭应当制作调解书或者根据协议的结果制作裁决书。调解书与裁决书具有同等法律效力。调解书经双方当事人签收后,即发生法律效力。裁决书自作出之日起发生法律效力。

（四）裁决的执行

仲裁裁决是整个仲裁活动的结果和归宿,只有执行裁决,才能有效地保护当事人的合法权益。因此《仲裁法》规定:"当事人应当履行裁决。"一方当事人不履行的,另一方当事人可以按照《民事诉讼法》的有关规定向人民法院申请执行。受申请的人民法院应当执行。一方当事人申请执行裁决,另一方当事人申请撤销裁决的,人民法院应当裁定中止执行;人民法院裁定撤销裁决的,应当裁定终结执行。撤销裁决的申请被裁定驳回的,人民法院应当裁定恢复执行。如果被执行的财产在外国的,则应当由人民法院根据我国缔结或者参加的国际条约或双边协定,委托外国法院协助执行。这是对外国国家主权的尊重。

但是,凡是具有下列情形之一的裁决依照民事诉讼法的规定是不能执行的:

（1）当事人在合同中没有订有仲裁条款或者事后没有达成书面仲裁协议的。

（2）被申请人没有得到指定仲裁员或者进行仲裁程序的通知,或者由于其他不属于被申请人负责原因未能陈述意见。

（3）仲裁庭的组成或者仲裁的程序与仲裁规则不符的。

（4）裁决的事项不属于仲裁协议的范围或者仲裁机构无权仲裁的。

（5）人民法院认定该裁决违背了社会公共利益的。

人民法院通过撤销和不予执行不合法的仲裁裁决,对仲裁活动实施司法监督。这对保证裁决的合法性和公正性,有效地保护当事人的合法权益有重要意义。

（五）裁决和撤销

裁决机构作出的裁决具有强制执行的法律的效力。只有当事人提出证据证明裁决有下列情形之一时,可以向仲裁委员会所在地的中级人民法院申请撤销裁决。

（1）没有仲裁协议的。

（2）裁决的事项不属于仲裁协议的范围或者仲裁委员会无权仲裁的。

（3）仲裁庭的组成或者仲裁程序违反法定程序的。

（4）裁决所根据的证据是伪造的或双方当事人隐瞒了足以影响公正裁决的证据的。

（5）裁决违背社会公共利益的。

（6）仲裁员在仲裁法案时有索贿受贿,徇私舞弊,枉法裁决行为的。人民法院经组成合议庭审查核实裁决有上述情形之一的,应当裁定撤销。当事人申请撤销裁决的,应当自收到裁决书之日起6个月内提出。

六、涉外仲裁

涉外仲裁是指涉外民事纠纷的当事人根据仲裁协议,将他们已发生的争议,交给仲裁机构按法定程序,并作出有约束力裁决的一种解决争议的方法。根据《仲裁法》规定,涉外经济贸易、运输和海事发生的纠纷的仲裁,适用涉外仲裁的特别程序规定;没有规定的,适用《仲裁法》的其他有关规定。

第二节　经济诉讼

通过诉讼程序向人民法院起诉,并由其依法审理作出判决,是解决当事人的经济纠纷的途径之一。

审理经济纠纷案件所依据的是我国的民事诉讼法。1991年4月9日第七届全国人民代表大会常务委员会四次会议通过,并于同年4月15日公布实施的《中华人民共和国民事诉讼法》(以下简称《民事诉讼法》)是我国审判经济纠纷案件在程序上的重要依据。《民事诉讼法》曾于2007年10月和2012年8月两次修订。我国《民事诉讼法》的基本任务是,保护当事人行使诉讼权利,保证人民法院查明事实,分清是非,正确适用法律,及时审理民事案件;确认当事人之间的民事权利关系,制裁民事违法行为,保护当事人的合法权益;教育公民自觉遵守法律,维护社会秩序、经济秩序,保证社会主义建设事业顺利进行。

一、经济诉讼的受案范围

我国受理经济诉讼案件的审判机构为各级人民法院的经济审判庭以及铁路运输法院、海事法院等。各审判机构的受案范围如下所述。

(一)各级人民法院经济审判庭的受案范围

公民、法人和其他组织之间各类经济合同纠纷案件、经济损害赔偿纠纷案件、知识产权纠纷案件、企业破产纠纷案件、股票、债券、票据纠纷案件,以及其他经济纠纷案件,由人民法院的经济审判予以受理。

(二)海事法院的受案范围

海事法院与普通中级人民法院同级,受理国内和涉外的第一审海事案件和海商案件。对海事法院的判决或裁定不服的上述案件,由该海事法院所在地的高级人民法院受理。海事法院的受案范围包括国内企业、组织、公民之间,中国企业、组织、公民同外国企业、组织、公民之间,外国企业、组织、公民之间,依法应当由我国法院管辖的海事、海商案件。海事法院受理如下五类案件:

(1)海事侵权纠纷案件。

(2)海商合同纠纷案件。

(3)共同海损案件。

(4)海事执行案件。

(5)海事请求保全。

(三)铁路运输法院受案范围

1988年,最高人民法院设立了交通运输审判庭,主要审理在全国范围内有重大影响和高级人民法院移送的重大疑难的交通运输案件,包括:

(1)与铁路运输有关的经济合同纠纷案件。

(2)与铁路运输有关的侵权纠纷案件。

(3)违反铁路安全保护法规的案件。

(4)最高人民法院指定铁路运输法院受理的经济案件。

(5)与铁路运输有关的其他经济纠纷案件。

二、经济审判机构的管辖

所谓管辖，是指人民法院之间在受理第一审经济纠纷案件中的权限划分。它解决的是法院系统内部各级法院之间和上、下级法院之间的分工问题。管辖权是指根据有关管辖的规定，某一案件应当由某一级人民法院或者某一个人民法院进行审理的权限。人民法院是国家的审判机关，依法独立行使审判权。审判权和管辖权是既相联系又相区别的概念。审判权是审理案件的权利，只能由人民法院依法行使；我国有最高人民法院、地方各级人民法院和专门人民法院，它们都可以代表国家行使审判权，每一具体的第一审案件究竟由哪一级或者哪一个法院具体行使审判权，则是管辖要解决的问题，因此审判权是确定管辖的前提，管辖权是审判权的进一步落实。

《民事诉讼法》确定人民法院对经济纠纷案件管辖的原则是便于人民法院进行诉讼和审判，顾及各级人民法院的职能和工作负担的均衡，有利于公正审理案件，防止互相推诿或争执管辖权，避免人民群众投诉无门，有利于维护国家主权。

管辖的种类，在理论上可以从不同角度进行多种划分，我国《民事诉讼法》将管辖分为级别管辖、地域管辖、移送管辖和指定管辖四大类。

（一）级别管辖

级别管辖是指根据案件的性质、影响范围的大小等，划分上下级人民法院之间受理第一审经济纠纷案件的权限和分工。我国人民法院系统共分四个级别，即在北京设立管辖全国审判工作的最高人民法院，在每一个省、自治区、直辖市各设立一个高级人民法院，每一个行政地区设立中级人民法院，每一个县、不设区的市，以及市辖区、县级市均设立基层人民法院。每一个级别的法院根据权限范围，分别受理属于自己第一审的经济纠纷案件：

（1）最高人民法院经济审判庭主要受理：在全国有重大影响的经济纠纷案件；最高人民法院认为应当由自己审理的第一审经济纠纷案件。

（2）高级人民法院经济审判庭受理的有：在本辖区有重大影响的第一审经济纠纷案件；最高人民法院交办的经济纠纷案件。

（3）中级人民法院经济审判庭受理的有：重大涉外案件；在本辖区有重大影响的案件，如争议标的数额比较大的案件；最高人民法院确定由中级人民法院管辖的案件，如专利纠纷案件、海事和海商案件。

（4）基层人民法院经济审判庭受理的有：第一审经济纠纷案件，除法律另有规定以外，一般都由基层人民法院管辖。

（二）地域管辖

地域管辖是指同级人民法院之间受理第一审经济案件的权限分工，它主要解决法院内部的横向分工问题。其中又分为一般地域管辖、特殊地域管辖、专属地域管辖等几种。

1. 一般地域管辖

一般地域管辖是指经济纠纷案件应由被告住所地人民法院受理的管辖。如果是法人，则由法人机关所在地人民法院管辖。《民事诉讼法》规定，"因公司设立，确认股东资格，分配利润等纠纷提起的诉讼，由公司住所地人民法院管辖"。除特别地域管辖和专属管辖确定管辖法院的案件外，其余的经济纠纷案件都适用此原则来确定管辖法院。这种原告就被告的做法,便于人民法院了解情况,有利于正确、合法、及时地处理案件和执行判决。

2. 特殊地域管辖

它是指以引起法律关系发生、变更或消灭的法律事实为标准来划分法院的管辖权。适用特殊地域管辖的有以下情况:

(1)因合同纠纷引起的诉讼,由被告住所地或者合同履行地人民法院管辖。在合同纠纷提起诉讼之前,合同双方当事人可以在书面合同中协议选择被告住所地、合同履行地、合同签订地、原告住所地、标的物所在地人民法院管辖,但不得违反《民事诉讼法》对级别管辖和专属管辖的规定。

(2)因保险合同纠纷提起的诉讼,由票据支付地或者被告住所地人民法院管辖。

(3)因票据纠纷提起的诉讼,由票据支付地或者被告住所地人民法院管辖。

(4)因铁路、公路、水上、航空运输和联合运输合同纠纷提起的诉讼,由运输始发地、目的地或者被告住所地人民法院管辖。

(5)因侵权行为提起的诉讼,由侵权行为地(包括侵权行为实施地、侵权结果发生地)或者被告住所地人民法院管辖。其中对产品质量不合格造成他人财产、人身损害提起诉讼的,产品制造地、产品销售地、侵权行为地和被告住所地的人民法院都有管辖权。

(6)因铁路、公路、水上和航空事故请求损害赔偿提起的诉讼,由事故发生地或者车辆、船舶最先到达地、航空器最先降落地或者被告住所地人民法院管辖。

(7)因船舶碰撞或其他海事损害事故请求损害赔偿的案件,由碰撞发生地、碰撞船舶最先到达地、加害船舶被扣地或者被告住所地的法院管辖。

(8)因海难救助费用发生纠纷的案件,由救助地或被救助船舶最先到达地法院管辖。

(9)因共同海损提起诉讼的案件,由船舶最先到达地、共同海损理算地或航程终止地的法院管辖。

两个以上人民法院都有管辖权的诉讼,原告可以选择其中一个人民法院提起诉讼;原告向两个以上有管辖权的人民法院起诉的,由最先立案的人民法院管辖。

3. 专属地域管辖

专属管辖是指法律规定某些案件只能由特定人民法院管辖,当事人不得协议变更管辖。它是特殊地域管辖的一种,因其诉讼标的具有特殊性,法律规定由特定的法院行使排他的管辖权。包括:因不动产纠纷提起的诉讼,由不动产所在地人民法院管辖;因港口作业中发生经济纠纷提起的诉讼,由港口所在地人民法院管辖。

(三)移送管辖

移送管辖是指人民法院受理案件后,发现本院对该案件无管辖权,依法将案件移送给有管辖权的人民法院审理。移送管辖是对案件的移送,而不是对案件管辖权的移送。按照《民事诉讼法》规定,如果受移送的人民法院认为受移送的案件依照规定不属于本院管辖的,应当报请上级人民法院指定管辖,不得再自行移送。

移送管辖还包括特定情况下,下级人民法院将自己有管辖权的案件报请上级人民法院审理;或者上级人民法院将自己有管辖权的案件交给下级人民法院审理。

(四)指定管辖

指定管辖是指上级人民法院依照法律规定,指定下级人民法院对某一案件行使管辖权。即法律赋予上级人民法院在特殊情况下有权变更和确定案件的管辖法院。

三、诉讼参加人

诉讼参加人是指参加诉讼的当事人和当事人有相似诉讼地位的人。诉讼参加人包括当事人、共同诉讼人、法定代表人、第三人以及诉讼代理人。诉讼参加人享有诉讼权利和承担诉讼义务,除诉讼代理人外,诉讼参加人作为诉讼主体可以实施使诉讼程序发生、发展和终结的诉讼行为,并与案件结果有法律上的利害关系。一般来说,企业经常作为主要的当事人和法定代表人参与经济审判活动。

（一）当事人

当事人是指因民事权利义务发生争议,为保护自己的民事权益,以自己的名义起诉、应诉,并受人民法院裁判约束的人。当事人在第一审程序中,称为原告和被告;第二审程序中,称为上诉人与被上诉人;在执行程序中,称为申请人和被执行人。

当事人如果亲自进行诉讼活动,必须具有诉讼行为能力。《民事诉讼法》规定,公民、法人和其他组织可以作为民事诉讼的当事人;法人由其法定代表人进行诉讼,其他组织由其主要负责人进行诉讼。当事人在经济审判中享有以下诉讼权利:请求司法保护的权利;委托代理人进行诉讼的权利;申请回避的权利;收集和提供证据的权利;进行辩论的权利;请求调节的权利;自行和解的权利;提起上诉的权利;申请执行的权利;查阅和复制与本案有关材料的权利。当事人在诉讼中的义务是:依法行使诉讼权利;遵守法庭秩序和诉讼程序;履行发生法律效力的判决书、裁定书、和解书。审判人员接受当事人、诉讼代理人请客送礼,或者违反规定会见当事人、诉讼代理人的,当事人有权要求他们回避。审判人员有上述行为的应当依法追究法律责任。

（二）共同诉讼人

共同诉讼人是指当事人一方或双方为2人以上,人民法院认为可以合并审理而一同在法院起诉或应诉的人。共同诉讼人制度有利于法院查明案件事实,保障法院裁判的统一,节约司法资源,实现诉讼经济。

共同诉讼分为必要的共同诉讼和普通共同诉讼。必要的共同诉讼人是指对诉讼标的具有共同权利义务关系,必须共同进行诉讼,法院对案件必须合并审理的当事人。如承担连带责任的被代理人和代理人。普通共同诉讼人是指因诉讼标的为同一种类,法院认为可以合并审理并经当事人同意而共同进行诉讼的当事人。如租赁合同中分别拖欠租金的各承租人。

（三）法定代表人

法定代表人通常为事业法人的行政正职,企业法人的董事长,由其为维护本方利益而进行诉讼活动。诉讼代表是因当事人一方或双方人数众多的全体诉讼(一般为10人以上)而设立的。法定代表人能够代表本方有共同利害关系的全体成员的利益。诉讼活动由推选的法定代表人进行,其他成员不可直接行使诉讼权利或承担诉讼义务。法院作出的裁判不仅对法定代表人发生法律效力,对未参加诉讼的群体成员也发挥效力。

法定代表人制度实质上是共同诉讼人与诉讼代理制度相结合的诉讼主体制度,有利于提高办案效率和质量,符合诉讼经济的目的。

法定代表人必须是企业事业单位、机关、团体以及其他经济组织的正职负责人。没有正职负责人的,由主持工作的副职负责人担任法定代表人。设有董事会的法人,以董事长为法定代表人;没有董事长的法人,经董事会授权的负责人可作为法人的法定代表人。

（四）第三人

第三人是指为了维护自己的合法权利和利益,而参加到原告、被告已经开始的诉讼中进行诉讼的人。第三人参加诉讼的根据是对原告、被告争议的诉讼标的有独立请求权,或者案件处理结果可能与其有法律上的利害关系。第三人参加诉讼的目的在于维护自己的权益,这使得第三人区别于诉讼代理人。

在第一审没有参加诉讼的第三人,在二审中为了保护自己的合法权益,可以申请参加诉讼。二审法院对于准予第三人参加的案件,经调解达不成协议的,人民法院应当做出裁定,撤销原判,发回重审。

（五）诉讼代理人

诉讼代理人,是指以被代理人的名义,在诉讼代理权限范围内,为了维护被代理人的合法权益而进行诉讼的人。《民事诉讼法》规定,当事人、法定代表人可以委托一至二人作为诉讼代理人。诉讼代理人具备以下特征:

（1）以当事人的名义,为了维护被代理人的权益而参加诉讼。

（2）须在被代理人授权范围内进行诉讼活动。

（3）代理行为所产生的法律结果均由被代理人承担。

四、经济审判程序

审判程序是指人民法院审理以及执行经济纠纷案件必须遵循的法定的工作步骤和规范。《民事诉讼法》第二编"审判程序"编规定了如下程序:第一审普通程序、简易程序、第二审程序、审判监督程序、督促程序、公示催告程序和企业法人破产还债程序。

（一）第一审普通程序

第一审普通程序是人民法院审理第一审经济案件适用的程序。按照《民事诉讼法》的规定,第一审普通程序包括以下内容。

1. 起诉和受理

起诉是指原告依法向人民法院提出诉讼请求的诉讼行为。起诉必须符合下列条件:

（1）原告是与本案有直接利害关系的公民、法人和其他组织。

（2）有明确的被告。

（3）有具体的诉讼请求和事实、理由。

（4）属于人民法院受理经济诉讼的范围和受诉人民法院管辖。

人民法院受到起诉状,经审查,认为符合受理条件的,应当在 7 日内立案,并通知当事人;认为不符合受理条件的,应当在 7 日内裁定不予受理。原告对裁定不服的,可以提起上诉。

我国民事诉讼中的简易程序,是指基层人民法院及其派出法庭审理第一审简单民事案件和简单经济纠纷案件所适用的程序。

简易程序是与普通程序并存的独立的第一审程序之一。在内容上它是普通程序的简化,但不是普通程序的附属程序或辅助性程序。虽然简易程序有自己的特定适用范围,但同时又与普通程序有一定联系。

在司法实践中,案例有简单和复杂之分,因而审判程序也就有简易程序和普通程序之别。简易程序有助于当事人有效地维护自己的合法权益,同时缩短审判时限也有助于人民法院提高办案效率。

2. 审理前的准备

人民法院应当在立案后 5 日内将起诉状副本发送被告,被告在收到之日起 15 日内提出答辩状。答辩是被告对原告提出的诉讼请求及理由进行回答、辩解和反驳。被告提出答辩状的,人民法院在收到之日起 5 日内将其副本发送原告。被告不提出答辩状的,不影响人民法院审理。在审理之前,人民法院应当组成合议庭。

人民法院在受理案件通知书和应诉通知书中,应当向当事人告知有关的诉讼权利和义务,或者口头告知。此外,合议庭组成人员确定后,应当在 3 日内告知当事人并认真审核诉讼材料,根据需要调查取证。

3. 调解

《民事诉讼法》规定,在分清是非,查明事实的基础上,根据双方自愿进行调解。调解达成协议的,人民法院应当制作调解书。调解书应当写明诉讼请求、案件的事实和调解结果,由审判人员、书记员签名,并加盖人民法院印章。调解书经双方当事人签收后,即具有法律效力。调解未达成协议,或者调解书送达前一方反悔的,人民法院应当及时判决。

4. 开庭审理

开庭审理是指人民法院在当事人和其他诉讼参与人的参加下,对案件进行实体审理的诉讼活动。《民事诉讼法》规定,经济案件的审理,除涉及国家秘密、个人隐私或者法律另有规定的以外,应当公开进行。涉及商业秘密的案件,当事人申请不公开审理的,可以不公开审理。人民法院对于公开的或不公开审理的案件,一律公开宣告判决。对判决不服的,当事人可以在 15 天内上诉。

对争议不大、简单的经济纠纷,人民法院也可以采用简易程序,由独立审判员对案件进行调解或审判。

(二)第二审程序

第二审程序是指当事人不服第一审人民法院作出的判决或裁定而提起上诉时,上级人民法院依照上诉审理程序,对第一审人民法院未发生法律效力的裁判,依法重新审理和裁判的程序。第二审程序又称上诉审程序,是终审程序。

《民事诉讼法》规定,不服判决的上诉期为 15 天,不服裁定的上诉期为 10 天。第二审案件审理程序基本上与第一审相同,但第二审案件不是全面审理案件,而是对上诉人上诉请求的事实与适用的法律进行审理,以贯彻经济诉讼的原则。

第二审法院对上诉的案件,经过审理按照下列情形,分别处理:

(1)原判决认定事实清楚,适用法律正确的,判决驳回上诉,维持原判。

(2)原判决适用法律错误,依法改判。

(3)原判决认定事实错误,或者原判决认定事实不清,证据不足,裁定撤销原判决,发回原审人民法院重审,或者查清事实后改判。

(4)原判决违反法定程序,可能影响正确判决的,裁定撤销原判决,发回原审人民法院重审。

第二审人民法院的判决与裁定是终审判决与裁定,应当在第二审立案之日起 3 个月内审结。有特殊情况需要延长的,由法院院长批准。对于裁定的上诉案件,应当自第二审立案之日起 30 日内作出终审裁定。

（三）审判监督程序

审判监督程序又称再审程序,是指人民法院对已经发生法律效力的判决、裁定、调解书发现确有错误,依法重新进行审理的程序。

根据《民事诉讼法》规定,审判监督程序可由人民法院决定再审、人民检察院抗诉提起再审和当事人申请再审三种方式提起。

人民法院对进行再审的案件,均应作出裁定,中止原判决的执行。人民法院审理再审案件,一律实行合议制。如果是原审人民法院再审,还应另行组合合议庭,原合议庭成员或独任审判员不得参加新组成的合议庭。

（四）督促程序

督促程序是指债权人向人民法院申请向债务人发出支付令,督促债务人给付以金钱、有价证券为内容的债务的一种程序。

根据《民事诉讼法》的规定,债权人请求债务人给付金钱、有价证券的,如果债权人与债务人没有其他债务纠纷并且支付令能够送达债务人的,债权人可以向有管辖权的人民法院申请支付令,债务人应当自收到支付令之日起 15 日内清偿债务或者向人民法院提出书面异议。债务人在法定期间不提出异议又不履行支付令的,债权人可以向人民法院申请执行。

（五）公示催告程序

公示催告程序是指人民法院依据当事人的申请,以公示的方式催告可能存在而又身份不明的利害关系人,在法定期间内向人民法院申报并在逾期无人申报时作出除权判决的程序。

《民事诉讼法》规定,可以背书转让的票据持有人,因票据被盗、遗失或者灭失,可以向票据支付地的基层人民法院申请公示催告。

（六）企业法人破产

企业法人破产还债程序是指企业法人因严重亏损、无力清偿到期债务,人民法院根据债权人或债务人的申请,依法宣告债务破产,并统一按比例清偿债务的程序。该程序适用于具有法人资格的外商投资企业,独资企业与合伙企业的破产程序参照《破产法》实行。

（七）执行程序

执行程序是指人民法院根据已发生法律效力的判决、裁定及其他法律文书的规定,依法强制不履行的义务人履行义务的程序。申请执行期限从法律文书规定履行期间的最后 1 日起计算,双方或者一方当事人是公民的为 1 年,双方是法人或者其他组织的为 6 个月。

执行措施是指法律规定的,强制实现生效法律文书的具体方法和手段。包括以下几种:

(1) 查询、冻结、划拨被执行人的存款。

(2) 扣留、提取被执行人的收入。

(3) 查封、扣押、冻结、拍卖、变卖被执行人的财产。

(4) 搜查被执行人隐匿的财产。

(5) 强制被执行人迁出房屋或者退出土地。

(6) 强制被执行人交付法律文书指定的给付。

(7) 强制执行法律文书确定的行为。

（8）强制办理或者禁止办理有关财产权的证照手续。

（9）责令被执行人支付迟延履行期间的债务、利息、迟延履行金。

五、涉外经济诉讼程序的特别规定

涉外经济审判是指具有涉外因素的经济审判。经济审判庭受理的涉外经济纠纷案件主要包括以下几类：

（1）国内一方当事人同外国一方当事人在经济、贸易、运输和海事中发生的纠纷，向人民法院起诉的案件。

（2）外国企业、外国组织在中国境内从事投资经营活动，在税务、劳务等方面对我国主管部门的处理有异议，依法向人民法院起诉的案件。

（3）外国企业、组织之间在我国领域内发生的经济、贸易、运输和海事纠纷，向人民法院起诉的案件。

（4）外国企业、组织之间在我国领域外发生的经济贸易、运输和海事纠纷，当事人按照书面协议向我国人民法院起诉的案件。

涉外海事纠纷案件的审理，由海事法院受理。此外，涉及港澳的经济纠纷案件，包括两个部分：一是涉及在港澳的外国人及其企业、组织的经济纠纷案件；另一是涉及港澳同胞及其企业、组织的经济纠纷案件。前者属于涉外案件；后者不属于涉外案件。但鉴于目前港澳的特殊情况，在审理程序上，有些可以参照《民事诉讼法》有关涉外诉讼程序的规定办理。

审理具有涉外因素的经济纠纷案件，有特别规定的，适用特别规定；没有特别规定的，适用一般规定，并应遵守《民事诉讼法》的基本原则。

对于因合同纠纷或者其他财产权益纠纷引起的涉外经济案件，《民事诉讼法》扩大了其地域管辖的范围。对于涉外合同或者涉外财产权益纠纷案件，允许当事人用书面协议选择与争议有实际联系的地点的法院管辖。但选择中华人民共和国人民法院管辖的，不得违反本法关于级别管辖和专属管辖的规定。

在涉外经济审判程序中，不在中华人民共和国领域内居住的当事人，适用关于诉讼期间的特别规定，即被告在收到起诉书副本后30日内提出答辩状。被告申请延期的，由人民法院决定；不服第一审判决的，上诉期为30日。被上诉人在接到上诉状副本后，应当在30日内提出答辩状；如不能在规定期限内提出上诉状或提出答辩状，申请延期的由人民法院决定。可见，涉外经济审判程序中关于期间的规定，有时间长和可以依法延长两个特点。

参 考 文 献

[1] 王保树. 经济法概论[M]. 北京：中国经济出版社，1997.

[2] 高程德. 经济法[M]. 上海：上海人民出版社，2003.

[3] 石少侠. 公司法[M]. 北京：中国政法大学出版社，2001.

[4] 江平. 新编公司法教程[M]. 2版. 北京：法律出版社，2003.

[5] 郑成思. 知识产权法[M]. 北京：法律出版社，1997.

[6] 顾功耘. 商法教程[M]. 上海：上海人民出版社，2001.

[7] 吴汉东，胡开忠. 无形财产权制度研究[M]. 北京：法律出版社，2001.

[8] 梁慧星. 民法总论[M]. 北京：法律出版社，1996.

[9] 吕明瑜. 竞争法[M]. 北京：法律出版社，2004.

[10] 孙祥俊. 反不正当竞争法的适用与完善[M]. 北京：法律出版社，1998.

[11] 孙祥俊. 反不正当竞争法新论[M]. 北京：人民法院出版社，2001.

[12] 张玉瑞. 商业秘密保护法学[M]. 北京：中国法制出版社，1999.

[13] 范健，王建文. 公司法[M]. 2版. 北京：法律出版社，2008.

[14] 范健，王建文. 证券法[M]. 北京：法律出版社，2007.

[15] 朱慈蕴. 公司法人格否认法规研究[M]. 北京：法律出版社，1998.

[16] 施天涛. 公司法论[M]. 2版. 北京：法律出版社，2006.

[17] 王天鸿. 一人公司制度比较研究[M]. 北京：法律出版社，2003.

[18] 马强. 合体法律制度研究[M]. 北京：人民法院出版社，2000.

[19] 梅慎实. 现代公司机关权力构造论[M]. 北京：中国政法大学出版社，2000.

[20] 甘培忠. 企业法新论[M]. 北京：北京大学出版社，2000.

[21] 葛伟军. 公司资本制度和传权人保护的相关法律问题[M]. 北京：法律出版社，2007.

[22] 王保树. 转型中的公司法的现代化[M]. 北京：社会科学文献出版社，2006.

[23] 甘培忠. 企业与公司法. 2版. 北京：北京大学出版社，2012.

[24] 王晓华. 反垄断法[M]. 北京：法律出版社，2011.

[25] 强力. 金融法[M]. 北京：法律出版社，2010.